AF130687

DIETER AURASS
Frankfurter Blutspur

QUÄLENDE ERINNERUNG Innerhalb kurzer Zeit werden zwei er-
mordete Prostituierte in den verschneiten Parks des winterlichen Frankfurts
aufgefunden. Schnell ist klar, dass hier ein Serienkiller am Werk sein muss,
denn die nackten Frauenleichen weisen nicht nur gleichartige Verstümmelun-
gen auf, sondern tragen auch beide eine in Blut verfasste Botschaft. Hauptkommissar Gregor Mandelbaum und sein eingespieltes Team nehmen die
Ermittlungen auf. Wegen des Bezugs zum Rotlichtmilieu erhalten sie dabei
Unterstützung von zwei Beamten des Sittendezernats, die allerdings für
einige Unruhe und Verwirrung sorgen. Unterdessen geht das Morden weiter; die Spur führt zu einer verletzten Kinderseele. Im Bann von Liebe und
Hass muss die Mordkommission II einen hohen Preis zahlen, bevor sie den
Täter stellen kann. Nach diesem Fall wird nichts mehr so sein, wie es war.

 *Dieter Aurass wurde 1955 in Frankfurt am Main geboren
und ist dort aufgewachsen. Nach dem Abitur begann er sei-
ne 41 Jahre andauernde Karriere bei der Polizei. Die ersten
30 Jahre war er als Ermittler des Bundeskriminalamtes in
den Bereichen Terrorismusbekämpfung und Spionageabwehr
tätig. Die letzten elf Jahre arbeitete er im IT-Management
der Bundespolizei. Seit drei Jahren schreibt er in seiner Freizeit Kriminalromane; das vorliegende Buch ist der zweite
Band seiner Reihe um den Frankfurter Ermittler Gregor
Mandelbaum. Dieter Aurass ist seit 31 Jahren in zweiter
Ehe verheiratet und lebt mit seiner Frau und einer Boston-
Terrier-Hündin in Mülheim-Kärlich bei Koblenz am Rhein.*

Bisherige Veröffentlichungen im Gmeiner-Verlag:
Frankfurter Kaddisch (2016)

DIETER AURASS

Frankfurter Blutspur

Kriminalroman

GMEINER

SPANNUNG

Personen und Handlung sind frei erfunden.
Ähnlichkeiten mit lebenden oder toten Personen
sind rein zufällig und nicht beabsichtigt.

Besuchen Sie uns im Internet:
www.gmeiner-verlag.de

© 2017 – Gmeiner-Verlag GmbH
Im Ehnried 5, 88605 Meßkirch
Telefon 07575/2095-0
info@gmeiner-verlag.de
Alle Rechte vorbehalten
1. Auflage 2017

Lektorat: Dominika Sobecki
Herstellung: Mirjam Hecht
Umschlaggestaltung: U.O.R.G. Lutz Eberle, Stuttgart
unter Verwendung eines Fotos von: © joexx/photocase.de
Druck: CPI books GmbH, Leck
Printed in Germany
ISBN 978-3-8392-2096-2

Für meine Frau Ellen …
immer und immer wieder!

PROLOG

Die junge Frau schleppte sich auf allen vieren über die mit Schnee bedeckte Wiese. Ihr leises Wimmern wäre schon aus wenigen Metern Entfernung nicht mehr zu hören gewesen. Die Kraft, laut um Hilfe zu rufen, hatte sie bereits vor langer Zeit eingebüßt. Die Kälte des Schnees fühlte sie kaum, denn ihr Körper bestand fast nur noch aus Schmerzen. Selbst wenn sie in der Lage gewesen wäre, laut zu schreien – die Chancen, drei Stunden nach Mitternacht in diesem Park von einer Menschenseele gehört zu werden, waren gleich null. Selbst in den Sommermonaten wurde dieses Stück Natur mitten in Frankfurt zu Nachtzeiten nicht sehr stark frequentiert. In einer so kalten Januarnacht, bei einer Temperatur von minus acht Grad Celsius und starkem Schneefall, wäre niemand auf die Idee gekommen, durch den Park zu wandern.

Die vollständig nackte Frau spürte, wie sowohl die Schmerzen als auch ihre kaum noch vorhandenen Kräfte sehr schnell nachließen.

Ein letztes Mal versuchte sie, sich aufzurichten und statt auf Händen und Knien auf ihren Füßen ein paar Schritte zurückzulegen. Wie bei den ersten beiden Malen gelang es ihr nicht, auch nur einen Schritt zu tun. Allein bei dem Versuch, einen Fuß vor den anderen zu setzen, fiel sie unkontrolliert nach vorne. Sie schaute auf ihre Füße, aber ihr Blick war so verschleiert und unscharf, dass sie nur Schemen erkennen konnte. Sie sah eine Unmenge von Rot, und als sie auf den Weg blickte, den sie kriechend zurückgelegt hatte, erkannte sie im Schein einer in der Nähe befindlichen Laterne eine dunkle Spur. Sie verstand nicht, was das bedeutete.

Sie war so müde und erschöpft, und das Abebben der Schmerzen ließ sie die Entscheidung treffen, sich ein wenig auszuruhen. Sollte ihr Martyrium wirklich vorbei sein? Warum hatte der Mann sie hier aus dem Wagen geworfen, wo immer das auch war? Warum hatte er ihr das angetan? Waren nicht Tage vergangen, seit er sie entführt hatte? Sicherlich suchte man schon nach ihr.

Die Müdigkeit ergriff vollkommen Besitz von ihr. Sie spürte keine Schmerzen mehr, keine Kälte und keine Angst. Langsam rollte sie sich in eine Schlafposition wie ein Fötus im Mutterleib. Dann schlief sie mit einem leichten Lächeln auf den zerschundenen Lippen ein.

TAG 1

1

Dr. Sonja Savoyen beugte sich über die weibliche Leiche, die vor wenigen Minuten ins Institut für forensische Medizin des Klinikums der Johann Wolfgang Goethe-Universität gebracht worden war. Zu ihren Aufgabenbereichen als zuständige Rechtsmedizinerin gehörte es, die Leichenschau vorzunehmen und die genauen Todesumstände zu ermitteln. Im vorliegenden Fall erkannte sie ohne Schwierigkeiten, dass kein natürlicher Tod vorlag. Die junge Frau lag vollständig unbekleidet in einer fötalen Stellung auf dem Seziertisch, und ... sie war steinhart gefroren. Sonja nahm nicht an, dass sie freiwillig die Nacht bei Minustemperaturen nackt im Freien zugebracht hatte. Zudem wies die Leiche nach erstem Augenschein auch noch zahlreiche Verletzungen auf.

»Hallo, Eisprinzessin«, erklang hinter ihr die vertraute Stimme des Leiters der Rechtsmedizin, Professor Bernd Bücking, »schon wieder schwer beschäftigt?«

Es hätte nicht der Stimme bedurft, um zu erkennen, wer da den Sektionssaal betreten hatte, denn Bücking war der Einzige, der es wagen konnte, sie »Eisprinzessin« zu nennen. Der Spitzname, den Mitarbeiter des Instituts nur hinter vorgehaltener Hand oder in ihrer Abwesenheit benutzten, war teilweise dem Umstand geschuldet, dass sie nordische Vorfahren hatte – was man ihr ansah. Hauptsächlich aber lag es an ihrer oft kalten und abweisenden Art, vor allem im Umgang mit den männlichen Kollegen. Sie hatte sich diesen Schutzpanzer der kühlen Distanzierung zugelegt, um sich der oftmals aufdringlichen Avancen zu erwehren.

Es war nicht immer ein Vorteil, wie eine jugendliche Ausgabe von Brigitte Nielsen auszusehen.

Mit Bücking verband sie eine langjährige Bekanntschaft, nicht nur durch seine Tätigkeit als Leiter der Institution. Er war auch ihr Dozent während des Studiums gewesen, ihr Doktorvater und Mentor zu Beginn ihrer Tätigkeit in der Rechtsmedizin. Es kam nicht oft vor, dass er seine Mitarbeiter in den Sektionsräumen aufsuchte, denn das ließ seine Position als Verwaltungschef kaum zu. Er galt zwar als eine Koryphäe mit internationalem Ruf, aber er praktizierte seinen Beruf als Rechtsmediziner lediglich in Ausnahmefällen. Bei besonders interessanten Fällen schaute er bisweilen bei den zuständigen Rechtsmedizinern vorbei oder ließ sich noch vor Abschluss einer Untersuchung berichten. Sonja rechnete es ihm hoch an, dass er speziell in ihren Fällen des Öfteren vorbeischaute, und sie fragte sich nicht zum ersten Mal, ob sich dahinter mehr als Freundschaft und berufliches Interesse verbarg. Ihres Wissens war der Professor alleinstehend, aber über private Dinge sprach er zu niemandem.

Sie richtete sich über dem Seziertisch auf und streckte sich mit einem leichten Ächzen auf die vollen 1,85 Meter. Rückenschmerzen stellten eine der vielen unangenehmen Begleiterscheinungen ihres Berufes dar.

Der Professor stand grinsend vor ihr und schaute zu ihr auf. Mit seiner Größe von knapp 1,60 Metern und seiner leicht zur Fülle neigenden Figur wirkte er in Anwesenheit der schlanken und hochgewachsenen Sonja fast wie ein Gnom. Der Eindruck wurde noch durch den Gehstock und die leicht gekrümmte Haltung verstärkt. Sonja hatte nie erfahren, wie es zu der Verkrüppelung seines linken Beins gekommen war. Bücking sprach über dieses Thema mit niemandem. Aber selbst lebensältere Kollegen kannten ihn nur mit dieser Behinderung. Sie musste in voller Konzentration auf die Leiche gewesen sein, sonst wäre ihr sein Eintreten in den Sektionssaal an dem deutlich hörbaren »Tock-Tock« seines Stockes beim Gehen aufgefallen.

»Na, meine Schöne«, begann er die Unterhaltung, »interessanter neuer Fall?«

»Hallo, Herr Professor, das freut mich aber, dass Sie sich mal wieder bei mir sehen lassen.« Sonja trat einen Schritt beiseite und gab damit den Blick auf den Tisch frei. »Vermutlich sehr interessant, aber«, sie zuckte bedauernd mit den Schultern, »sehr viel kann ich noch nicht sagen, denn momentan bleibt mir nichts anderes übrig, als die Tote grob in Augenschein zu nehmen.«

Der Professor zog fragend eine Augenbraue hoch.

Sonja zeigte auf die Leiche und erklärte: »So hart gefroren wie Stein. Ich kann derzeit weder den Todeszeitpunkt bestimmen noch den Körper in eine normale Position bewegen. Das wird wohl noch eine Weile dauern.«

Der Professor trat näher an den Tisch heran.

»Aber«, fuhr Sonja fort, »bereits jetzt kann ich einige interessante Verletzungen erkennen.«

»Zum Beispiel?«, fragte Bücking mit unverhohlener Neugierde und der ihm eigenen schulmeisterlichen Manier, die er seit dem Ende seiner Laufbahn als Dozent und Ausbilder nie abgelegt hatte.

»Außer den sichtbaren Hämatomen am ganzen Körper hat sie auffällige Verletzungen an den Füßen.« Sonja schlug das weiße Leinentuch, das bislang noch halb über dem Leichnam gelegen hatte, gänzlich zurück, wodurch der Blick auf den unteren Teil der Leiche frei wurde.

»Oha«, entfuhr es dem Professor, »wie deuten Sie diese Verletzung, Frau Kollegin?«

Sonja musste angesichts der immer verschiedenen Ansprachen durch Bücking kurz lächeln. Während eines Gesprächs sprach er sie niemals gleich an. Von »Mädchen«, »Frau Kollegin«, »Eisprinzessin« über »Frau Doktor«, »Kleine« bis »Schönheit«, »Liebes« oder »teure Freundin« – er war schon immer ein Quell unerschöpflicher Namensgebungen gewesen. Aber sie wurde schnell wieder ernst und konzentrierte sich auf die professionelle Begutachtung der Verletzungen. »Wie man deutlich sehen kann, sind alle Zehen an beiden Füßen entfernt worden. Soweit ich es bisher beurteilen kann, handelt es sich um saubere, glatte Schnitte mit einem scharfen Instrument – ich tippe auf eine Baum- oder Geflügelschere.«

»Prä oder post mortem?«, fragte Bücking, obwohl er es nach Sonjas Einschätzung längst selbst beurteilt hatte.

»Ich bin mir sicher, dass diese Amputationen längere Zeit vor Eintritt des Todes vorgenommen worden sind.«

»Warum?«, kam die prompte Nachfrage, und Sonja fühlte sich ein wenig in die Zeit der Prüfungen während des Studiums zurückversetzt. Aber es war ihr nicht unangenehm, mit ihrem Chef in eine solche Frage-und-Antwort-Session zu gehen. Im Gegenteil, es stellte für sie immer wieder eine Herausforderung dar, dieses Urgestein der Rechtsmedizin über ihre Gedankengänge zu informieren und seine Meinung dazu zu hören. »Auch beim derzeitigen Zustand der Leiche ist bereits erkennbar, dass die Blutung der Wunden vermutlich mit großer Hitze gestoppt wurde. Ich tippe da auf ein Brenneisen oder etwas Ähnliches.«

»Ziemlich barbarisch, oder?«, erkundigte sich Bücking und gab damit seine Zustimmung zu ihrer Beobachtung zu erkennen.

»Fast wie im Mittelalter«, stimmte Sonja ihm zu. »Zumal bei genauerer Betrachtung zu erkennen ist, dass vor dem Abtrennen der Zehen keine Maßnahmen wie Abbinden oder Eindämmung des Blutflusses ergriffen worden waren. Ich kann nur hoffen, dass die junge Frau das nicht bei vollem Bewusstsein erdulden musste. Genauer kann ich das aber erst beurteilen, wenn der Leichnam aufgetaut ist und ich weitergehende Untersuchungen machen kann.«

»Gut so, ich komme vielleicht später noch mal vorbei und schaue nach dem Stand. Bis dahin erst mal: Bonne chance, chérie.« Mit diesen Worten drehte er sich um und verließ humpelnd den Raum.

Sonja sah ihm nachdenklich hinterher und fragte sich im Stillen, ob er wohl eine genauere Vorstellung als sie hatte, wie lange es dauern würde, bis die Leiche aufgetaut war.

2

Gregor Mandelbaum stand am Rand der Wiese im Grüneburgpark und fror erbärmlich. Der 30-jährige Leiter der Mordkommission 2 beim Polizeipräsidium Frankfurt betrachtete aufmerksam das sich bietende Schauspiel. Die leicht zu überschauende Fläche hatte eine Abmessung von etwa 50 mal 80 Metern und lag am östlichen Rand des insgesamt fast 300.000 Quadratmeter großen Parks. Der lag im Stadtteil Westend und war Luftlinie nur etwa 1.000 Meter vom Polizeipräsidium entfernt. Eine Oase des Friedens mitten in der Stadt. Dieser Eindruck wurde durch den weißen Teppich aus Schnee noch verstärkt. Die Szene hätte friedlich wirken können, wären da nicht das halbe Dutzend Einsatzfahrzeuge der Polizei und die großräumige Absperrung mit rot-weißem Trassierband mit dem Aufdruck »Polizeiabsperrung« gewesen.

Die Mitarbeiter seines Teams befanden sich auf der Spurensuche und waren an verschiedenen Stellen rund um den Fundort der Leiche unterwegs. Die erste Tatortaufnahme war bereits durch die uniformierten Kollegen in Zusammenarbeit mit der Tatortgruppe vorgenommen worden, und es fiel schwer, die vielen Spuren im Schnee zu übersehen, die in den letzten beiden Stunden entstanden waren. Glücklicherweise hatten die ersten Beamten am Tatort so viel Umsicht bewiesen, nur einen einzigen Zugang, und diesen auch nur zu Fuß, zum Fundort zu gestatten. Sogar der Abtransport der Leiche war nicht mit einem Leichenwagen vorgenommen worden, der bis in die Mitte der Wiese vorfuhr, sondern durch Mitarbeiter des Bestattungsunternehmens, die den Zinksarg mit der Leiche über den zugeschneiten Rasen getragen hatten. So gab es einen einzigen Trampelpfad zum Fundort, der an der Spur der Finderin entlangführte. Bei der handelte es sich um die Labradorhündin eines frühen Spaziergängers, die eine fast gerade Furche in den Schnee gepflügt hatte, bis zu der Toten. Die Hündin hatte sich von ihrem Besitzer losgerissen und war, vermutlich aufgrund des Blutgeruchs, auf dem kürzesten Weg zur Leiche gerannt. Ihr Herrchen war ihr nur so weit gefolgt, bis er hatte erkennen können, dass dort ein toter und mit Schnee bedeckter Körper lag. Die Hündin hatte er noch davon abhalten können, mehr als nur einen Teil der Füße auszubuddeln. Inzwischen saß er mit einer Tasse Kaffee in einem der Einsatzwagen und versuchte, seine Nerven zu beruhigen.

Gregor nahm ein Zehn-Zoll-Notepad aus seiner Manteltasche und schaltete es ein. Zum Bedienen des Gerätes musste er allerdings zumindest einen Handschuh ausziehen. Er verfluchte zum wiederholten Mal an diesem Tag, dass er sich noch nicht diese neuen Handschuhe gekauft hatte, mit denen man eine Touch-Oberfläche bedienen konnte. Immer wieder hauchte er in seine rechte Hand, um anschließend über die Fläche des Bildschirms zu fahren, damit die Bilder vom Tatort in rascher Folge wechselten. Die Fotos, welche die Tatortgruppe gemacht hatte, waren direkt auf einem sicheren Server des Polizeipräsidiums gelandet und über einen ebenfalls durch hohe Passwortsicherheit geschützten Zugang nun für jeden Berechtigten abrufbar – zu denen Gregor selbstverständlich zählte. Das Notepad hatte er vor wenigen Wochen auf Anraten seines Mitarbeiters Oberkommissar Klaus Braake angefordert, damit er immer und überall über neue Erkenntnisse, auch mit umfangreichem Bildmaterial, informiert werden konnte. Der 31-jährige Computerspezialist war das »Enfant terrible« des Teams, das »schreckliche Kind«. Er war auf seine Weise genial, aber unkonventionell, vorlaut, frech und er erkannte keine Autorität an, vor allem aber war er ungepflegt und hatte einen sehr fragwürdigen Kleidungsstil, was ihm bereits frühzeitig den Spitznamen »Schmuddel« eingebracht hatte. Es passte zu seiner Wesensart, dass er diesen Spitznamen mit Stolz trug.

Schmuddel war mit den anderen draußen und suchte nach Spuren und Hinweisen, wobei Gregor wohl Mitleid für ihn empfunden hätte, wenn er zu solchen Gefühlen in der Lage gewesen wäre. Als sie fast zeitgleich am Fundort eingetroffen waren, hatte er mit Überraschung feststellen müssen, dass Schmuddel offensichtlich weder einen Wintermantel noch Handschuhe besaß. Aufgrund von Gregors besonderer Prädisposition war sein tatsächliches Empfinden aber lediglich Unverständnis. Es war einfach nicht logisch, keine Winterbekleidung zu besitzen – in einer Zeit, in der die Temperaturen seit Tagen nicht über den Gefrierpunkt gestiegen waren.

Gregor litt an einer leichten Form des Asperger-Syndroms, einer genetisch bedingten Entwicklungsstörung, die sich darin äußerte, dass er im Umgang mit seinem sozialen Umfeld schwere Defizite aufwies. Er empfand und zeigte so gut wie keine Gefühle, da er rein logisch dachte, und konnte die Gefühlsäußerungen anderer nicht wie ein »normaler« Mensch intuitiv erfassen und deuten. Dies führte zu einer oft beleidigenden Ehrlichkeit und dem falschen Eindruck, dass ihm andere Menschen völlig egal waren. Nach den Ereignissen des vergangenen Jahres hatte er sein Umfeld in die Besonderheiten und Auswirkungen des Asperger-Syndroms eingeweiht, sodass sie sein oft seltsames Verhalten nun besser verstehen konnten.

Etwa 100 Meter entfernt sah er eine Gestalt, bei der es sich um Schmuddel handeln musste. Dieser war inzwischen in eine blaue Winterjacke mit der Rückenaufschrift »POLIZEI« gekleidet. Vermutlich hatte er sich von den uniformierten Kollegen eine überzählige Jacke geliehen. Er bewegte sich auf einem der Wege am Rand der Wiese auf der Suche nach Spuren, die Rückschlüsse darauf zuließen, wie die Frau zu der Wiese gelangt war. Mit Sicherheit war sie nicht weit gelaufen, nackt und bei den Minustemperaturen der vergangenen Tage.

Weniger als 50 Meter entfernt sah Gregor den erfahrensten Kollegen des Teams, Hauptkommissar Dieter Alsmann, ebenfalls allein zwischen den Bäumen am Rand der Wiese in gebückter Haltung vorsichtig und langsam den Boden absuchend. Alsmann würde in wenigen Monaten seinen 60. Geburtstag feiern und stand somit kurz vor der Pensionierung. Dennoch stellte er aufgrund seiner langjährigen Erfahrung als Mordermittler einen unverzichtbaren Gewinn für das Team dar. In der linken Hand hielt er dünne, zirka 30 Zentimeter lange Metallstangen mit jeweils einem roten Fähnchen an einem Ende. Gerade als Gregor zu ihm hinblickte, steckte Alsmann eine der Stangen in den Boden. Er würde mit Bestimmtheit sehr bald erfahren, was der Kollege dort gefunden hatte.

Nach anfänglichen Problemen in der Zusammenarbeit mit Gregor hatte Alsmann inzwischen dessen überragende Intelligenz erkannt, seine sozialen Defizite hingenommen und ihn trotz seiner Jugend als Chef akzeptiert.

Gregor konzentrierte seine Aufmerksamkeit auf die zwei anderen Teammitglieder, die beiden Frauen, die gerade etwas untersuchten, das sich nur wenige Meter von der Fundstelle der Leiche befand. Jenny Jung und Jutta Beltermann knieten nebeneinander im Schnee und nahmen Proben von einem Bereich, an dem Gregor aus dieser Entfernung nichts Auffälliges erkennen konnte.

Er warf noch einmal einen Blick auf die Bilder vom Fundort der Leiche. Sie waren aus verschiedenen Blickwinkeln aufgenommen worden und die ersten Fotos zeigten die Auffindesituation, noch bevor man begonnen hatte, den Körper freizulegen. Bis auf eine Stelle an den Beinen, an der der Hund vermutlich das Blut gewittert und einen Teil freigescharrt hatte, war die Leiche mit einer mehrere Zentimeter dicken Schneeschicht bedeckt. Daraus wird mit Sicherheit zu errechnen sein, wie lange die Tote an dieser Stelle gelegen hat, dachte Gregor und machte sich eine mentale Notiz, diese Nachforschung in Auftrag zu geben.

Da er nicht den Drang verspürte, laut über die Wiese zu rufen und alle anwesenden Sicherheitskräfte über sein Vorhaben zu informieren, holte er sein Smartphone aus der Tasche und sandte eine Sammel-SMS an die Teammitglieder: »Fahre in die Rechtsmedizin. Meldet euch, wenn ihr wieder in der Einsatzzentrale seid. G«

Danach ging er den gleichen Weg, den er gekommen war, zu seinem Wagen zurück und machte sich auf, das Opfer zu begutachten.

3

Gregor Mandelbaum parkte seinen Peugeot 308 Cabrio, Baujahr 1989, auf dem Mitarbeiterparkplatz des Instituts für Gerichtsmedizin. Aufgrund seiner häufigen Besuche in dieser Institution war sein schrottreif wirkendes Fahrzeug den meisten Mitarbeitern bekannt. Obwohl die Besucherparkplätze wesentlich näher am Eingang lagen, zog er das Parken auf den Mitarbeiterplätzen mit einer Ausnahmegenehmigung des Dekans der Universität vor. Der Grund dafür war, dass dieser Wagen das einzige Erinnerungsstück an seine verstorbene Mutter war, die 1989 bei einem Autounfall zusammen mit seinem Vater ums Leben gekommen war. Gregor war damals fünf Jahre alt gewesen und hatte den Wagen bis zu seinem Erwachsenenalter gepflegt. Dann hatte er ihn von seinem ersten selbst verdienten Geld in einen fahrtüchtigen Zustand versetzen lassen. Lediglich das Äußere hatte er in möglichst originalem Zustand belassen, was ihn an seine verstorbene Mutter erinnern sollte, aber eben auch den Anschein erweckte, der Wagen sei schrottreif, obwohl er technisch auf dem allerneusten Stand war.

Seit dieser Zeit hütete er ihn wie seinen Augapfel. Gregor hätte einen Nervenzusammenbruch bekommen, wenn ihm jemand auf dem Besucherparkplatz eine Delle in die Tür geschlagen hätte oder ein gramgeschüttelter Angehöriger auf dem Weg zur Identifizierung einer Leiche in seinen Wagen gefahren wäre.

Zielstrebig begab er sich zum Sektionssaal II, wo er den Ort der Obduktion wusste. Umso größer war seine Überraschung, als er den Raum betrat und niemanden bei der Arbeit antraf, wie er es erwartet hatte. Auf einem der Tische lag ein abgedeckter Körper, aber kein Mitarbeiter war zu sehen.

»Hallo, ist hier jemand?«, rief er laut in den Raum hinein.

»Hier bin ich, im Büro!«, erklang es aus einem Nebenraum.

Noch bevor er das Büro erreichte, erschien in der Tür die große blonde Frau, die er anzutreffen gehofft hatte. Ein Strahlen erhellte Gregors sonst eher traurig wirkenden Züge, als er auf sie zueilte. Ohne ein Wort trat er an sie heran, nahm sie in die Arme und küsste sie. Er genoss es, wie sich ihr gertenschlanker und doch weiblicher Körper in seinen Armen anfühlte, und sie schmiegte sich kurz an ihn und erwiderte den Kuss.

Dann jedoch stieß sie ihn von sich. »Gregor, du weißt doch, dass ich nicht immer allein hier bin, oder?« Sie sah ihn ein wenig vorwurfsvoll an, und er erkannte, dass ihr die Situation unangenehm gewesen wäre, wenn jemand sie gesehen hätte.

»Warum wäre es dir unangenehm, wenn ein Kollege uns zusammen sehen würde?«, fragte er sachlich und ohne Vorwurf.

Umso mehr verwunderte es ihn, dass ihr die Antwort schwerfiel. Es musste etwas mit dem Zusammenspiel von Kollegialität und zwischenmenschlichen Beziehungen zu tun haben, das er nicht nachvollziehen konnte.

»Ich möchte einfach nicht, dass die Kollegen wissen, dass wir zusammen sind.«

»Warum?«, fragte er unschuldig und wusste im gleichen Moment, wie ihre Reaktion ausfallen würde.

Sie schüttelte voller Unverständnis den Kopf. »Du reagierst manchmal immer noch wie ein kleines Kind.« Ihre Brauen hatten sich zusammengezogen und signalisierten ihren Unwillen, das Thema zu vertiefen.

Seit inzwischen über zwei Monaten waren Sonja Savoyen und er ein Paar, und er liebte diese Frau, ohne das Gefühl genau beschreiben zu können. Er spürte, dass er möglichst viel Zeit mit ihr verbringen wollte, dass er sich in ihrer Nähe wohler fühlte, als wenn sie abwesend war. Er hatte inzwischen sehr viel über das Konzept »Liebe« gelesen, aber das meiste davon war für ihn nicht nachvollziehbar. Auch sein Studium der Psychologie half ihm diesbezüglich überhaupt nicht weiter, weil er zwar die Beschreibungen von Gefühlen auswendig aufsagen, sie aber nicht im gleichen Maße nachempfinden konnte.

Er hatte immer noch beide Hände um ihre Hüften gelegt. Sie hatte sich seit ihrem ersten Treffen vor über sechs Monaten nicht im Geringsten verändert. Die platinblonden Haare in einer modischen Kurzhaarfrisur und eine Vorliebe für hautenge Jeans und helle Blusen, die ihre weiblichen Formen voll zur Geltung brachten. Aber es waren nicht ihre äußerlichen Vorzüge, die ihm ihre Nähe so angenehm machten, es waren ihre Wesensart und ihre geistigen Fähigkeiten. Abgesehen davon, dass er in ihr eine wirklich adäquate Diskussionspartnerin hatte, war sie ihm in den vergangenen Monaten Lehrmeisterin in allen Dingen gewesen, die ihm fehlten.

Er war als einzelgängerisches Wunderkind aufgewachsen, Abitur mit 15, abgeschlossenes Psychologiestudium mit 18, kometenhafter Aufstieg bei der Kriminalpolizei und mit nun 29 Jahren jüngster Leiter einer Mordkommission jemals. Dem gegenüber stand seine Erkrankung. Durch sie, den frühen Verlust seiner Eltern und die fehlenden Sozialkontakte im persönlichen und schulischen Umfeld war er ein eigenbrötlerischer, kauziger und vielen unangenehm erscheinender Zeitgenosse geworden. Er hatte keine Freunde oder wohlmeinenden Bekannten vorzuweisen gehabt, die ihm hätten beibringen können, wie man am besten mit Menschen umging.

Erst Sonja hatte ihm nachhaltig vermitteln können, wie wichtig es war, den Menschen seiner unmittelbaren Umgebung, also zum Beispiel seinen engsten Mitarbeitern, Dinge aus der Vergangenheit, aber auch Probleme aus der Gegenwart mitzuteilen. Er konnte sich das nur antrainieren, von selbst hätte und hatte er das nie getan. Vergrößert wurden diese Defizite im Umgang mit Menschen noch dadurch, dass er sich im Laufe seines Psychologiestudiums eine besondere Fähigkeit angeeignet hatte.

Es handelte sich dabei um das Lesen der Gestik und vor allem der Mimik eines Menschen, um dessen emotionalen Zustand zu erkennen. Dabei reichten unbewusste und willentlich nicht kontrollierbare Muskelbewegungen im Gesicht, sogenannte Mikroausdrücke, um Gefühle wie Angst, Zorn, Abscheu, Ekel, Scham, Widerwillen, Erleichterung zu bemerken. Gregor kannte und erkannte sie, wusste, was sie bedeuteten, obwohl er selbst diese Gefühle überhaupt nicht oder nur in einer sehr abgeschwächten Form empfand. Dadurch sah er sich besser als jeder Lügendetektor in der Lage, Wahrheit von Lüge zu unterscheiden.

Dies brachte ihm zwar beruflich enorme Vorteile, im persönlichen Bereich hatte es sich aber eher als nachteilig herausgestellt. Es wirkte sich auf die eigene Einstellung anderen Menschen gegenüber nicht gut aus, wenn man deren Emotionen und Gefühle in Bezug auf sich erkennen konnte. Zumal Gregor nicht mit diesen Emotionen hatte umgehen können, weder mit Ablehnung noch mit starker Sympathie oder sogar sexuellen Begehrlichkeiten. Ihm fehlte durch seine Behinderung die Möglichkeit der intuitiv richtigen Reaktion auf fremde Emotionen. Er sah alles aus dem Blickwinkel der nüchternen Logik und der Zweckmäßigkeit. Zudem war er, in einer auf die meisten Menschen sehr abschreckend wirkenden Weise, ehrlich und direkt.

Auf Fragen wie »Finden Sie mich zu dick?« oder »Steht mir die neue Frisur?« würde er immer absolut ehrlich antworten – und das war nicht das, was die Menschen hören wollten. Gleiches galt, wenn er den Leuten unbedacht auf den Kopf zu sagte, dass sie logen.

Aus diesem Grund war er nur kurze und stets von vornherein zum Scheitern verurteilte Verbindungen zu Frauen eingegangen – und schließlich gar keine mehr.

All das hatte sich mit Sonja geändert. Er war ihr über alle Maßen dankbar und ließ sich von ihr in jeglicher Hinsicht belehren. Aber er wusste auch, dass er Sonja im Gegenzug etwas gab, sowohl durch seine rückhaltlose Ehrlichkeit als auch dadurch, dass sie ihn nicht belügen konnte. Ihre auf absoluter Ehrlichkeit und gegenseitiger Achtung basierende Liebesbeziehung war für Gregor etwas völlig Neues und gleichzeitig Wundervolles. Aber noch immer gab es viele Momente, in denen seine oft seltsamen Verhaltensweisen für Probleme sorgten.

Mühsam löste er sich von ihr und versuchte, seine Gedanken wieder auf den Fall zu lenken, den eigentlichen Grund für seine Anwesenheit an ihrem Arbeitsplatz.

»Ich bin zwingend davon ausgegangen, du hättest schon längst mit der Obduktion unserer neuen Leiche begonnen«, stellte er mit einem fragenden Unterton fest.

Daraufhin grinste sie ihn an und die Falten auf ihrer Stirn glätteten sich. »Schön zu sehen, dass auch die Intelligenzbestie mal etwas übersieht.« Er hatte den Mund noch nicht ganz offen, als sie fortfuhr: »Ich sage nur eins – Gefrierfleisch!«

»Oh … daran habe ich wirklich nicht gedacht. Wie lange wird es noch dauern, bis du anfangen kannst, an ihr zu arbeiten?«

»Vermutlich mehrere Stunden. Außerdem kann ich den Vorgang nicht beschleunigen wie ... entschuldige den unappetitlichen Vergleich ... beim Auftauen einer Hühnerkeule oder eines Schinkens. Ich würde durch Mikrowellenstrahlung oder auch nur durch Überschütten mit heißem Wasser Spuren vernichten. Was ich dir aber jetzt schon sagen kann«, Gregor horchte erwartungsvoll auf, »ist, dass ich aufgrund der nicht feststellbaren Dauer des Gefrorenseins vermutlich kaum etwas Genaues zum Todeszeitpunkt werde mitteilen können, sorry.«

Nun war es an Gregor, sie zu überraschen. »Ich stelle fest, dass die forensische Medizin manchmal durch logisches Denken geschlagen werden kann. Ich behaupte, ich kann dir spätestens heute Abend ziemlich genau den Todeszeitpunkt sagen.«

Der Beantwortung ihrer neugierigen Nachfragen konnte er sich entziehen, da sein Handy summte und er die eingegangene SMS las. »Entschuldige bitte, ich muss ins Polizeipräsidium. Heute Abend mehr dazu.«

Ihre Proteste ignorierend, drehte er sich ohne ein weiteres Wort um und entfernte sich eilig.

4

Jenny Jung war erst vor wenigen Minuten zusammen mit Jutta Beltermann in der Einsatzzentrale der Mordkommission 2 eingetroffen, als Gregor den Raum betrat. Jutta, die von allen aufgrund ihrer fürsorglichen Art nur »Mutti« genannt wurde, hatte Gregor an diesem Tag bisher nur aus der Ferne am Fundort der Leiche gesehen. Sie ging sofort zu ihm, umarmte ihn kurz und erkundigte sich nach seinem Befinden.

Es stellte für Jenny kein Problem dar, wenn andere ihren inzwischen guten Freund umarmten. Auch die anfängliche Eifersucht auf Sonja Savoyen war vollständig verflogen, zumal sie seit ein paar Wochen wieder eine Beziehung hatte. Aber sie freute sich immer, wenn sie mit Gregor zusammentraf. »Hi, Chef!«, rief sie ihm zu und strahlte ihn an. Sie hatte diesen auf eine spezielle Weise attraktiven Mann von Beginn an gemocht, ihm seine Marotten früher als andere nachgesehen und betrachtete ihn inzwischen als einen echten Freund. Wie viele kam auch sie nicht umhin zu bemerken, dass sich in den letzten Monaten eine Veränderung in ihm vollzogen hatte. Er war um einiges lockerer und umgänglicher geworden, als er es noch in der Anfangszeit ihrer Zusammenarbeit im Team der zweiten Mordkommission gewesen war. Seit jenen denkwürdigen Ereignissen vor sechs Monaten, als die MK 2 eine Reihe von als Suizid getarnten Morden aufdecken musste. Dabei waren nicht nur das Team, sondern auch Gregors jüngere Schwester Sarah und Sonja, die er damals gerade kennengelernt hatte, in Lebensgefahr geraten.

Gregor hatte vor diesen Ereignissen emotionalen Abstand zum gesamten Team gehalten, sie gesiezt und ihnen keine Einzelheiten aus seinem Leben, geschweige denn seiner eingeschränkten Gefühlswelt preisgegeben. Das hatte zu erheblichen Dissonanzen geführt. Besonders Dieter Alsmann und Klaus Braake hatten ihn abgelehnt und mehr als einmal als arrogantes Arschloch und notorischen Besserwisser bezeichnet. Sein damals sehr seltsamer Kleidungsstil hatte ihn noch mehr ins Abseits gestellt. Aufgrund seiner stets nur schwarzen Kleidung, in Verbindung mit seiner bei 1,90 Metern Körpergröße sehr hageren Gestalt, hatten ihm die Kollegen des Polizeipräsidiums schnell den Spitznamen »Bestatter« angehängt – zumindest diejenigen, die ihn nur vom Sehen kannten.

»Kommen Schmuddel und Dieter auch in der nächsten Zeit?«

Gregors Frage riss Jenny aus ihren Gedanken. Sie blickte von einem Probenfläschchen auf, das sie in Gedanken versunken vor ihrem Gesicht geschwenkt hatte. Darin schwappte eine blassrote Flüssigkeit.

»Die müssten jede Sekunde hier sein.« Sie hielt das Fläschchen hoch. »Hast du eine Ahnung, was das ist?«

»Nein, aber ich gehe davon aus, dass du es mir gleich sagen wirst«, antwortete Gregor. Er blickte sie erwartungsvoll und mit hochgezogenen Augenbrauen an.

»Äh … ach so … ja klar. Also, wir haben im Schnee von der Leiche ausgehend eine deutliche Spur gefunden, die zwar schon wieder überschneit war, aber eben doch eine deutliche Vertiefung darstellte. Sie war so breit und einheitlich, dass wir davon ausgehen, dass die Tote auf allen vieren bis zu dem Punkt gerobbt ist, an dem man sie gefunden hat.«

»Das wäre dann allerdings«, wandte Jutta Belter-mann grinsend ein, »die erste Tote, die noch irgendwo-hin gerobbt ist.«

Jenny konnte nicht verhindern, dass sich eine leichte Rötung auf ihren Wangen zeigte. »Ich habe natürlich die später Verstorbene gemeint, also … ich meine … die Frau, als sie noch lebte.«

Gregor zwang sich, durch ein Lächeln Verständnis zu simulieren, da er wusste, dass man das von ihm erwartete. Ihm war selbstverständlich der sprachliche Lapsus von Jenny aufgefallen und er hatte sich gerade noch zurück-halten können, sie zu korrigieren.

Selbst bei so schrecklichen Todesumständen war es nicht ungewöhnlich, dass Witze oder anzügliche Bemer-kungen gemacht wurden. Es war einfach unmöglich, bei jedem Todesfall nur mit Leichenbittermiene herumzulau-fen und ständig an die Tragik eines unnatürlichen Todes zu denken.

»Okay, okay, ich habe Blödsinn geredet.« Jenny hatte sich wieder gefangen. »Was ich eigentlich sagen wollte – wir haben rot gefärbten Schnee gefunden, der sich natür-lich inzwischen in Wasser verwandelt hat. Wir gehen auf jeden Fall davon aus, dass es sich um Blut von der Toten handelt.«

Jutta lenkte das Gespräch ebenfalls wieder auf sachli-che Dinge und fragte Gregor: »Was hört man denn von der rechtsmedizinischen Front Interessantes?«

Gregor zuckte mit den Schultern. »Fürs Erste voraus-sichtlich eine ganze Zeit lang noch nichts. Die Leiche ist tiefgefroren und muss erst auftauen. Sonja meint übrigens, dass sie deshalb auch bei der Bestimmung des Todeszeit-punktes Probleme bekommen wird.«

»Das sollte für uns eigentlich kein Problem darstellen«, erklang von der Tür zur Einsatzzentrale die Stimme von Dieter Alsmann, der gerade in diesem Moment zusammen mit Schmuddel den Raum betreten hatte. »Ich hätte da eine Idee, wie wir den Todeszeitpunkt ziemlich genau bestimmen können, auch ohne die Hilfe der forensischen Medizin.«

Jenny, die gerade Gregor ansah, hatte den Eindruck, dass er zu wissen schien, was Alsmanns Idee sein könnte, sich aber zurückhielt. Es hätte sie nicht gewundert, denn er hatte den schärfsten Verstand, den sie je kennengelernt hatte. Sie hingegen hatte keinen Schimmer und war demzufolge entsprechend gespannt auf Alsmanns weitere Ausführungen.

»Gehen wir mal davon aus«, begann dieser, während er sich den Wintermantel auszog und ihn an die Garderobe hängte, »dass die Frau nicht mehr lange gelebt hat, nachdem sie am späteren Fundort angekommen war. Genaueres kann uns dazu sicher Sonja sagen; wie lange man bei dieser Temperatur stillliegend überlebt, meine ich. Ab dem Zeitpunkt hat es auf sie geschneit, also müssen wir nur erfahren, wie viel Schnee in dieser Nacht heruntergekommen ist. Von der Dicke der Schneedecke auf ihr und von dem Zeitpunkt, zu dem es aufgehört hat zu schneien, sollte ein Meteorologe oder Physiker oder was weiß ich was wohl zurückrechnen können, ab wann sie da gelegen hat.« Alsmann blickte auffordernd zu Klaus Braake, der nach ihm eingetreten war und sich direkt an seinen Computerarbeitsplatz begeben hatte. »Das wäre doch was für unseren Internet-Freak, da den Richtigen zu finden, oder Schmuddel?«

Dieser lachte kurz auf. »So was von kein Problem!« Er begann sofort eifrig die Tastatur zu bearbeiten.

»Habt ihr denn die Dicke der Schneedecke gemessen?«, erlaubte Jenny sich zu fragen.

»Pah, lächerlich!«, rief Braake, ohne auch nur von seiner Tastatur aufzusehen.

»Selbstverständlich, Schlaumeierin«, bemerkte Alsmann mit einem Ton der Entrüstung. Er zog einen kleinen Notizblock aus der Tasche und warf einen kurzen Blick darauf. »Wir haben sechs Messungen an sechs verschiedenen Stellen vorgenommen und sind auf eine durchschnittliche Dicke der Schneedecke von 32 Millimetern gekommen. Mir selbst sagt das zwar nichts über die Dauer des Schneefalls, aber da sollte sich doch jemand finden lassen, der mit diesen Daten was anfangen kann.«

»Worauf du einen lassen kannst!«, erscholl es aus dem Hintergrund laut von Klaus Braake.

»Gute Arbeit«, meinte Gregor an alle gerichtet. »Lasst uns jetzt gemeinsam die Fotos vom Fundort und von der Leiche durchsehen. Wir müssen überlegen, was wir zur Feststellung der Identität tun können, noch bevor wir aus dem Labor der Rechtsmedizin vielleicht Fingerabdrücke bekommen.«

5

Sonja war gerade mit der Zubereitung des Abendessens beschäftigt, als Gregor zu Hause eintraf. Seit sie tatsächlich ein Paar waren, war er wieder bei ihr eingezogen. Bereits während der Ereignisse vor sechs Monaten hatte er einige Nächte auf ihrer Couch geschlafen. Danach war er in eine Pension gezogen, da sein eigentliches Zuhause, die Villa Mandelbaum, durch einen Brand zerstört worden war.

Es war ein schwerer Weg bis dahin gewesen, wo sie jetzt standen. Gregor war das genaue Gegenteil eines als emotional zu bezeichnenden Menschen. Aber auch er hatte Gefühle, selbst wenn es ihm schwerfiel, sie auszudrücken. Sonja hatte ihn trainiert. Sie hatte ihm beigebracht, wann er verärgert zu sein hatte, wann enttäuscht und dass es oft von Vorteil war, sich diese Empfindungen ansehen zu lassen. Also setzte er inzwischen einen enttäuschten Gesichtsausdruck auf, wenn er in eine Situation geriet, in der jeder normale Mensch enttäuscht wäre. Anfänglich schien er der Meinung zu sein, diese schauspielerische Leistung bei Sonja nicht anwenden zu müssen, schließlich war sie doch seine »Trainerin«. Sie wusste, dass die Darstellung der Gefühle nur gespielt war. Also war es in seinen Augen unlogisch, ihr das Gleiche vorzumachen wie den Mitmenschen, die nicht über seine Krankheit informiert waren. Sonja hatte ihn darüber belehren müssen, dass es ein entscheidender Faktor im Zusammensein zweier Menschen war, dass man merkte, ob das Gegenüber zufrieden, verärgert oder enttäuscht war. Da sie Gregor dafür logische Gründe liefern konnte, hatte er ihre Bitte akzeptiert und umgesetzt. Sie waren sich im Laufe von Wochen immer näher gekommen und in der Rückschau war ihr klar, dass sie sich schon zu einem sehr frühen Zeitpunkt in ihn verliebt hatte. Aber die Gefühle waren ambivalent. Immer wieder überraschte er sie mit Verhaltensweisen, die sie nicht vorhersehen konnte.

Irgendwann war sie sich sicher, dass er ihr die gleichen Gefühle entgegenbrachte, obwohl er nie in der Lage gewesen wäre, sie zu beschreiben. Danach hatte es nicht mehr lange gedauert, bis ihr Verhältnis diesen intimen Status erreichte, der ein wirkliches Paar ausmachte. Der Sex unterschied sich nicht von dem anderer frisch verliebter Paare, und Sonja war überrascht gewesen, dass Gregor nicht egoistisch oder ihren Bedürfnissen gegenüber gleichgültig war. Er war in der Lage, sie in einer Weise zu befriedigen, die sie weder bisher erfahren noch von ihm erwartet hatte. Bis auf einzelne kleine Rückschläge lief es in ihrer Beziehung wirklich gut. Als logische Folge war Gregor aus der Pension aus- und bei ihr eingezogen.

Allerdings hatten sie trotz aller Verliebtheit schnell festgestellt, dass das 40 Quadratmeter große Appartement zwar schön, aber für zwei Personen doch ein wenig eng war. Deshalb hatten sie sich vor zwei Wochen entschlossen, eine gemeinsame, größere Wohnung oder ein kleines Haus zu suchen.

Sonja musste sich eingestehen, dass sie nicht mit ganzem Herzen hinter dieser Suche stand. Manchmal ging es ihr doch zu schnell, so sehr sie Gregor auch liebte.

»Ich bin zu Hause, Schatz!«, erscholl Gregors Ruf von der Haustür.

Wie sich das anhörte. Sonja musste verwundert den Kopf schütteln. Es klang wie bei einem alten Ehepaar –

ein Gedanke, der sie verwirrte, aber auch irgendwie angenehm war.

Alles war so gut gelaufen in diesen vergangenen Wochen. Im Geheimen fragte sie sich allerdings, ob das immer so weitergehen würde? In welche Richtung würde sich ihre Verbindung entwickeln?

Sie war gerade dabei, die kurz angebratenen Steaks aus der Pfanne zu nehmen, als Gregor sie von hinten mit den Armen umschlang und an sich drückte.

»Hey, hey, Vorsicht, ich hantiere gerade mit unserem Abendessen, und du willst das doch nicht vom Boden essen, oder?«

30 Minuten später saßen sie vor geleerten Tellern, genossen einen guten Rotwein und unterhielten sich über das aktuelle Tagesgeschehen, allgemeine Neuigkeiten von ihren jeweiligen Arbeitsstellen – aber sprachen kein Wort über den Fall.

»Hast du schon etwas erreicht in Sachen Wohnungs- oder Haussuche?«

Gregors Frage erwischte Sonja eiskalt. Sie wusste, dass ihr nun ihre Emotionen deutlich ins Gesicht geschrieben waren. Peinlichkeit, Ärger, Angst und Unsicherheit. Er würde das erkennen und auch die richtigen Rückschlüsse daraus ziehen. Es war ihr peinlich, dass sie ihm nicht von sich aus gesagt hatte, mit wie wenig Eifer sie an die Suche gegangen war. Sie ärgerte sich über sich selbst und dass sie es versäumt hatte, das Thema von sich aus anzusprechen. Darüber hinaus hatte sie Angst, was ihr Verhalten in Gregor auslösen mochte, und war unsicher, wie sie sich weiter verhalten sollte.

Gregor kam ihr wie meist zuvor. »Schatz, mir ist klar, dass du dir noch nicht wirklich sicher bist, ob es die allerbeste Idee ist, dass wir eine gemeinsame Wohnung oder ein Haus beziehen. Ich habe es auch nicht eilig. Warum setzt du dich unter Druck? Das ist unlogisch.« Er schien nicht verärgert zu sein und sah sie lediglich fragend an. »Und was hat es für einen Sinn«, fuhr er fort, »mir das nicht direkt zu sagen? Dann können wir gemeinsam überlegen, wie wir am besten damit umgehen.«

Das war wieder einer der Momente, in denen sie ihn mehr liebte, als sie es sich je hätte vorstellen können. Seine Ehrlichkeit und seine unverblümte Offenheit hatten etwas Erfrischendes. Zudem ging er mit Sachverhalten, die bei anderen eine große Krise ausgelöst hätten, völlig ruhig – eben logisch – um. Sie stand auf, ging um den Tisch herum zu ihm und setzte sich auf seinen Schoß. Sein fragender Blick sagte ihr, dass er keine Ahnung hatte, aus welchem Grund und mit welcher Absicht sie so zu ihm kam. Dann nahm sie seinen Kopf in beide Hände und sah ihm tief in die Augen. »Weißt du eigentlich, wie sehr ich dich liebe, du großer Junge?« Noch bevor er wie üblich mit »Ja, warum?« antworten konnte, verschloss sie seinen Mund mit dem ihren.

Erst als sie aus dem Schlafzimmer zurückgekehrt waren, es sich mit je einem Espresso auf der Wohnzimmercouch gemütlich gemacht hatten und aus der Stereoanlage leise Musik ertönte, konnte Sonja ihre Neugierde nicht mehr zügeln. »Also … wenn du meine Erkenntnisse zu der Leiche hören willst, erwarte ich, dass du mir endlich sagst, wie du den Todeszeitpunkt erfahren haben willst und was dabei rausgekommen ist.«

»Okay, ich zuerst, aber danach du.« Gregor nippte an seinem stark gesüßten Espresso. Dann schilderte er ihr den Ansatz zur Ermittlung des Zeitpunktes und was Schmuddel innerhalb kürzester Zeit herausgefunden hatte. »Es hat in dieser Nacht fast ununterbrochen geschneit. Erst um zirka 5:00 Uhr hat es aufgehört, und ein Meteorologe hat uns von der Schneefallmenge und der Dicke der Schneeschicht auf der Leiche ausgehend eine Zeit berechnet. Er kommt zu dem Schluss, dass die Frau ab etwa 3:00 Uhr an dieser Stelle gelegen haben muss.« Er sah Sonja fragend an. »Jetzt fehlt uns noch die Aussage, wie lange eine Person bei einer Temperatur von minus acht Grad ohne Kleidung überleben kann. Da hoffe ich auf eine Aussage von dir.«

Sonja überlegte kurz. »Nach meinen ersten Feststellungen war die Frau 22 bis 24 Jahre alt, wog lediglich 48 Kilo bei einer Körpergröße von 1,80, also sehr dünn, kurz vor der Magersucht, und ich würde ihr nicht mehr als«, sie überlegte nochmals und stellte im Kopf eine überschlägige Berechnung an, »fünf bis maximal zehn Minuten bis zum Tod durch Hyperthermie zugestehen.«

»Also können wir den Todeszeitpunkt auf 3:00 Uhr plus/minus zehn Minuten aufgrund der Berechnungsunschärfe bezüglich des Schneefalls festlegen«, stellte Gregor fest. »Das hilft uns bei der Suche nach Zeugen, die irgendetwas gesehen haben, was uns bei der Frage weiterhelfen könnte: Wie ist sie in den Park gekommen? Ich gehe nicht davon aus, dass sie eine längere Strecke durch die Stadt zurückgelegt hat.«

Sonja ergänzte seine Überlegungen: »Zumal sie nach meiner Einschätzung nicht gehen konnte.«

Gregor blickte sie überrascht an. »Weshalb nicht?«

»Weil ihr die Zehen an beiden Füßen einige Zeit vor ihrem Tod amputiert wurden.«

»Ich habe auf den Fotos bereits gesehen, dass an ihren Füßen blutige Stümpfe waren, konnte aber die Art der

Verletzung nicht genau einordnen. Der Begriff ›amputiert‹ impliziert allerdings rein sprachlich, dass diese Manipulation durch einen Arzt vorgenommen wurde.«

Da ist sie wieder, schoss es Sonja durch den Kopf, diese rein logische ans Haarspalterische grenzende Besserwisserei. Sie wusste, dass er es nicht böse oder rechthaberisch meinte. »Nein, nein, ich muss mich korrigieren. Es handelte sich lediglich um das Abschneiden der Zehen mit einer scharfen Schere, ich tippe auf Geflügel- oder Gartenschere, sowie anschließendes Versiegeln der Wunde durch Hitze. Das kann jede Art von glühendem Metall gewesen sein.« Sie überlegte noch einen kurzen Moment, bevor sie ergänzte: »So was könnte ohne Weiteres auch jemand ohne medizinische Kenntnisse zustande gebracht haben. Das Internet ist da leider eine unerschöpfliche Quelle an medizinischem Halbwissen für jedermann.«

Gregor schien diese Information eine Weile sacken lassen zu wollen. Sonja ließ ihm alle Zeit, die er brauchte. Als er mehrmals nickte, fuhr sie fort: »Die meisten Menschen unterschätzen die Wichtigkeit der Zehen. Sie sind ein zentrales Element, wenn es um Balance geht. Ohne Zehen zu gehen erfordert sehr viel Übung. In ihrem Zustand war sie mit Sicherheit nicht dazu in der Lage.«

Sie sah auf ihre Armbanduhr. »Lass uns dieses Thema für den Moment vergessen. Ich mache dir einen Vorschlag: Morgen früh gehe ich etwas zeitiger ins Institut und hole mir dort die Ergebnisse der beauftragten Untersuchungen. Danach komme ich zu dir ins PP und bringe euch alle auf den aktuellen Stand. Wäre das okay?« Sie sah ihn bittend an. Sie wollte nicht mehr über den Fall reden.

»Aber natürlich, absolut in Ordnung. Morgen reicht allemal.«

Jede andere Antwort hätte Sonja sehr verwundert. Sie hatten es sich zur Regel gemacht, grundsätzlich in ihrem Heim nicht über Fälle und ganz besonders nicht über die unappetitlichen Seiten ihrer Berufe zu sprechen. Und Gregor hielt sich fast immer an Regeln. Das hieß aber auch, dass es Ausnahmen wie an diesem Abend gab, an dem beide viel zu neugierig gewesen waren, um das Thema gänzlich unter den Tisch fallen zu lassen.

Nun aber war es an der Zeit, sich nur noch um ihre Beziehung zu kümmern. Sonja stellte die Espressotasse auf den Couchtisch, kniete sich neben Gregor auf die Couch und zog langsam und lasziv ihr T-Shirt über den Kopf. Darunter trug sie nichts und es freute sie zu hören, wie Gregor scharf die Luft einsog.

»Aber«, begann er, »wir haben doch gerade …« Dann wurde sein Mund mit ihrer weichen Brust gefüllt, und sie hatte ihn gelehrt, dass man mit vollem Mund nicht redete. Sie spürte aber auch, dass er bereits wieder etwas anderes im Sinn hatte, als zu reden.

TAG 2

6

Als Gregor an diesem Morgen in der Einsatzzentrale ankam, war der Rest der Truppe bereits versammelt. Er hatte in den vergangenen Monaten gelernt, freundlich »Guten Morgen« zu sagen und sich auch ab und zu nach dem Wohlbefinden der Kollegen zu erkundigen. Im Gegenzug gab er offen Antwort, wenn einer der anderen ihn nach seinem Befinden oder seiner Stimmung fragte.

Er war überhaupt im Kreise der Kollegen, die er inzwischen fast als so etwas wie seine Freunde bezeichnen konnte, überaus offen, was persönliche Gefühle und Befindlichkeiten anging.

Dies hatte allerdings zu einigen sehr skurrilen Vorfällen geführt. Auf die unschuldige Frage von Mutti »Na, Gregor, wie war der gestrige Abend?«, hatte er genauso unschuldig geantwortet: »Der Sex mit Sonja war sehr erquickend.« Mutti wäre beinahe an dem Kaffee erstickt, den sie in diesem Moment gerade trank. Sonja hatte ihm eindringlich erklären müssen, dass Offenheit auch Grenzen hatte und bestimmte private Dinge nicht unbedingt allen preisgeben werden sollten. Er hatte nicht wirklich verstanden, warum.

Er hasste Lügen und setzte sie nur in gerechtfertigten Fällen bei ihren »Kunden« ein. Seit den Ereignissen vor sechs Monaten wussten alle um seine Fähigkeit, durch Beobachten die Stimmungslage von Menschen und ihre Aufrichtigkeit einschätzen zu können.

Sie hatten es so weit verinnerlicht, dass sie ihn nur noch sehr selten anlogen. Interessanterweise hatte er feststellen müssen, dass sie sich untereinander noch lange nicht immer die Wahrheit sagten. Jenny zum Beispiel gab auf vorwitzige Fragen von Klaus Braake zu ihrem Privatleben meist Antworten, an denen Gregor erkennen konnte, dass sie sich zum einen ärgerte und zum anderen Klaus schamlos belog. Er verstand die Menschen immer noch nicht. Wenn sie nicht wollten, dass jemand etwas erfuhr, warum verweigerten sie nicht einfach die Antwort? Er schob diese Gedanken als nicht zielführend beiseite, um sich auf den Fall konzentrieren zu können. »Guten Morgen. Wie sieht es aus? Was haben wir bisher?«

Noch während er fragte, fiel ihm das feiste Grinsen von Braake auf und der Ausdruck auf Alsmanns Gesicht strahlte Zufriedenheit und Stolz aus.

»Ich sehe, wir haben etwas. Gut. Was wisst ihr, das ich noch nicht weiß?«

Jenny zeigte schweigend auf eine Wand der Einsatzzentrale, die komplett von einem riesigen Whiteboard eingenommen wurde. Dort waren ausgedruckte Fotografien mit kleinen Magneten befestigt, und mit schwarzen und roten Filzstiften waren Linien zwischen einzelnen Bildern gezogen oder erläuternde Beschriftungen angebracht worden.

An prominenter Stelle prangte ein Bild des Fundortes, gemacht zu einer Zeit, als die Leiche größtenteils freigelegt war. Daneben stand: »Todeszeitpunkt: 3:00 Uhr + - zehn Minuten.«

Ein Pfeil zeigte auf ein kleineres Bild, das vermutlich unmittelbar nach Eintreffen der Tatortgruppe aufgenommen worden war. Der Schnee bedeckte die junge Frau noch fast vollständig und lediglich rund um die Füße war eine große, aufgewühlte Stelle, die den Blick auf einen blutverschmierten Bereich freigab. Viel interessanter, weil gestern noch nicht da, war eine Linie, die nach rechts zu einem kleineren Foto führte.

Es handelte sich um ein Passbild, auf dem eine junge, recht hübsche, blonde Frau zu sehen war, die krampfhaft versuchte zu lächeln. Es war ihr augenscheinlich sehr schwergefallen. Gregor konnte in Gesichtern auf Fotos nicht so gut lesen wie in denen lebendiger Subjekte, aber er sah in ihr eine Traurigkeit und Verzweiflung, nach deren Grund er sich sofort fragte.

Unter dem Bild stand: »Vera Raditschenko, geb. 24.12.1990 in Kiew, Einreise im Mai 2007 mit Touristenvisum, wohnhaft: Frankfurt, Taunusstraße 37«.

»Sehr gut, wir haben eine Identifizierung. Wie und wer?«

»Ich natürlich, wer sonst«, kam die vorlaute Bemerkung von Klaus Braake wie aus der Pistole geschossen. »Ich habe unseren Zugriff auf die Datenbank des PP genutzt und auf gut Glück mal die Vermisstenmeldungen durchgesehen. Dabei bin ich auf ihre Daten gestoßen. Der Zeitpunkt der Anzeige war vor vier Tagen. Das Bild hatte genug Ähnlichkeit mit der Toten, dass der Ansatz es wert schien, ihn weiterzuverfolgen. Na ja, und dann haben Jenny und Mutti halt auch noch ein bisschen was ermittelt.«

»Wer hat sie als vermisst gemeldet?«, wollte Gregor wissen.

»Das war dann unser Ansatz«, meldete sich die 41-jährige Jutta Beltermann zu Wort. »Es war ihre Mitbewohnerin, eine Amanda Chekova, und wir dachten uns, es wäre keine schlechte Idee, wenn wir zwei Frauen mal mit ihr reden.«

»Genau«, schaltete sich Jenny ein, »und ich glaube, das war auch gut so. Ich bin mir nicht sicher, ob die Chekova uns so bereitwillig erzählt hätte, womit unsere Tote zu

Lebzeiten ihr Geld verdient hat, wenn ein Mann dabei gewesen wäre.«

»Sie war also Prostituierte«, konstatierte Gregor ohne Hintergedanken oder die Absicht, sein Wissen zur Schau zu stellen. Erst als er den enttäuschten Ausdruck in den Gesichtern von Jenny und Mutti sah, realisierte er, dass sie ihn mit dieser Information überraschen und beeindrucken hatten wollen. »Also ... äh ... zumindest vermute ich das«, versuchte er zu retten, was noch zu retten war. Vergeblich.

»Habt ihr wirklich geglaubt«, mischte Dieter Alsmann sich ein, »ihr könntet unser Superhirn überraschen? Zwei junge Russinnen in einer Wohngemeinschaft in dieser Gegend, zumindest eine davon vor Jahren mit einem Touristenvisum nach Deutschland gekommen, aber immer noch hier. Und dann noch die dumme Andeutung, dass die Zeugin den Beruf einem Mann vielleicht nicht so einfach mitgeteilt hätte. Da wäre ja sogar ich drauf gekommen, und ich bin ein alter Mann, ha!«

In letzter Zeit kokettierte Alsmann immer öfter mit seinem in wenigen Monaten bevorstehenden Ruhestand. Gregor bedauerte schon jetzt, Alsmann dann nicht mehr im Team zu haben. Sein scharfer, analytischer Verstand würde ihm fehlen, aber immerhin waren es ja noch einige Monate bis dahin.

»Sorry«, murmelte Gregor, »ich wollte euch nicht die Schau stehlen.«

»Ach was.« Jutta musste lächeln. »Blöde Idee, ausgerechnet dich überraschen zu wollen. Aber eine Information haben wir noch, von der du noch nichts wissen kannst und die wir auch noch weiter ermitteln müssen. Amanda und Vera standen auf dem Straßenstrich in der Nähe der Messe. Als Vera zuletzt gesehen wurde, stieg sie in einen blauen VW Golf, Baujahr unbekannt. Aus Gewohnheit hat sich Amanda das Kennzeichen notiert. F-KV 224. Das ist unsere erste Aufgabe heute Morgen, den Halter zu ermitteln.«

»Das werde ich übernehmen, ich mache mich gleich auf zur Zulassungsstelle«, bot Dieter Alsmann sich an, wobei er sich Notizen in sein kleines schwarzes Buch machte.

Schmuddel wollte aufbegehren, und Gregor war sich sicher, dass er den Grund kannte. Es wäre für den Computerfreak wesentlich einfacher, die erforderlichen Daten in den Datenbanken abzufragen. Ein kurzes Signal mit der Hand reichte aber aus, ihn zu bremsen, und Gregor hatte das sichere Gefühl, dass Schmuddel verstand, warum er Alsmann auf die altmodische Art recherchieren lassen wollte. Er nickte verstehend – und schwieg.

7

Gegen 10:00 Uhr, als Sonja die Einsatzzentrale der MK 2 betrat, herrschte rege Betriebsamkeit bei allen Anwesenden. Gregor studierte Akten, Jutta und Jenny lasen auf ihren Computermonitoren und Klaus Braake tippte wie ein Verrückter auf seiner Tastatur, ohne den Blick vom

Bildschirm abzuwenden. Lediglich Alsmann fehlte. Alle waren so konzentriert, dass sie Sonjas Eintreten nicht einmal bemerkten. Sie ließ den Aktenordner, den sie unter dem Arm getragen hatte, mit einem lauten Klatschen flach auf einen Tisch fallen. Die Anwesenden fuhren mit einem Ruck herum und Jutta stieß einen erschrockenen Laut aus.

»Bist du wahnsinnig?«, schrie sie auf und fasste sich mit der rechten Hand an die Brust. »Ich hätte fast einen Herzinfarkt bekommen.«

»Bitte entschuldigt, aber die Versuchung war einfach zu groß.« Sonja ging mit einem fetten Grinsen auf den Lippen zu Gregor, der sie anlächelte. Sie gab ihm einen kurzen Kuss. »Hallo, Schatz. Ich habe ein paar interessante Ergebnisse für euch.«

Bevor sie mit der Mitteilung ihrer Erkenntnisse begann, wollte sie sich allerdings einen Überblick über die bisherigen Ermittlungsergebnisse verschaffen, die an dem Whiteboard übersichtlich dargestellt waren. Sie stand einige Minuten schweigend davor und sog die Informationen in sich auf. Dann drehte sie sich zu den gespannt Wartenden um. »Ja, das deckt sich mit meinen Untersuchungsergebnissen und erklärt einiges, was mir nicht ganz klar war. Gut gemacht, meine Damen und Herren.«

Braake war der Erste, der es vor Neugierde nicht mehr aushielt. »Hätte Frau Doktor unter Umständen die Güte, uns über ihre sicherlich herausragenden Untersuchungen ins Bild zu setzen?«

»Ja, natürlich. Entschuldigt.« Sonja nahm an einem der in U-Form aneinander stehenden Tische Platz und ergriff den Aktenstapel. Alle setzten sich zu ihr an die Tische.

Sie sammelte sich einen Augenblick und überlegte, womit sie beginnen sollte. »Also, um mal mit dem anzufangen, was ihr eigentlich schon wisst: Den Todeszeitpunkt habt ihr genauer ermitteln können, als es mir möglich gewesen wäre. Alles was ich auf eurem Informationsboard gelesen habe, deckt sich mit den Schlüssen, die ich aus der Obduktion ziehen konnte. Die zahlreichen alten Verletzungen im Vaginalbereich ließen mich schon vermuten, dass sie als Prostituierte gearbeitet hat. Anhand der Zahnfüllungen habe ich eine osteuropäische Herkunft vermutet. Die Ukraine als Herkunftsland hätte ich natürlich nicht eingrenzen können. Der Zeitpunkt ihres Verschwindens deckt sich mit den vielen drei bis vier Tage alten Hämatomen, die sie am ganzen Körper hat. Ich vermute aufgrund des unterschiedlichen Alters ihrer Verletzungen, dass sie in den vergangenen vier Tagen wiederholt geschlagen worden ist. Außerdem hat sie wenigstens drei Tage lang keine Nahrung mehr zu sich genommen. Da ich keine Dehydrierung feststellen konnte, stand ihr aber offensichtlich ausreichend Flüssigkeit zur Verfügung. Ich weiß nicht, in welchem Zustand ihre Fingernägel vorher waren, aber jetzt sind sie blutig und bis ans Nagelbett abgebrochen, als hätte sie versucht, sich mit bloßen Händen irgendwo rauszugraben. Vielleicht hat sie sich auch nur vor Schmerzen in den Boden gekrallt, das lässt sich so absolut nicht sagen. Die Untersuchung des Schmutzes an ihren Fingern läuft noch. Ich hoffe, die Ergebnisse geben wenigstens annäherungsweise Auskunft darüber, wo man sie gefangen hielt.«

Sonja machte eine kurze Pause und stellte fest, dass alle ihr aufmerksam lauschten und eifrig Notizen machten. Also fuhr sie fort: »An ihren Armen habe ich Einstiche gefunden. Zuerst habe ich an eine Süchtige gedacht, aber die Einstiche waren alle nicht älter als drei Tage. Die Ergebnisse der Toxikologie habe ich heute Morgen bekommen und sie haben bestätigt, dass ihr mehrmals ein Narkotikum verabreicht wurde. Das lässt mich hoffen, dass die stümperhaften Amputationen der Zehen in einer Art Narkose passiert sind.«

Gregor schaltete sich ein. »Das hört sich an, als würdest du ausschließen, dass sie von einem Arzt oder jemandem mit medizinischen Fachkenntnissen vorgenommen wurden?«

»Ich schließe nichts aus, aber ich gebe dir insofern recht, als dass das nicht nach der Arbeit eines Medizinkundigen aussieht.«

In diesem Moment öffnete sich die Tür zur Zentrale und Dieter Alsmann erschien. Er machte keinen sonderlich glücklichen Eindruck. Nach einer kurzen Begrüßung von Sonja begann er fluchend, von seinen Ermittlungen zu berichten. »Es ist zum Kotzen, der Ansatz mit dem Fahrzeug ist so was von in die Hose gegangen, verdammt!«

Er setzte sich zu den anderen, holte sein altertümliches Notizbuch heraus und erklärte: »Das Kennzeichen, das sich unsere Zeugin völlig richtig notiert hat, gehört zu einem Porsche, der in den letzten Wochen mit dem Heck zur Wand in einer Tiefgarage geparkt stand. Der Besitzer war für drei Wochen in Urlaub und anschließend auf einer Geschäftsreise mit dem Firmenwagen. Deshalb ist niemandem aufgefallen, dass das hintere Kennzeichen irgendwann gestohlen wurde. Eine Eingrenzung des Diebstahlzeitpunktes ist nicht möglich, die Tiefgarage wurde nicht videoüberwacht. Und was den VW an sich angeht, mache ich mir keine Hoffnung. Der Golf ist ab Baujahr 1986 das in Deutschland am meisten gefahrene Auto. Derzeit dürften circa 1,5 Millionen zugelassen sein. Das würde bedeuten, dass allein im Rhein-Main-Gebiet ungefähr 90.000 VW

Golf rumfahren. Eine Eingrenzung über die Farbe bringt auch nichts, da erstens Blau eine häufige Farbe ist und zweitens die aktuelle Farbe nicht die Originalfarbe sein muss. Also alles in allem – Sackgasse.«

Frustriert knallte er sein Notizbuch vor sich auf den Tisch und lehnte sich genervt in seinem Stuhl zurück, die Arme vor der Brust verschränkt.

Sonja hatte inzwischen viel von Gregor gelernt, was das Verstehen von Gestik und Mimik anging. Allerdings war Alsmanns Verhalten auch nicht schwer zu deuten. Er signalisierte überdeutlich: Ich habe alles Menschenmögliche getan, leider erfolglos, und jetzt lasst mich in Ruhe!

Sonja nutzte die entstehende Pause, um zum Höhepunkt ihrer Ausführungen zu kommen. Auch sie konnte sich nicht davon frei machen, die Präsentation ihrer Ergebnisse nach dramaturgischen Gesichtspunkten zu gestalten. Das bedeutete, dass die interessanten, verblüffenden und bedeutungsschweren Ergebnisse erst am Schluss vorgestellt wurden. Sie griff in ihre Tasche und holte einen USB-Datenstick hervor. »Da ich keinen direkten Zugriff auf eure Bilddatenbank habe«, begann sie, »habe ich hier noch einige sehr interessante Fotografien. Wie ihr wisst, macht Luminol sonst kaum erkennbare Blutspuren sichtbar, seine Anwendung birgt jedoch die Gefahr, dass die Chemikalie andere Spuren beeinträchtigt. Deshalb habe ich den Einsatz bis heute Morgen aufgeschoben. Ich sage euch nichts Neues, wenn ich erwähne, dass kleinste Blutreste in Verbindung mit dieser Substanz in absoluter Dunkelheit durch die sogenannte Chemolumineszenz blau leuchten. Und ihr werdet nicht glauben, was sich mir präsentiert hat, als ich die Leiche mit Luminol eingesprüht und danach den Sektionsraum verdunkelt habe.«

Alle Augen ruhten gespannt auf ihr, aber sie warf lediglich den USB-Stick Klaus Braake zu und bemerkte: »Hau es an die Wand, bitte.«

Der fing ihn auf und eilte zu seinen Computern, wo er ihn einsteckte. Nur wenige Sekunden später erhellte sich die Projektionsfläche, zeigte einen Ordner mit Dateien, und Schmuddel öffnete das erste Foto.

Sonja stellte befriedigt fest, dass alle angemessen überrascht und beeindruckt waren. Wenn sie normale Blutflecke erwartet hatten, war die Überraschung bei dem, was sie sahen, umso größer. Auf dem Bild war ein im Dunkeln schimmernder blauer Schriftzug zu erkennen, der seltsam gerundet erschien, als sei er auf einer Halbkugel geschrieben worden. Sonja sah sich gezwungen, das eigentlich für sich sprechende Bild zu erläutern. »Was ihr hier seht, war mit Blut und vermutlich einem feinen Pinsel auf die rechte Pobacke der Toten geschrieben.«

Alle starrten auf die gut zu lesende Schrift, ohne zu verstehen, was dort stand.

бесполезный кусок дерьма

Bevor jemand eine Frage stellen konnte, fuhr Sonja fort: »Da ich vermutlich die Einzige im Raum bin, die nicht nur Russisch versteht und spricht, sondern auch lesen kann, möchte ich euch nicht auf die Folter spannen und gleich die Übersetzung liefern. Was dort in Blut geschrieben steht, heißt wörtlich übersetzt: ›nutzloses Stück Scheiße‹.«

Entsetztes und verblüfftes Schweigen war alles, was sie für den Moment an Rückkopplung erhielt. Sie konnte sich ungefähr vorstellen, welche Gedanken nun in den Köpfen der Ermittler vorgingen, denn sie waren vermutlich denen nicht unähnlich, die sie selbst bei der ersten Ansicht dieser Nachricht beschäftigt hatten.

Gregor schien derjenige zu sein, der seine Überraschung am schnellsten überwand, er stellte die sich ergebenden Fragen: »Was bedeutet das für uns und vor allem für die Identität und Intention des Täters? Ist er Russe, oder ist der Text der Abstammung des Opfers geschuldet? Ist das seine Einstellung zu Prostituierten, oder will er, dass wir das denken? Hat er es mit seinem oder ihrem Blut geschrieben?«

Keines der anderen Teammitglieder kommentierte seine Fragen. Jeder hing seinen eigenen Gedanken nach und überlegte.

Es trat ein Moment des Schweigens ein, den Klaus Braake beendete. »Also, dann wollen wir mal etwas dazu beitragen, dass die Stimmung wieder ein bisschen lockerer wird. Vor allem, weil ich noch keinen Schimmer habe, wie ich die letzte Information deuten soll. Seit wir erfahren haben, dass unser Opfer eine Bordsteinschwalbe war«, die missbilligenden Blicke von Jenny und Jutta bezüglich seiner Wortwahl schienen ihn nicht im Mindesten zu stören, »habe ich mal in den Akten der Sitte gewühlt. Ich wollte wissen, wie das in Frankfurt so mit den russischen Prostituierten aussieht.«

»Vera Raditschenko war Ukrainerin, keine Russin«, fiel Gregor ihm ins Wort.

Schmuddel sah ihn irritiert an. »Ist das nicht das Gleiche?«

»Wenn schon, wäre es dasselbe, aber das ist es eben nicht. Die Ukraine ist seit der Auflösung der UdSSR 1991 ein eigenständiger Staat, der zwischen Weißrussland im Norden, Polen, der Slowakei und Ungarn im Westen, Rumänien und Moldawien im Südwesten sowie dem Schwarzen Meer liegt. Selbstverständlich wird dort noch in großem Umfang Russisch gesprochen, aber sie darf dennoch nicht mit Russland verwechselt werden.«

»Danke, Gregor, für diese wichtige Information«, unterbrach Alsmann den Redeschwall, »ich denke, Schmuddel hat es kapiert, oder?«

Er warf einen vielsagenden Blick zu Braake, der eifrig versicherte: »Ja, ja, natürlich, Entschuldigung.«

Jenny und Jutta verdrehten die Augen und Sonja musste laut lachen. Ihr gefiel dieser lockere Umgang miteinander in diesem aus so ungleichen Personen bestehenden Team.

»Okay, wie dem auch sei«, nahm Klaus den Faden wieder auf, als sei nichts geschehen, »der Zuhälter mit den meisten Ostblockmädels ist kein Unbekannter.« Er nahm ein Foto in die Hand, das bisher mit der Bildseite nach unten auf dem Tisch gelegen hatte, erhob sich und ging zum Whiteboard. Dort pinnte er es mit einem kleinen Magneten in die Nähe des Fotos von Vera Raditschenko. »Darf ich vorstellen: Ernst Wollweber, genannt ›Wolle‹, geboren am 1. Mai 1955 in Düsseldorf und so was wie der Kiezkönig von Frankfurt. Sein Vorstrafenregister ist ein wenig zu umfangreich, als dass ich es jetzt hier herunterleiern möchte. Allerdings gilt er als äußerst brutal gegenüber Frauen. Ein echtes Schätzchen, dieser Wolle.«

Auf dem Bild sah man den Kopf und halben Oberkörper eines dem Geburtsdatum nach fast 60-Jährigen, der mit Gewalt auf jugendlich getrimmt war. Blonde, lange Haare mit dunklen Strähnchen, eine halb getönte Sonnenbrille, mit Strasssteinchen besetzt, dicke, goldene Ohrringe und jede Menge Schmuck um den Hals. Seine Haut wies die starke Bräune von zu viel Sonnenbank auf und war, vermutlich dadurch, extrem faltig. Den Mund hielt er leicht geöffnet und zeigte eine makellose Reihe offensichtlich künstlicher Zähne.

Alsmann hatte sich interessiert nach vorne gebeugt und die Unterarme auf dem Tisch abgestützt. »Und wie kommst du darauf, dass Wolle Wollweber auch der Zuhälter unserer Toten war? Nur weil er viele Prostituierte aus dem Osten … nun … unter seine Fittiche genommen hat?«

Alle blickten interessiert zu Braake, der wieder sein überlegenes Grinsen aufgesetzt hatte. »Haha, sehr komisch. Natürlich habe ich einen Beweis. Ich habe in den Datenbanken der Stadtverwaltung ein wenig zu der Wohnung recherchiert, in der unser Opfer Vera zusammen mit ihrer Kollegin Amanda gewohnt hat. Dreimal dürft ihr raten, wem das Haus in der Taunusstraße 37 gehört. Na, möchte jemand?«

Niemand mochte.

Die junge Frau konnte nicht mehr aufhören zu weinen. Stundenlang hatte sie geschrien, um Gnade gebettelt und an ihren Fesseln gezerrt. Ihre Kraft ließ immer mehr nach, und das wenige an Wasser, das ihr zur Verfügung stand, reichte nicht aus, um sie bei Kräften zu halten.

Vor zwei Tagen hatte sie in der Nähe eine andere Frau rufen hören. Es waren schwache Rufe in russischer Sprache.

Sie hatte in derselben Sprache geantwortet und gefragt: »Wer bist du?«

»Vera«, war die schwache Antwort gewesen.

Sie wollte gerade Vera mitteilen, wer sie war, als mit einem lauten Knall eine schwere Tür zugeschlagen wurde und Vera anfing zu schreien. »Nein … bitte nicht!«

Dann hörte sie klatschende Geräusche, schwächer werdende erstickte Laute und schließlich ... nichts mehr.

Das muss der böse alte Mann gewesen sein. Dieser Mann war auch schon bei ihr gewesen und hatte sie geschlagen.

Warum bin ich nur bei ihm eingestiegen, schalt sie sich wohl zum tausendsten Mal. Aber es war ihr Job, zu fremden Männern ins Auto zu steigen. Alle Mädchen glaubten, ihnen würde nie etwas passieren. So was geschah immer nur anderen. Und jetzt war sie eines von diesen anderen Mädchen.

Warum nur hatte sie ihr kleines Dorf in der Nähe von Lemberg im Westen der Ukraine verlassen? Der Ort lag nicht allzu weit von der polnischen Grenze entfernt und sie hatte von jungen Polinnen gehört, was man im goldenen Westen verdienen konnte. Am besten sei es in Deutschland, dem reichsten Land in ganz Europa. Das hatte sich alles so gut angehört – und hatte sich als so falsch herausgestellt.

Sie weinte leise vor sich hin und traute sich nicht, nach Vera zu rufen. Sie dachte einen Moment lang tatsächlich daran, dass der böse Mann sie vielleicht vergessen würde, wenn sie nicht durch Rufen oder Krachschlagen auf sich aufmerksam machte. Doch es fiel ihr ein, dass sie dann aber verhungern würde. Was sollte sie nur tun?

Sie schreckte auf, als sie an der mit schweren Eisenbeschlägen verstärkten Holztür das Klacken des sich öffnenden Schlosses hörte. O nein! Bitte nicht! Sie brachte keinen Laut heraus, auch nicht, als der böse alte Mann hereintrat.

»Allo, golubuschka, ja dumaju nam nuschno pogoworit« *(Hallo, Täubchen, ich glaube, wir müssen reden)*, sprach er sie mit seiner hohen Stimme an.

Bei allen Heiligen, der böse Mann spricht Russisch! Wer ist er?

TAG 3

8

Sie klopfte an die Bürotür des Inspektionsleiters der Kriminalinspektion 10 – Kapitaldelikte, wartete, bis von drinnen ein lautes »Herein!« erklang, und betrat das Büro.

Hinter dem Schreibtisch blickte ein attraktiver Mann mittleren Alters von seinem Laptop auf. »Ah … Sie müssen die Kollegin Beltermann sein, sie wurden mir angekündigt.« Er stand auf und streckte ihr die Hand entgegen. Er hatte einen festen, männlichen Händedruck und war offensichtlich auch keiner, der Frauen aus Angst, die Hand zu zerdrücken, eine lasche Pfote hinhielt. »Freut mich. Ich habe schon viel Gutes über Sie gehört.«

Jutta kannte Kriminaloberrat Hecker nur dem Namen nach und war ihm bisher noch nicht persönlich begegnet. Sie sah ihn misstrauisch an. »Von wem?«

Er lachte. »Von Ihrem Chef, Gregor Mandelbaum.«

Jutta war erleichtert. Also meinte er es ernst, und sie war sicher, dass Gregor ihm keinen Unsinn erzählt hatte.

»Nehmen Sie Platz, Frau Beltermann, wir haben etwas zu besprechen.« Als Jutta sich gesetzt hatte und ihn gespannt ansah, fuhr er fort: »Kollege Mandelbaum hat mich gebeten, Ihnen jemanden aus dem Kommissariat für Sexualdelikte zur Seite zu stellen, der über umfangreiches Wissen zur Frankfurter Bordell- und Prostituiertenszene verfügt. Ich bin immer gern bereit, die Mordkommission bei ihrer Arbeit zu unterstützen, deshalb habe ich ein Zweierteam mit intimen Kenntnissen der Szene zu ihnen abgeordnet. Es handelt sich um die Kollegen Oberkommissar Grothebaum und Kommissarin

Petrowska. Ich bin sicher, die beiden werden eine große Hilfe sein.«

Keiner der beiden Namen sagte Jutta etwas, obwohl sie einen Moment der Meinung war, den Namen Grothebaum in irgendeinem Zusammenhang schon mal gehört zu haben.

»Die Kollegin Petrowska ist zwar noch sehr jung, aber sie hat Fähigkeiten, die Ihnen in Ihrem Fall sehr nützlich sein könnten.«

Mutti sah ihn fragend an, aber er lachte nur. »Lassen Sie sich überraschen, Frau Beltermann. Ich habe ein Treffen arrangiert, in«, er sah kurz auf seine Uhr, »einer Stunde im Besprechungsraum III, im fünften Stock. Viel Spaß und vor allem, viel Erfolg.«

Jutta war sich nicht sicher, was die Andeutung »viel Spaß« bedeuten sollte. Hecker schien irgendetwas daran lustig zu finden, dass ausgerechnet dieses spezielle Team die MK 2 unterstützen würde. Sie verabschiedete sich mit mehr Fragezeichen im Kopf als vor dem Treffen.

Als sie eine Stunde später den Besprechungsraum betrat, wurde sie von Jenny Jung begleitet. Alsmann war momentan unterwegs, Braake hatte kein Interesse daran gehabt, die unterstützenden Kollegen kennenzulernen, und Gregor hatte ein lapidares »Ich habe die Personalakten der Kollegen gelesen. Das ist völlig ausreichend« von sich gegeben.

Nun lag es also an Jenny und ihr, die Neuen zu begrüßen. Sie war mehr als nur ein bisschen gespannt, was das für Kollegen sein würden, die sie unterstützen sollten.

An einem Tisch in der Mitte des Raumes saß eine junge Frau, einen großen Pott Kaffee vor sich, und blickte interessiert auf, als die beiden eintraten. Jutta Beltermann mit ihren inzwischen 41 Jahren musste neidlos anerkennen, dass sie eine klassische Schönheit war. Lange, tiefschwarze Haare, leicht gelockt, umrahmten ein hellhäutiges, ebenmäßiges Gesicht mit hohen Wangenknochen, leicht schräg stehenden grünen Augen und vollen Lippen. Als sie aufstand, um die Eintretenden zu begrüßen, musste Jutta ihre aufregende Figur bewundern. Schmale Taille, volle Brüste, lange Beine, und das Ganze in einer engen Jeans und einer leichten Bluse, die am Hals so weit geöffnet war, dass man den Rand eines lila BHs erkennen konnte.

Ein Glück, dass unsere Männer jetzt nicht da sind, dachte sie amüsiert. Schmuddel würde vermutlich durchdrehen, und Dieter sollte in seinem Alter solchen Aufregungen besser nicht mehr ausgesetzt werden.

Die junge Frau kam ihr mit ausgestreckter Hand entgegen. »Hallo, ich bin Kriminalkommissarin Irina Petrowska, freut mich, Sie kennenzulernen«, sagte sie mit einer dunklen, rauchigen Stimme.

Mutti nahm ihre Hand. Die junge Frau war ihr vom ersten Augenblick an sympathisch. »Angenehm. Jutta Beltermann, aber die meisten nennen mich Mutti, und wir duzen uns eigentlich alle im Team. Irina, richtig?« Sie schüttelte die Hand und stellte erfreut fest, dass die junge Frau einen festen Händedruck hatte.

Jutta betrachtete Irina Petrowska offen von oben bis unten und ergänzte ihre Begrüßung: »Bei Ihnen könnte das ja sogar stimmen ... ich meine, das mit der Mutti. Darf ich fragen, wie alt Sie sind?«

Die junge Frau lachte ein lautes, herzliches Lachen, wobei sie den Kopf zurückwarf, ihre lange Mähne schüttelte und ihre Augen sympathisch strahlten.

Bevor sie antworten konnte, erklang hinter Juttas Rücken Jennys Stimme: »Sie ist ein Jahr jünger als ich, also 22, war eine Klasse unter mir in der Ausbildung und wird aufgrund ihres Model-Aussehens meistens ziemlich unterschätzt. Sie war immer in den Top Ten ihrer Klasse, und ich muss zugeben, ich war sehr oft ein bisschen neidisch.«

Irina Petrowska trat überrascht einen kleinen Schritt zur Seite, blickte an Jutta vorbei, und ihr Gesicht wurde von einem freudigen Strahlen erhellt. »Jenny! Das glaub ich ja nicht, du?«

Freudestrahlend lief sie um Jutta Beltermann herum und stürzte sich auf Jenny. Sie lagen sich in den Armen, und Jutta musste über so viel jugendliches Ungestüm milde lächeln. Sie betrachtete die beiden ungleichen jungen Frauen amüsiert. Auch Jenny war beileibe nicht hässlich, mittelgroß, schlank und sehr sportlich, mit halblangen, blonden Haaren und einem offenen, hübschen Gesicht. Dennoch konnte Jutta sich ausmalen, dass angesichts der Schönheit ihrer Lehrgangskollegin tatsächlich schnell Neid aufkommen konnte. Hatte eine solche Freundschaft eine Chance?

»Muss ich mir dieses alberne Kaffeekränzchen noch länger anhören oder kommen wir irgendwann endlich mal zum Thema?«, erklang eine näselnde und für einen Mann unangenehm hohe Stimme aus einer Ecke des Zimmers. Der Mann, der dort auf einem Drehstuhl mit dem Rücken zum Raum und den Füßen auf der Fensterbank halb gelegen hatte, war mit seinem Stuhl herumgeschwungen und nun aufgestanden. Leicht watschelnd kam er auf die Gruppe der drei Frauen zu, und Jutta konnte nicht verhindern, dass ihre spontanen Empfindungen ihr vermutlich deutlich ins Gesicht traten. Widerlich, war ihr erster

Gedanke, als der dicke, höchstens 1,70 Meter große Typ mit der viel zu engen, fleckigen Cordhose und dem karierten Hemd auf sie zukam. Das Hemd hing ihm auf einer Seite aus der Hose und war vorne so weit aufgeknöpft, dass das ehemals vermutlich weiße Feinrippunterhemd deutlich zu sehen war. Als er ihr die dicken Wurstfinger entgegenhielt, musste sie sich überwinden, die Hand zu ergreifen. Sie bereute es sofort, denn der Griff war lasch und die Hand schweißnass.

»Sie haben sicher das Sagen, Sie sind ja schließlich die Einzige, die keine Windeln mehr braucht, oder?«, versuchte er, witzig zu sein. »Ich bin übrigens Frank … Frank Grothebaum.« Bei seiner Vorstellung hatte er den Kopf leicht gesenkt und sah sie von unten mit nach oben gedrehten Augen an, als müsse er über eine Brille schauen. Seine Imitation von »Bond … James Bond« war so grauenvoll, dass Jutta beinahe laut aufgelacht hätte.

»Ich schlage vor, wir setzen uns«, überbrückte Jenny die aufkommende Peinlichkeit, »und wir erläutern, warum unser Chef der Meinung ist, dass wir Unterstützung von der Sitte gut gebrauchen könnten.«

Jutta war ihr dankbar und lächelte ihr kurz zu.

Alle setzten sich und wieder war es Grothebaum, der eine Bemerkung nicht zurückhalten konnte: »Ihr Boss, das ist doch dieser jüdische Bankheini, der letztes Jahr so groß rausgekommen ist, oder?«

Jenny hatte sich schon halb von ihrem Platz erhoben, und nur eine Hand von Mutti auf ihrem Arm hinderte sie daran, dem unverschämten Widerling ins Gesicht zu springen.

Jutta musste wieder einmal feststellen, wie oft der erste Eindruck doch richtig zu sein schien. Der Typ war einfach widerwärtig. Dennoch war sie nicht daran interessiert, dass die Situation aus dem Ruder lief. Es war dringend notwendig, mehr Sachlichkeit in das Gespräch zu bringen. Deshalb übernahm sie wieder die Führung. »Die Familiengeschichte unseres Chefs tut nichts zur Sache, wir sind hier, weil es einen Mord an einer ukrainischen Prostituierten gab und ...«

Nun war es an Irina Petrowska, sich halb aus dem Sitz zu erheben. »Wer?«, fragte sie mit aufgerissenen Augen.

»Vera Raditschenko«, gab Mutti, erstaunt von der heftigen Reaktion der jungen Frau, den Namen des Opfers preis.

»O Gott, nein. Die Arme.« Irina hatte sich wieder auf den Stuhl fallen lassen.

»Ich muss mich für unser Küken entschuldigen«, meldete Grothebaum sich wieder zu Wort, und es klang eher zynisch als entschuldigend, »weil ihre Eltern auch aus dem Osten kommen, glaubt sie, sie müsse diese russischen Schlampen alle retten. Dabei vergisst sie manchmal, auf welcher Seite sie steht.«

Jutta fuhr herum und blitzte ihn zornbebend an. »Ich glaube, Sie halten jetzt mal eine Zeit lang Ihren Mund, Herr Kollege, sonst fühle ich mich versucht, ihn mit Kernseife auszuwaschen.«

Während Grothebaum sich verblüfft zurücklehnte, schenkte Irina der älteren Kollegin einen dankbaren Blick. »Ich muss wohl erklären«, begann sie zu erzählen, »dass meine Mutter aus der Ukraine stammt und mein Vater Russe ist. Ich wurde zwar in Deutschland geboren, aber meine Muttersprache ist Russisch. Deshalb werde ich oft als Dolmetscherin eingesetzt, wenn russischsprachige Mädchen aus der Frankfurter Bordellszene aufgegriffen werden, die nur wenig oder gar kein Deutsch sprechen.« Sie schluckte schwer. »Ich habe Vera gekannt. Nicht gut, aber wir haben uns ein paarmal unterhalten. Sie war eigentlich ganz nett.« Sie schüttelte voller Verzweiflung den Kopf, und ihre langen schwarzen Haare flogen von einer Seite zur anderen.

»Wenn ich so einen rührseligen Quatsch höre. Das war eine Nutte, Mädchen. Mach nicht so einen Aufstand!«

Juttas Blick ließ Grothebaum verstummen. Er lehnte sich wieder zurück und hob wie entschuldigend beide Hände. Er wurde ihr immer unsympathischer. Momentan konnte sie sich nicht vorstellen, dass sie mit diesem Typen würde zusammenarbeiten können. »Darf ich die allgemeine Aufmerksamkeit wieder der Sache zuwenden? Wir haben einen möglichen Verdächtigen, der Ihnen beiden nicht unbekannt sein dürfte.« Sie bemerkte, dass sie nun auch die Aufmerksamkeit von Grothebaum hatte. »Es handelt sich um Ernst Wollweber, Ihnen sicherlich als Wolle bekannt. Er hat eine lange Karriere als gewalttätiger Zuhälter hinter sich und die Todesumstände von Vera Raditschenko waren ziemlich gewalttätig.« Sie schob einen Stapel Bilder über den Tisch.

Während Irina die Bilder aufmerksam und mit wachsendem Entsetzen studierte, warf Grothebaum nur ein paar oberflächliche Blicke darauf. Dann bemerkte er in einem verächtlichen Tonfall: »Pah … Blödsinn … Wolle ist zwar ein Zuhälter, aber so was würde der nie machen. Der beschädigt seine Ware doch nicht. So blöd ist der nicht.«

»Genau deshalb«, sagte Jutta lauter, als es ihre Absicht gewesen war, »wollen wir Wollweber vernehmen, und genau deshalb hat unser Chef vorgeschlagen, dass wir Hilfe von den Fachleuten annehmen, die ihn kennen.

Obwohl ich inzwischen nicht mehr davon überzeugt bin, dass das so eine gute Idee war – Sie arrogantes Arschloch.«

Grothebaum schnappte nach Luft und klappte den Mund immer wieder auf und zu. Er war allerdings zu perplex, irgendetwas zu antworten.

Irina Petrowska hatte zunächst völlig überrascht die Augen aufgerissen und fing nun an, langsam in die Hände zu klatschen. Grinsend fiel Jenny Jung ein, und beide nickten Jutta Beltermann anerkennend zu.

9

Den achtjährigen Jungen zog es nicht nach Hause. Er wusste, was ihn dort erwartete und wollte das Unvermeidliche so lange wie möglich hinauszögern. Aber ihm wurde schmerzhaft klar, dass die Folgen einer verspäteten Heimkehr schlimmer sein würden, als wenn er auf dem schnellsten Weg in die kleine Wohnung zu seiner Mutter zurückkehren würde.

Er hatte sich heute auf dem Fußballplatz mit einem Jungen der anderen Mannschaft gestritten. Dabei hatte der andere an seinem Trikot gezogen und einen Ärmel abgerissen. Er hatte keine Ahnung, wie er das seiner Mutter beibringen sollte. Sie würde sehr, sehr böse sein, und wahrscheinlich würde sie ihn wieder schlagen. Das Trikot war noch nicht alt und hatte zwölf Mark gekostet. Das war viel Geld, und seine Mutter gab nicht gerne Geld für Kleidung aus, auf jeden Fall nicht für seine Kleidung.

Umso mehr brauchte sie für diese seltsamen, ausgefallenen Kleidungsstücke, die sie oft trug – und für den Alkohol. Sie trank immer sehr viel. Am meisten, wenn die Männer gegangen waren, die bei ihnen zu Hause ein und aus gingen. Ihm war nicht ganz klar, wofür genau die Männer ihr Geld gaben, aber ihm war klar, dass es damit zusammenhing, dass seine Mutter sie in ihr Bett ließ. Ein Junge aus der Schule hatte ihm erzählt, dass sie etwas tat, was man anscheinend »Nutte« nannte. Noch jetzt schmerzten ihn die Wange und einige andere Körperteile, wenn er an den Nachmittag zurückdachte, als er seine Mutter gefragt hatte, was eine Nutte sei. Sie hatte ihn angeschrien, was für ein undankbarer Bastard er sei, und hatte ihn immer wieder geschlagen.

Er hatte sich unter Tränen entschuldigt und ihr versprechen müssen, dieses Wort nie wieder in den Mund zu nehmen.

Sie schlug ihn sehr oft und meist aus Anlässen, die er nicht verstand. Weil er das Radio zu laut stellte, die Wohnungstür zu laut zuschlug, während sie Besuch hatte, oder auch nur, weil er sie beim Lackieren ihrer Fußnägel störte. Er hörte so gerne Radio, aber sie hatten nur das eine im Wohnzimmer ihrer kleinen Zweizimmerwohnung in Frankfurt-Eckenheim. Er hatte kein eigenes Zimmer, wie manche seiner Mitschüler, nur ein Klappbett im Wohnzimmer, direkt neben dem Radio. Einen Vater hatte er auch nicht, und als er einmal danach fragte, warum das so sei, hatte er wieder Schläge bekommen. Seitdem ließ er dieses Thema lieber sein.

Das Radio war alles, womit er sich zu Hause beschäftigen konnte, denn für Spielzeug sei kein Geld da, hatte seine Mutter ihm gesagt. Also war er entweder auf dem Bolzplatz und spielte Fußball oder er saß im Wohnzimmer vor dem Rundfunkgerät und hörte, während sie mit den Männern im Schlafzimmer war, was in der Welt so alles passierte.

Als seine Mitschüler noch nicht richtig wussten, was ein amerikanischer Präsident eigentlich war, hatte er schon vor drei Jahren den Besuch von John F. Kennedy in Frankfurt im Radio verfolgt und aus den Kommentaren gelernt. Er hatte schon von der APO, der außerparlamentarischen Opposition, gehört, obwohl er nicht alles verstand, worum es bei der Studentenbewegung ging. Im Frankfurt der 60er-Jahre passierte viel, und er hörte sich alles im Radio an – und lernte.

Auf jeden Fall war er seinen Mitschülern in vielem weit voraus, was sich in seinen exzellenten Schulnoten widerspiegelte. Allerdings hatte er von seiner Mutter noch nie ein Lob für gute Noten bekommen.

In den letzten Wochen trank sie mehr als gewöhnlich. Es musste mit der Ermordung einer Prostituierten namens Helga Matura zusammenhängen, zumindest hatte sie diesen Namen mehrmals im Vollrausch gelallt. In den Nachrichten wurde tagelang über fast nichts anderes berichtet, und er hatte aus einigen Bemerkungen der Kommentatoren schließen können, dass eine Prostituierte so etwas Ähnliches wie eine Nutte sein musste. Er wagte nicht, seine Mutter danach zu fragen.

Als er an diesem Tag vorsichtig die Tür zur Wohnung aufschloss, stellte er fest, dass er sich umsonst Sorgen gemacht hatte. Sie war so betrunken, dass sie auf dem Sofa des kleinen Wohnzimmers tief und fest schlief, wobei sie laut schnarchte. Fürs Erste brauchte er sich also keine Gedanken wegen seines zerrissenen Trikots zu machen. Alles Weitere würde die Zukunft zeigen.

10

Irina Petrowska und Frank Grothebaum saßen nebeneinander in einem der Vernehmungsräume des Polizeipräsidiums und warteten auf das Erscheinen des zur Vernehmung vorgeladenen Ernst »Wolle« Wollweber.

Irina versuchte, sich ihre Nervosität nicht anmerken zu lassen. Sie war zwar während der dreijährigen Ausbildung zur Kriminalkommissarin immer unter den Klassenbesten gewesen, aber alle Theorie ersetzte nicht die Erfahrungen der Praxis. Es war schon ein gewaltiger Unterschied, ob man einen Mitschüler zum Training als Zeugen oder Beschuldigten vernahm oder ob man es mit einer realen Situation zu tun hatte. Noch dazu mit einer Person, die als Täter in einem Tötungsdelikt verdächtigt wurde. Sie merkte, dass ihre Hände schweißnass waren, und wischte sie möglichst unauffällig an ihrer Jeans ab.

Grothebaum lag wieder betont lässig in seinem Stuhl und hatte die Füße auf den einzigen Tisch im Raum gelegt. Das wirkte bei seiner Figur nicht cool; er sah eher wie ein Penner aus, der sich nach der zweiten Flasche Rotwein in einer Ecke herumlümmelte.

Irinas Aufregung wurde auch dadurch nicht geringer, dass sie hinter dem großen, einseitig durchsichtigen Spiegel an einer Wand des Vernehmungsraumes die Kolleginnen Jenny Jung und Jutta »Mutti« Beltermann wusste. Von dort verfolgten die beiden, für sie unsichtbar, das Geschehen im Vernehmungsraum. Alle Geräusche aus dem Raum wurden durch empfindliche, versteckte Mikrofone nach draußen übertragen, und deutlich sichtbare Kameras in den vier Ecken des Raumes nahmen alles auf, was hier geschah.

Sei doch nicht so nervös, verdammt, dachte sie zornig über sich selbst.

Glücklicherweise wurde sie nicht viel länger auf die Folter gespannt, denn nach einem kurzen Klopfen öffnete sich die einzige Tür, und ein uniformierter Kollege erschien. »Hier hinein, bitte, die Kollegen warten schon auf Sie.« Er trat zu Seite und ließ die beiden Männer vorbei, die dicht hinter ihm gestanden hatten.

Als Erster trat ein, Irinas Meinung nach recht attraktiver, Endzwanziger in dunkelblauem Nadelstreifenanzug ein. Er trug eine kleine Aktentasche unter dem Arm und ein Handy in der linken Hand. Mit einem lauten »Guten Morgen« begrüßte er die beiden Beamten, reichte aber keinem von ihnen die Hand. Dann legte er die Aktentasche und sein Handy auf den Tisch und nahm unaufgefordert Platz. Grothebaum hatte beim Eintreten des Anzugträgers langsam die Füße vom Tisch genommen, machte aber keinerlei Anstalten, aufzustehen oder dem Eintretenden zur Begrüßung entgegenzugehen. Stattdessen lehnte er sich in seinem Stuhl noch weiter zurück und sprach ihn mit einem verächtlichen Grinsen an: »Aaah, der berühmte Herr Dr. Wehner. Warum wundert es mich nicht, dass Wolle einen der bekanntesten Strafverteidiger Frankfurts zu einer zeugenschaftlichen Vernehmung mitbringt.«

Der Anwalt sah in abschätzig an. »Ich muss zugeben, dass ich auch recht verwundert bin … dass Sie noch frei rumlaufen. Hat man Ihnen die Marke immer noch nicht abgenommen?«

Das schien ein Volltreffer zu sein. Irina stellte mit Verwunderung fest, dass ihr Kollege erstmals etwas anderes als gelangweilte Gleichgültigkeit zeigte. Er erhob sich halb aus seinem Stuhl und setzte sich erst nach einigem Überlegen wieder hin.

Der hinter dem Rechtsanwalt eingetretene kleine Mann ließ ein gackerndes Lachen hören. »Der war gut, Mann, echt gut, hä hä hä.«

Genau so stellt sich Lieschen Müller sicherlich einen Zuhälter vor, dachte sich Irina und nahm die Erscheinung in sich auf. Bei nur 1,55 Metern Körpergröße und einer schmächtigen Gestalt stolzierte der in eine rote Lederhose und ein giftgrünes Seidenhemd gekleidete Zwerg wie ein Pfau herum. Auch hier in dem geschlossenen und fensterlosen Raum behielt er die leicht getönte Sonnenbrille auf. Die langen, mit Strähnchen versehenen blonden Haare waren vorne zu einem asymmetrischen Pony geschnitten, sodass auf einer Seite die Fransen halb über das linke Auge hingen. Sein Hemd stand an der Brust so weit offen, dass man die haarlose Haut sicherlich gut hätte erkennen können, wären da nicht zahlreiche Goldketten, Medaillons und Münzen gewesen. An den Fingern beider Hände, die Daumen eingerechnet, trug er mindestens acht große goldene Ringe. Auf einen Wink des Anwaltes hin nahm er rechts von ihm Platz und musterte Irina aufmerksam und mit bohrendem Blick. »Na, wen haben wir denn da? Wir kennen uns aber noch nicht, Püppchen. Das wüsste ich mit Sicherheit. So eine wie dich würde ich auf keinen Fall vergessen.« Er leckte sich langsam über die Lippen und ließ dann sein durch die falschen Zähne dominiertes Lächeln sehen. »Wie heißt du denn, Püppchen?«

»Kommissarin Petrowska. Und ich wäre Ihnen dankbar, wenn Sie mich nicht duzen!«, erwiderte Irina kühl. Sie war es gewohnt, angestarrt zu werden, hatte sich auch einen recht guten Panzer zugelegt, aber die Blicke dieses lüsternen kleinen Mannes ließen ihr eiskalte Schauer den Rücken hinunterlaufen. Nur nichts anmerken lassen, das ist nur ein geiler alter Mann. Behalte die Nerven.

»Aber, aber, wer wird denn gleich so kratzbürstig sein. Wir können doch bestimmt Freunde werden, Püppchen. Denk mal drüber nach. Bei mir könntest du das Zehnfache von dem verdienen, was dir Papa Staat zahlt. Ach was, so wie du aussiehst, mindestens das Zwanzigfache.«

Der Anwalt legte Wollweber die Hand auf den Arm. »Herr Wollweber, wir sollten uns auf die Sache konzentrieren. Geschäftliche Angelegenheiten«, er warf einen anzüglichen Blick auf Irina, »können Sie außerhalb des Protokolls vielleicht in privaterer Umgebung klären.«

Er wandte seinen Blick Grothebaum zu, als sei dieser der Einzige, der etwas zu sagen hätte. »Womit kann Ihnen mein Mandant denn helfen, Herr Oberkommissar?«

Grothebaums Kiefer mahlten deutlich sichtbar, und man merkte ihm an, dass er sich zusammenreißen musste. Er

schlug einen schmalen Hefter auf, dann drückte er die Taste
»Aufnahme« auf dem Diktiergerät vor sich und begann:
»Befragung von Ernst Wollweber, geboren am 1. Mai 1955,
durch Kriminaloberkommissar Grothebaum. Weiterhin sind anwesend Kriminalkommissarin Petrowska und
Herr Rechtsanwalt«, er betonte »Rechtsanwalt«, als sei es
eine Beleidigung, »Dr. Wehner, am 15. Januar 2014 in den
Räumlichkeiten des Polizeipräsidiums Frankfurt. Beginn
der Befragung, 11:00 Uhr. Herr Wollweber, Sie sollen hier
als Zeuge im Ermittlungsverfahren gegen Unbekannt wegen
Mordes vernommen werden. Ich muss Sie gemäß Paragraf
163 Absatz 3 Strafprozessordnung darüber belehren, dass
es Ihnen freisteht, sich vor der Polizei zur Sache zu äußern.
Des Weiteren muss ich Sie auf Ihr Auskunftsverweigerungs-
recht gemäß Paragraf 55 und Ihr Zeugnisverweigerungs-
recht gemäß Paragraf 52 Strafprozessordnung hinweisen.«

Die Art und Weise, in welcher Grothebaum die Rechte
eines Zeugen bei der Vernehmung durch die Polizei wieder-
gab, zeigten Irina deutlich, was er von diesen Rechten hielt –
gar nichts. Er war eher der Typ, der die Wiedereinführung
der Folter befürwortet hätte, und leierte die für das Protokoll erforderliche Belehrung entsprechend lieblos herunter.

Derjenige, dem die Belehrung galt, saß dabei die ganze
Zeit amüsiert grinsend mit vor der Brust verschränkten
Armen da, bis es ihm irgendwann wohl zu langweilig wurde.
»Geschenkt. Du kannst mit dem Quatsch aufhören, den
kenn ich ja schon fast auswendig. Und damit es gleich klar
ist: Ja, ihr könnt mir Fragen stellen, und dann sehn wir mal,
ob ich euch helfen kann. Also, worum geht's?«

Grothebaum lehnte sich bequem zurück und begann
übergangslos: »Herr Wollweber, was sagt Ihnen der Name
Vera Raditschenko?«

»Ach, weißt du, Herr Kommissar, ich hab's nicht so mit Namen. Kannst du mir ein Bild zeigen?« Wollweber grinste unverschämt.

»Selbstverständlich!« Grothebaum schob eine Nahaufnahme vom Fundort der Leiche quer über den Tisch.

Wollweber warf einen Blick darauf und zuckte angewidert zurück. »Bääh, das ist ja widerlich. Wer soll das sein?«

Wortlos schob Grothebaum ihm das vergrößerte Passfoto von Vera Raditschenko über den Tisch.

Wollweber betrachtete es eine Zeit lang. Dann huschte so etwas wie ein Erkennen über sein Gesicht. »Ach, die, ja die kenn ich. Das ist eine Mieterin von mir. Und was willst du jetzt von mir wissen?«

»Tu doch nicht so unschuldig«, fuhr Grothebaum ihn an, ihn nun ebenfalls duzend, »das ist eines der Mädchen, die für dich anschaffen gehen, und sie wurde gefoltert, verstümmelt und ermordet!« Er schob weitere Bilder über den Tisch, die bei der Obduktion angefertigt worden waren und neben den zahlreichen Hämatomen auch Großaufnahmen der Füße zeigten.

Nun war es an dem Zuhälter, ungehalten zu werden. »Ich habe keine Ahnung, was diese blöden Schlampen in ihrer Freizeit machen, und selbst wenn ich es wüsste, was habe ich damit zu tun?« Er schob die Bilder angewidert von sich weg zur Mitte des Tisches zurück.

»Wo waren Sie in der Nacht vom 13. auf den 14. Januar?«, schaltete sich Irina erstmals in die Befragung ein.

Sofort legte der Rechtsanwalt seine Hand wieder auf Wollwebers Arm. »Darauf brauchen Sie nicht zu antworten.«

Dann richtete er das Wort an die beiden Kriminalbeamten: »Darf ich fragen, welchen Status mein Mandant hat? Verdächtigen Sie ihn einer Straftat? Dann sollten Sie ihn entsprechend neu über seine Rechte belehren, oder?«

Noch bevor einer der beiden reagieren konnte, schob Wollweber die Hand des Rechtsanwaltes zur Seite und blaffte ihn an: »Ich kann immer noch allein entscheiden, wann ich welche Auskunft gebe und wann nicht. Also halt dich zurück, Janosch. Wenn ich deinen Rat brauche, merkst du das dann schon.«

Übergangslos änderte sich seine Haltung und er grinste in Richtung der beiden Ermittlungsbeamten. »Da hatte ich eine Party mit ein paar Freundinnen, also keine Panik, die können alle bestätigen, dass ich die ganze Zeit mit ihnen zusammen war.« Sein Blick konzentrierte sich auf Irina. »Mal mit der einen, mal mit der anderen. Aber frag mich nicht, zu welcher Uhrzeit ich mich genau mit welcher Freundin … äh … unterhalten habe, wenn du weißt, was ich meine.«

Irina wusste sehr wohl, was er meinte, gab aber keinen Kommentar dazu ab. Sie unterdrückte auch den erneuten Hinweis darauf, dass sie nicht geduzt werden wollte. Stattdessen blickte sie Grothebaum fragend an, aber der schüttelte den Kopf. Bei einer Kiezgröße wie Wollweber war es müßig, sich die Namen der Zeuginnen geben zu lassen. Die wären im Zweifelsfall längst gebrieft und würden alle das Gleiche aussagen.

Stattdessen wandte Grothebaum sich wieder dem Zuhälter zu und sah ihn eindringlich an. »Du weißt ja, dass wir von einigen früheren Verdachtsfällen her deine DNA haben. Sollten wir irgendwelche Spuren von dir an dem Opfer finden, dann stehen wir fünf Minuten später bei dir auf der Matte, und dann bist du fällig. Ist das klar?«

Wollweber war aufgesprungen, beide Hände auf den Tisch gestützt und beugte sich in Richtung Grothebaum.

»Was wollt ihr mir hier anhängen?«, schrie er. »Was kann ich dafür, dass diese Scheißnutte sich umbringen lässt! Wahrscheinlich ist sie an den Falschen geraten, na und?« Er verzog den Mund zu einer verächtlichen Grimasse. »Und selbst wenn ich was damit zu tun hätte … für wie blöd haltet ihr mich? Meint ihr, ich würde Spuren hinterlassen? Ich …«

»Wolle, halt endlich den Mund«, rief sein Anwalt ihm zu, der ebenfalls aufgesprungen war. Er hatte Wollweber am Arm gepackt und versuchte, ihn zurückzuziehen.

Der Zuhälter schüttelte ärgerlich die Hand ab, drehte sich um und wollte zur Tür hinaus. Allerdings musste er feststellen, dass diese keine Klinke aufwies, sondern nur einen Knauf und verschlossen war. »Macht die beschissene Tür auf, ihr Wichser!«, schrie er außer sich vor Zorn und mit sich überschlagender Stimme.

Dr. Wehner wandte sich Grothebaum zu. »Ich denke mal, Sie haben fürs Erste keine weiteren Fragen an meinen Mandanten. Wenn doch, dann setzen Sie sich telefonisch mit meinem Büro in Verbindung.« Er warf eine Visitenkarte auf den Tisch und wandte sich ebenfalls der Tür zu.

Grothebaum drückte einen Knopf unter der Tischplatte und mit einem leisen Summen sprang die Tür auf. Gleichzeitig nahm er das Aufnahmegerät zu sich und diktierte provozierend langsam und mit Betonung auf »zeugenschaftlich«: »Ende der zeugenschaftlichen Vernehmung um 11:05 Uhr.«

11

»Was für ein widerlicher Typ«, stellte Mutti hinter der Glasscheibe fest und versuchte erst gar nicht, ihre Abscheu vor diesem Subjekt zu verbergen. »Was bin ich froh, dass wir nicht täglich mit diesen Zuhältern zu tun haben.«

Jenny nickte zustimmend. Sie sah Mutti fragend an. »Ist der jetzt nur ein guter Schauspieler oder hat er wirklich nichts mit unserer Sache zu tun?«

Mutti versuchte sich darüber klar zu werden, was sie gerade beobachtet hatte. Kann einer wirklich so eine überzeugende Show abliefern? Sie war sich nicht sicher. Wollweber hatte auf sie einen Eindruck gemacht, als wäre er wirklich wütend über die Andeutung einer Beteiligung. Aber wer blickte schon so einem hinter die Stirn? »Vielleicht sollten wir so schnell wie möglich noch mal mit der Mitbewohnerin Amanda Chekova darüber reden, wie das Verhältnis von Vera zu Wolle war. Vielleicht hat es da ja Unstimmigkeiten gegeben, zum Beispiel wegen Geld. Oder vielleicht war er nicht begeistert von ihrem Arbeitseifer, wer weiß.«

»Ich denke«, räumte Jenny nach einem kurzen Moment des Nachdenkens ein, »das sollten wir spätestens morgen tun. Vielleicht gibt uns das ja noch zusätzliche Erkenntnisse. Lass uns aber erst mal die Ergebnisse aus dem Labor der Rechtsmedizin abwarten, ob da nicht doch noch Spuren von Wollweber an der Leiche zu finden waren. Dann hätten wir eine ganz andere Ausgangslage.«

Mutti hatte den Eindruck, dass Jenny nicht ganz bei der Sache war. Sie wirkte unsicher und unkonzentriert, was normalerweise nicht Jennys Art war. Hat sie private Probleme oder was lenkt sie sonst ab? Mutti überlegte einen Moment lang, ob sie tatsächlich noch bis zum nächsten Tag warten sollten, und entschloss sich schließlich dafür. »Okay, so machen wir's. Morgen ist auch noch ein Tag.«

12

Jenny kehrte am späten Nachmittag in ihr kleines Ein-Zimmer-Appartement in Frankfurt-Niederrad zurück. Ihre Jacke warf sie achtlos in Richtung der Garderobe in der winzigen Diele. In ihrem zwölf Quadratmeter großen Zimmer gab es eine Schlafcouch, die als ungemachtes Bett dastand, wie sie sie am Morgen verlassen hatte. Daneben stand ein kleiner Couchtisch, auf dem sich noch die benutzten Gläser des Vorabends befanden. In einer durch einen Vorhang abgetrennten Nische befand sich eine Mini-Küchenzeile mit einem Zwei-Platten-Herd, einem kleinen Kühlschrank und einer Spüle.

Jenny ließ sich auf das zerwühlte Bett fallen und entledigte sich ihrer Turnschuhe, indem sie jeweils mit der Spitze des einen Fußes den Absatz des Schuhs am anderen Fuß heruntertrat. Sie schlug die Hände vor das Gesicht und fing an, hemmungslos zu weinen.

Was ist nur mit mir los? Warum mache ich immer alles so fürchterlich falsch? Bin ich nicht normal? Bei anderen klappt das doch auch, warum bei mir nicht?

Am gestrigen Abend hatte sie ihren neuen Freund aus der Wohnung geworfen. Er hatte lautstark eine Erklärung für ihr Verhalten gefordert, die sie ihm nicht geben konnte. Vor einigen Wochen hatte es begonnen wie jede ihrer Beziehungen bisher. Der Typ hatte ihr gefallen, sein Aussehen, seine nette und verständnisvolle Art, sie hatten sich verabredet, unterhalten, waren sich nähergekommen, und nach einigen Treffen hatte sie ihn mit zu sich nach Hause genommen. Sie landeten im Bett und damit hatte sie den Niedergang ihrer Beziehung eröffnet. Der Sex war nicht schlecht gewesen, aber sie hatte ihn weder wirklich genossen noch hatte sie das gehabt, was gemeinhin als Orgasmus bezeichnet wurde. Sie war sich nicht einmal sicher, ob das nicht sowieso eine Erfindung der Medien war. Dieses Gefühl, wie es immer beschrieben wurde, hatte sie noch nie erlebt. Und sie bezweifelte, dass die Frauen, die so enthusiastisch davon berichteten, tatsächlich die Wahrheit sagten. Wahrscheinlich gaben sie auch nur das wieder, was sie darüber gelesen hatten. Sie selbst machte es schließlich genauso.

Jenny empfand sich nicht als dumm und hatte in der einschlägigen Literatur über ihr Problem nachgelesen. Deshalb fragte sie sich, ob sie vielleicht unter dem Krankheitsbild Frigidität litt. Alle ihre Beziehungen hatten früher oder später genauso geendet wie die letzte am Abend zuvor. Frederic hatte angefangen zu schmusen, wollte weiter gehen, und sie hatte ihn abgewehrt. Da sie nichts davon hielt, Migräne oder berufliche Probleme vorzutäuschen, war sie bei der Wahrheit geblieben und hatte ihre fehlende Lust auf Sex zugegeben. Er hatte eine Erklärung verlangt, sie hatte keine geben können, es war immer lauter geworden und schließlich hatte sie ihn rausgeworfen. Sie hatte ihm mit auf den Weg gegeben, dass er nie mehr wiederzukommen brauchte.

Den ganzen Tag hatte sie sich nicht vernünftig auf die Arbeit konzentrieren können, und sie befürchtete, dass Mutti das bemerkt hatte. Oft schon war sie versucht gewesen, mit Mutti über ihre Probleme zu reden, aber irgendwie hatte sie den Einstieg in eine solche Unterhaltung nie geschafft.

Wie sollte ihr Leben weitergehen? Würde es ein ständiges Beginnen und schnelles Enden von Beziehungen sein? Hatte sie mit 23 Jahren keine besseren Aussichten als das?

Sie heulte noch eine kurze Zeit, riss sich dann aber zusammen. Verdammt! Es hilft nicht, wenn du hier heulend rumliegst. Davon wird es auch nicht besser. Tu was Vernünftiges und krieg den Kopf frei.

Also stand sie auf, wusch sich kurz das verheulte Gesicht und zog ihre Joggingklamotten an. Sie hatte vor, sich die Seele aus dem Leib zu rennen. Das hatte sich noch immer als die beste Therapie gegen den Katzenjammer erwiesen, der sie nach jeder Trennung ereilte.

TAG 4

13

Der Anruf hatte Gregor um 5:30 Uhr aus dem Bett geholt.
»Fund einer nackten Frauenleiche im Ostpark. Alle Kräfte
der MK 2 alarmiert.«

Das war die knappe Meldung gewesen. Also hatte er
Sonja geweckt und sie informiert. Sie hatte darauf bestanden, ihn zu begleiten. Sie legte ausgesprochenen Wert
darauf, sich diesmal bereits vor Ort einen Eindruck zu
verschaffen. Dem hatte Gregor nicht widersprechen können. Sie hatten sich in aller Eile im Bad gemeinsam fertig
gemacht, waren in warme Kleidung geschlüpft und zusammen in Sonjas Wagen zum Tatort gefahren. Ihr relativ neuer
Suzuki SUV hatte nicht nur die bessere Heizung, inklusive Sitzheizung, sondern war auch ein wenig bequemer
als Gregors 24 Jahre altes Auto. Also hatte er ihr nicht
widersprochen, als sie den Vorschlag machte, zumal erneut
Außentemperaturen weit unter null Grad herrschten.

Von Sonjas Wohnung waren es knappe zehn Kilometer bis zum Ostpark. Da es zum größten Teil über die
A 661 ging, schafften sie die Strecke in zwölf Minuten.
Schnell war es im Auto mollig warm geworden, und Gregor bedauerte, dass er am Eingang des Parks die Scheibe
herunterfahren musste, um den uniformierten Kollegen
seinen Dienstausweis zu zeigen. Der Beamte wies ihnen
den Weg auf einen kleinen Parkplatz im Randbereich des
Parks, wo sie den Wagen abstellten.

»Offensichtlich sind wir diesmal wesentlich früher nach
dem Fund informiert worden als beim ersten Mal. Die
Spurensicherung ist auch eben erst angekommen und

packt noch ihre Gerätschaften aus.« Gregor zeigte mit der Hand nach links, wo sich zwei Männer und zwei Frauen neben einem Kombi der Polizei mit der Aufschrift »Tatortgruppe« die weißen Schutzanzüge über spezielle Winterkleidung zogen.

Gregor rief sich in Erinnerung, was er über den Ostpark wusste. Der Park war ein wenig größer als der Grüneburgpark, der Fundort des ersten Opfers, und wurde im Zentrum beherrscht von dem über vier Hektar großen Ostparkweiher. Gregor und Sonja stiegen aus und versuchten sich zu orientieren.

Sonja, die von Haus aus kommunikativer als Gregor war, hatte kein Problem, den Kollegen von der Spurensicherung schon von Weitem zuzurufen: »Morgen zusammen! Hat jemand eine Ahnung, wo die Tote genau liegt?«

Die vier Spurensicherer sahen zu ihnen hinüber, aber keiner fragte, wer sie da ansprach. Inzwischen waren nicht nur der Leiter der MK 2 mit seinen 1,90 Metern und dem Hang zu schwarzen Klamotten, sondern auch seine häufige Begleiterin, die attraktive Gerichtsmedizinerin, in allen Kreisen des Polizeipräsidiums bekannt. Viele wussten auch, dass der »Bestatter« und die »Eisprinzessin« ein Paar waren, was zu den wildesten Spekulationen führte.

Einer der Männer rief ihnen zu: »Uns wurde gesagt, sie läge mitten auf dem Weiher!«

»Danke!«

Sie machten sich auf den Weg und Gregor musste noch einmal einem jungen Kollegen seinen Ausweis zeigen, als der sie an der Absperrung kurz vor dem Weiher aufhalten wollte.

Am Ufer angekommen blieb Gregor vor einem Schild stehen, auf dem stand: »Vorsicht! Betreten auf eigene Verantwortung. Gefahr des Einbrechens.«

Hinter ihm lachte Sonja auf. »Du wirst doch wohl keine Angst haben, auf den zugefrorenen See zu gehen, oder?«

Er sah sie zweifelnd an und wiegte den Kopf hin und her. Er stellte fest, dass ihm die notwendigen Rahmenparameter fehlten, um sagen zu können, ob die Eisdecke trug. Wie lange herrschte schon Dauerfrost? Und in welcher Zeit entwickelte sich unter welchen Bedingungen eine ausreichend dicke Eisdecke? Er wurde unruhig, wenn er solche Fragen nicht selbst beantworten konnte und sich deshalb auf die Aussagen anderer verlassen musste. »Ich weiß nicht, bist du sicher, dass die Eisdecke tragfähig ist?«

Sonja lachte erneut und wies wortlos auf Spuren im Schnee, die Gregor bis zu diesem Moment noch nicht bemerkt hatte. Es handelte sich um Reifenspuren, die über das Ufer auf den See hinausführten. Daneben befanden sich auch Fußspuren, die sowohl auf den See als auch wieder zurückführten.

»Oh«, bemerkte Gregor überrascht, »na dann wird das Eis uns beide wohl auch noch tragen. Wer war denn da so mutig?«

Er blickte auf den inzwischen durch einen Lichtmastkraftwagen der Polizei erleuchteten See hinaus, konnte aber kein Fahrzeug entdecken. Etwa in der Mitte des Sees war eine Stange mit einer roten, dreieckigen Fahne aufgestellt.

Gregor beantwortete sich seine Frage selbst: »Wir sind wesentlich früher vor Ort als beim ersten Mal. Die Kollegen von der SpuSi sind noch nicht auf dem See, und der Leichenbestatter mit seinem Wagen ist auch noch nicht da. Dann bleibt als logischer Schluss nur noch, dass die Fahrzeugspuren vom Täter stammen.«

Sonja nickte zustimmend und ging an ihm vorbei auf den See hinaus. Dabei achtete sie darauf, nicht in die Spuren des Fahrzeuges zu treten, sondern ging einige Meter links davon.

»Hey, warte, ich komme mit!«, rief Gregor ihr hinterher und beeilte sich, mit ihr Schritt zu halten. Je näher sie ihrem Ziel kamen, desto langsamer wurde Sonja.

Vorsichtig näherten sie sich dem Zentrum des Sees und der eingesteckten Fahne. Zwei Uniformierte hielten dort Wache und hatten die Aufgabe, dafür zu sorgen, dass der Fundort unberührt blieb. Es war zwar inzwischen 7:00 Uhr, aber noch immer stockdunkel und lediglich der Lichtmastkraftwagen am Seeufer lieferte das erforderliche Orientierungslicht. Einige Meter vor sich sahen Gregor und Sonja den Umriss eines im Schnee liegenden Körpers. Langsam wanderten die ovalen Lichtflecken der starken Taschenlampen, die zu ihrer beider Standardausrüstung zählten, auf dem Schnee in Richtung des Körpers und kamen nahezu zeitgleich dort an. Das Bild, das sich ihnen bot, unterschied sich kaum von den Fotografien des ersten Fundortes. Eine junge Frau lag in fötaler Stellung und völlig unbekleidet vor ihnen. Da der Körper diesmal nicht mit Schnee bedeckt war, konnte man zwei Dinge sofort sehen: die zahlreichen Hämatome an allen sichtbaren Stellen des Körpers und die furchtbaren Wunden an den Füßen, wo einmal die Zehen gewesen waren. Da sie die Hände zu Fäusten geballt hatte, war der Zustand ihrer Fingernägel nicht zu erkennen.

»O Gott«, stöhnte Sonja auf.

Gregor stimmte ihr zu. »Du hast recht. Möge Gott uns gnädig sein. Spätestens nach diesem Fund ist eines sicher: Wir haben es mit einem Serientäter zu tun.«

14

Um die Mittagszeit kehrten nacheinander alle in die Einsatzzentrale der MK 2 zurück. Erstmals waren auch die beiden Unterstützer, Frank Grothebaum und Irina Petrowska, anwesend.

Grothebaum zeigte sich mäßig begeistert über die Ausstattung der Zentrale und versuchte den Eindruck zu erwecken, dass er vergleichbare Technik schon oft gesehen hatte.

Irina machte keinen Hehl aus ihrer Begeisterung, stürmte auf Jenny zu und umarmte sie kurz. »Kannst du mir eine Einweisung geben und alles zeigen?«, fragte sie die fast gleichaltrige Frau. Sie bewunderte Jenny, die es schon nach so kurzer Zeit in die Mordkommission geschafft hatte, und fragte sich, ob ihr das ähnlich schnell gelingen könnte. Was muss ich tun, um hier aufgenommen zu werden? Am besten, ich beeindrucke den Leiter der MK 2 durch Professionalität, Leistung und Fleiß.

Aber Gregor Mandelbaum war noch nicht anwesend, also konnte sie sich erst mal auf die Räumlichkeiten konzentrieren.

Jenny stellte Irina zuerst Dieter Alsmann und Klaus Braake vor.

Braake kam der jungen Frau ein wenig schmuddelig und ungepflegt vor, fast wie eine jüngere und schlankere Ausgabe ihres Kollegen Grothebaum. Aber Jenny betonte, dass Braake ein Computergenie sei und ihr Team ohne ihn für viele Erkenntnisse wesentlich länger brauchen würde. Irina musste sich ein Lachen verkneifen, als der Kollege ihre Hand nicht mehr losließ und ihr mitteilte, die meisten würden ihn »Schmuddel« nennen. Er bestand darauf, dass sie das auch täte – und natürlich bot er ihr sofort das Du an.

»Weil wir hier doch schließlich alle sehr eng zusammenarbeiten«, betonte er mit einem vielsagenden Lächeln.

Der andere Kollege, Dieter Alsmann, war in etwa so alt wie Grothebaum, aber wesentlich gepflegter. Insgesamt kam er ihr nett und umgänglich vor.

Während Jenny ihr die Gerätschaften zeigte, sah Irina, dass Schmuddel die Augen nicht von ihr lassen konnte und sich immer wieder über die Lippen leckte, wohl in dem Glauben, das würde niemand bemerken. Sie kannte diese Reaktion auf ihre Erscheinung und hatte gelernt, sie zu ignorieren.

Jenny war gerade dabei, ihr die Medienwand und deren Möglichkeiten zu erklären, als sich die Tür zur Einsatzzentrale öffnete und ein hoch gewachsenes Paar eintrat. Den großen, schwarz gekleideten Mann erkannte sie von Bildern. Es handelte sich um Gregor Mandelbaum, den Leiter der MK 2. Die ihn begleitende sehr attraktive Blondine war nur wenige Zentimeter kleiner als er und somit größer als die meisten Männer, die Irina kannte. Als die Frau ihren Mantel auszog, war ihre durch die enge Kleidung betonte Modelfigur deutlich zu erkennen und Irina stieß einen leisen Pfiff aus.

»Alle Achtung, wer ist die Schönheit?«, raunte sie Jenny zu, die direkt neben ihr stand.

»Das ist Dr. Sonja Savoyen, die Rechtsmedizinerin und«, Jenny machte eine bedeutungsschwere Pause, »die Lebensgefährtin unseres Chefs.«

»Oh, schade«, kommentierte Irina und bemerkte den irritierten Blick von Jenny. »Also ist euer Chef dann ja wohl schon vergeben«, ergänzte sie. »Ein attraktiver Mann, hinter dem waren sicherlich einige Kolleginnen her, oder?«

Jenny antwortete nicht, aber an ihrem säuerlichen Gesichtsausdruck erkannte Irina, dass sie ungewollt ins Schwarze getroffen hatte und neben ihr eine der früheren Verehrerinnen stand.

Gregor und Sonja kamen auf die Neulinge zu und erstmals, als Sonja in seine Nähe kam, erhob sich Grothebaum zur Begrüßung. Was eine gut aussehende Frau bei Männern doch alles erreichen kann. Immer wieder ein Genuss, diese Wirkung festzustellen, dachte Irina amüsiert. Dann kamen die beiden auf sie zu und Jenny machte sie bekannt.

Gregor begrüßte sie sehr neutral, aber Sonja drückte ihre Hand mit einem festen Griff und sah sie dabei von oben bis unten an. »Ich wusste gar nicht, dass die Frankfurter Polizei jetzt auch Models einstellt.«

Jenny ergriff sofort Partei für ihre Kollegin. »Lass dich nicht täuschen, sie hat eine Menge auf dem Kasten. Du musst das doch kennen Sonja, je besser eine Frau aussieht, umso weniger traut man ihr zu.«

Während Irina Jenny einen dankbaren Blick zuwarf, lachte Sonja laut und schallend auf. »Touché! Das hat gesessen. Und dabei kann man nicht mal sagen, ob es ein Kompliment oder eine Beleidigung war. Klasse, Jenny.«

Irina empfand diese Frau sofort als sympathisch und vielleicht sogar seelenverwandt. Sie freute sich jetzt schon auf die Zusammenarbeit.

Es wurden noch ein paar Worte gewechselt, bevor Gregor alle aufrief, an der u-förmigen Tischgruppe Platz zu nehmen. Dann forderte er Klaus Braake auf, die Bilder vom Tatort auf die Medienwand zu projizieren. Dazu musste Braake sich nicht einmal von seinem Platz erheben, er steuerte alles von dem Notepad, das er vor sich liegen hatte und das über das WLAN mit seinen diversen Rechnern verbunden war.

Die ersten Bilder zeigten eine Übersicht des Fundortes vom Weiherufer aus. Sie waren aus einer erhöhten Position aufgenommen worden. Dann kamen Bilder der gut ausgeleuchteten Reifenspuren, die vom Ufer zur Mitte des Weihers führten. Als Nächstes sah man die in Schlafposition liegende Leiche, zunächst in einer Ganzkörperaufnahme von hinten. Die Bilder zeigten das tote Mädchen immer größer, bis es nur noch Detailaufnahmen bestimmter Körperteile waren, von den grausigen Bildern der Füße bis hin zum geschundenen Gesicht.

»Die kenn ich doch«, erscholl es von Frank Grothebaum, als das dritte Bild des Gesichts kam, diesmal aus einer neuen Perspektive geschossen. »Das ist auch eine von den russischen Nutten, da bin ich mir sicher.«

Gregor Mandelbaum sah Grothebaum an, und sein Blick verfinsterte sich. »Kollege Grothebaum, ich möchte Sie bitten, auch den Toten den nötigen Respekt zu zollen. Wenn das Mädchen tatsächlich den Beruf einer Prostituierten ausgeübt hat, dann nennen Sie sie bitte auch so.«

»Aber ich nenn sie auch Nutten, wenn sie noch leben«, verteidigte Grothebaum sich verwundert, ein wenig lahm und mit wenig Überzeugungskraft.

»Nicht in meiner Gegenwart, ist das klar?« Gregors dunkle Stimme war gefährlich leise geworden und man hätte in diesem Augenblick eine Stecknadel fallen hören. »Und versuchen Sie mal, sich Ihre Verachtung für diese Frauen nicht so deutlich ansehen zu lassen. Das ist widerlich.«

Grothebaum sah ihn mit offenem Mund an und brachte kein Wort hervor.

Irina musste an sich halten. Sie spürte erneut den heftigen Drang, Beifall zu klatschen, und ihre Achtung für diesen jungen Chef stieg enorm.

Gregor war noch nicht ganz fertig. Gefährlich leise fuhr er fort: »Hätten Sie nun noch die Güte, uns an Ihrem Wissen teilhaben zu lassen? Kennen Sie den Namen des Opfers?«

»Em … äh … ja«, stotterte Grothebaum verblüfft, »Makkaroni oder Makarenko oder so ähnlich.«

»Schmuddel?«

»Bin schon dabei, einen Moment, gleich hab ich's.« Braakes Finger flogen über die Tasten und nur eine Minute später leuchtete an der Medienwand die elektronische Kriminalakte von Daria Makarenko auf. »Voilà, alles da, was wir brauchen.«

Auf dem riesigen Bildschirm waren die Daten zu lesen: »Daria Makarenko, geboren am 13. September 1995 in Prylbychi bei Lemberg, Ukraine; erstmals festgenommen im Alter von 16 Jahren, abgeschoben und zu unbekanntem Zeitpunkt wieder eingereist.«

Dann wurde ein Polizeifoto eines jungen Mädchens gezeigt, das sehr große Ähnlichkeit mit der Toten hatte.

»Mein Gott, das könnte sie sein. Sie war ja erst 19«, entfuhr es Sonja und das Entsetzen ließ ihre Stimme zittern. »Genau werden wir das wissen, wenn wir die Fingerabdrücke verglichen haben.«

Gregor schaltete sich ein: »Ich gehe davon aus, dass wir darauf ähnlich lange wie beim ersten Mal werden warten müssen, da die Leiche wieder durchgefroren ist.«

»Ja, leider«, bestätigte Sonja, »und aus den bekannten Gründen kann ich den Auftauprozess nicht beschleunigen.«

Erstmals ergriff Dieter Alsmann das Wort: »Ich bin gespannt, ob wir wieder eine Nachricht auf der Leiche finden. Die Info ist doch nicht an die Presse gegangen, oder?«

»Nein«, bestätigte Gregor, »diesmal ist es uns gelungen, die Information vor der Presse zu verheimlichen. Sollten wir also wieder eine Nachricht finden, können wir einen Nachahmungstäter ausschließen und müssen uns auf eine möglicherweise noch nicht abgeschlossene Serie einstellen.«

»Genau, russische Nutten!«

»Letzte Verwarnung, Kollege Grothebaum«, Gregor ließ sich seinen Unmut deutlich anmerken, »noch eine solche Bemerkung und Sie sind nicht nur bei dieser Ermittlung draußen. Sie kennen doch die Möglichkeiten des Disziplinarrechts bereits zur Genüge, wenn ich richtig informiert bin.«

Grothebaum blickte wortlos vor sich auf den Tisch und die anderen Teammitglieder sahen sich fragend und schulterzuckend an. Keiner hatte eine Ahnung, was Gregor gemeint hatte. Selbst Irina, die ja seit Kurzem Grothebaums Partnerin war, schüttelte auf die fragenden Blicke hin nur mit einem leichten Schulterzucken den Kopf.

Nur Klaus Braake beteiligte sich nicht an dem allgemeinen Rätselraten. Direkt nach der Bemerkung von Gregor flogen seine Finger schon lautlos über die virtuelle Tastatur seines Notepads. Kurz darauf fing er an zu grinsen und lehnte sich – eindeutig überaus zufrieden mit sich selbst – in seinem Stuhl zurück.

Gregor lenkte noch einmal die Aufmerksamkeit auf sich: »Wer übernimmt die Nachforschungen nach vergleichbaren Fällen in der Vergangenheit? Da wir von einem Serientäter ausgehen und ein sehr eindeutiger Modus Operandi vorliegt, sollte es möglich sein festzustellen, ob es Taten nach demselben Muster in der Vergangenheit gegeben hat. Die Suche sollte auf ganz Deutschland ausgedehnt sein.

Und sollten wir dabei nicht fündig werden, schlage ich eine Ausdehnung auch auf die benachbarten Länder vor.« Er blickte sich in der Runde um.

Braake seufzte. »Okay, ich mach's. Geht bei mir ja eh am schnellsten.«

»Eine Bitte noch«, ergänzte Gregor, »lass die Nachricht auf der Leiche aus den Nachforschungen raus. Es sollte für den Anfang reichen, sich auf Morde an Prostituierten mit abgetrennten Körperteilen zu konzentrieren. Danke, das war's für den Augenblick.«

Er erhob sich und verließ ohne ein weiteres Wort die Einsatzzentrale, was Irina völlig verblüffte. Aus einer fehlenden Reaktion der anderen Kollegen schloss sie aber, dass dies offensichtlich nicht ungewöhnlich war.

Grothebaum allerdings war so unvorsichtig, eine Anmerkung zu machen. »Was ist denn mit dem los? Ist der immer so bekloppt?«, fragte er in die Runde.

Erstmals wandte sich Alsmann an den fast gleichaltrigen Grothebaum. »Mein lieber Kollege«, begann er mit einem Ton, der unmissverständlich klarmachte, dass er ihn als alles andere als einen »lieben Kollegen« ansah, »ich an Ihrer Stelle wäre ein wenig vorsichtiger und zurückhaltender in der Beurteilung von Vorgesetzten, die ich nur vom Hörensagen kenne. Bisher haben Sie sich hier noch nicht mit Ruhm bekleckert, und die Frage, wer hier ›bekloppt‹ ist, möchte ich an dieser Stelle aus Höflichkeitsgründen offen lassen. Also: Entweder Sie reißen sich in der nächsten Zeit hier bei uns am Riemen oder Sie sind schneller wieder raus, als Sie ›Disziplinarverfahren‹ sagen können, ist das klar?«

Grothebaum sah ihn entgeistert an, sagte aber nichts und verließ wie ein geprügelter Hund den Raum.

Irina stellte mit Erstaunen fest, wie offen und direkt hier der Umgang miteinander war. Aber sie kam auch nicht von dem Verdacht los, dass hier einige – auf jeden Fall Mandelbaum und Alsmann – mehr über Grothebaum wussten, als sie selbst.

15

Der Junge war voller Glücksgefühle nach Hause gerannt und konnte es nicht erwarten, die freudige Botschaft loszuwerden. Er hatte nicht nur das beste Zeugnis jemals erhalten – nein, die Lehrerin hatte ihn nach der Zeugnisverteilung gebeten, noch einen Moment zu bleiben. Als sie allein waren, hatte sie ihn gefragt, ob er sich vorstellen könnte, eine Klasse zu überspringen.

Natürlich konnte er sich das vorstellen. Bereits mit neun Jahren hatte er sehr konkrete Vorstellungen von seinem weiteren Lebensweg. Die schlossen das Studium an der Universität ein, und er würde diesem Ziel schneller näher kommen, wenn er eine Klasse übersprang.

Mit den Gedanken an seine Zukunft beschäftigt, stürmte er die drei Treppen zur Wohnung empor, schloss die Tür auf und eilte hinein. Hinter sich warf er die Tür ins Schloss, die mit einem lauten Knall zufiel.

Aus der Küche ertönte ein Schrei wie von einem heulenden Wolf und der Junge erkannte sofort, dass er in seiner Euphorie einen schweren Fehler begangen hatte. Aber es hatte keinen Zweck, sich jetzt in eine Ecke zu verkriechen, er musste sich dem Donnerwetter stellen, es würde nicht besser werden.

Vorsichtig betrat er die Küche, in der seine Mutter in einem durchsichtigen Nachthemd saß, ein Bein angewinkelt, den Fuß auf dem Rand des Stuhls, auf dem sie saß. In der Hand hielt sie den Nagellackpinsel, das Fläschchen lag auf dem Boden und der rote Lack lief heraus.

Erneut heulte sie wie ein Tier auf, machte aber keine Bewegung, um den entstandenen Schaden zu beheben.

Dann sah sie ihn in der Tür stehen, und mit rot unterlaufenen Augen versuchte sie, sich auf ihn zu konzentrieren. »Was hasssu undangbare Brut schoo wiede aangerichdet!«, schrie sie ihn an. Der übermäßige Alkoholgenuss tat ihrer Aussprache nicht gut. »Ubljudok!« *(Bastard!)*, fluchte sie auf Russisch, in ihrer Muttersprache.

Sie griff sich das erstbeste Teil vom Küchentisch, einen Teller, und warf ihn nach dem Jungen. Er zerschellte mit lautem Klirren am Türrahmen direkt neben seinem Kopf. Noch wütender durch den Misserfolg und angestachelt durch den Alkohol, erhob sie sich schwankend von dem Stuhl und wankte auf ihn zu.

»Mama, es tut mir leid. Das wollte ich nicht.«

»Das wollde isch nich, das wollde isch nich«, ahmte sie ihn mit schwerer Zunge nach. Inzwischen war sie bei ihm angelangt, packte ihn mit beiden Händen vorne an der Jacke und schleuderte ihn mit einer Kraft, die ihr niemand zugetraut hätte, quer durch den Raum. Er flog fast waagrecht auf den Küchenschrank zu und prallte mit dem ganzen Körper dagegen. Ein stechender Schmerz durchfuhr ihn, und als er auf dem Boden aufschlug, wusste er sofort, dass er sich etwas gebrochen hatte.

Inzwischen war seine Mutter näher an ihn herangewankt und hatte dabei den Küchentisch umgestoßen, sodass das gesamte darauf abgestellte dreckige Geschirr auf den Boden gefallen war. Das schien seine Mutter nicht im Geringsten zu stören, denn sie stand nun mit zu einer Grimasse verzerrtem Gesicht vor ihm. Dann holte sie mit dem Fuß aus und trat ihm mit aller Kraft in die Rippen. Wieder hörte er aus seinem Inneren ein Knirschen und war überzeugt, dass sie ihm eine Rippe gebrochen hatte. Die Schmerzen trieben ihm die Tränen in die Augen und er konnte seine Umgebung nur noch verschwommen wahrnehmen. Immer wieder trat sie ihn mit nackten Füßen, offensichtlich die Schmerzen nicht spürend, die sie beim Auftreffen der Zehen auf Knochen empfinden musste. Dabei schrie sie immer wieder mit sich überschlagender Stimme: »Bespolesnyi kusok derma!« *(Nutzloses Stück Scheiße!)*

Obwohl er in Deutschland geboren worden war, beherrschte er die Muttersprache gut genug, um zu verstehen, was sie da sagte. Nach so vielen Tritten, dass er sie nicht mehr zählen konnte, schien sie so erschöpft zu sein, dass sie schließlich aufhörte und zu Boden sank. Eigentlich fiel sie mehr auf ihren Hintern und saß nun auf dem Boden neben ihm. Wahllos griff sie die um sie herum liegenden Gegenstände und schlug damit auf ihn ein. Ein Teller, ein Kochtopf, und schließlich hatte sie eine Gabel in der Hand. Mit dieser stach sie nach ihm, traf ihn einmal ins Bein, verfehlte ihn aber danach in ihrem Suff und verlor das Gleichgewicht vollständig. Schwer atmend lag sie nun neben ihm.

Trotz der irrsinnigen Schmerzen tastete er mit der rechten Hand auf dem Boden um sich herum. Er spürte etwas aus Holz ... einen Griff. Er umfasste das große Fleischmesser und hob es, so hoch er konnte, über seinen Kopf. Er sah seine Mutter nur schemenhaft neben sich auf dem Boden liegen und ohne zu überlegen stieß er das Messer in Richtung der liegenden Frau. Er spürte zunächst keinen Widerstand, bis das Messer mit der Spitze im Linoleumboden steckenblieb. Seine Mutter stieß einen kurzen, schrillen Schrei aus. Dann fing sie an, am ganzen Körper zu zittern, als hätte sie hohes Fieber, aber sie ließ keinen Laut mehr hören. Schließlich hob sich ihr Kopf und zuckte in einem schnellen Rhythmus vor und zurück. Bei jedem Zurückschnellen schlug sie mit dem Hinterkopf auf dem Boden auf, was ein dumpfes Geräusch verursachte.

Der Junge beobachtete ohne jegliche Regung, wie das Schlagen des Kopfes sich verlangsamte. Gleichzeitig ließ das Zittern immer mehr nach, bis sie schließlich völlig still neben ihm lag. Unter Schmerzen richtete er sich halb auf und schob sich mühsam mit den Händen ein wenig zurück, bis er sich mit dem Rücken gegen den Schrank lehnen konnte. Aus seinem Bein lief ein kleines Rinnsal Blut, dort wo ihn die Gabel getroffen hatte.

Fasziniert betrachtete er die Frau, die ihn geboren hatte und nun tot neben ihm lag. Er verspürte nichts bei dem Anblick. Kein Bedauern, keinen Verlust, kein Mitleid. Im Naturkundeunterricht hatten sie vor einigen Monaten einen Ausflug ins Senckenberg-Museum gemacht. Dort hatte er große Schmetterlinge gesehen, die in einem Glaskasten auf dicke Nadeln aufgespießt waren. Das war es, was ihm beim Anblick seiner Mutter einfiel. Das Messer hatte sie im Unterleib getroffen und war ungehindert durch sie hindurchgegangen, bis es im Boden steckenblieb.

Aufgespießt, dachte er, wie ein Schmetterling, nur nicht so schön. Mühsam richtete er sich auf, wobei ihm zuerst schwindelig und dann schlecht wurde. Er übergab sich an der Stelle, an der er stand. Emotionslos stellte er fest, dass sich in dem Erbrochenen auch Blut befand. Es war ihm egal und er schleppte sich bis zu der Spüle, wo er die Besteckschublade wusste. Er zog sie auf, wühlte kurz darin herum und hatte schließlich das Gesuchte in der Hand. Es war ein großer Fleischklopfer, der fast wie ein Hammer aussah, aber vorne keine glatte Fläche, sondern viele spitze Zacken aufwies. Mit Mühe schleppte er sich zurück zu der aufgespießten Frau und begann mit seiner Arbeit.

Als kurze Zeit später die von den Nachbarn herbeigerufene Polizei eintraf, saß er halb bewusstlos in einer Ecke und hatte den blutigen Fleischklopfer noch immer in der Hand. Wie durch einen Nebel nahm er wahr, wie die kurz nach der Polizei eingetroffenen Sanitäter sich über ihn unterhielten.

»Mein Gott, der arme Junge. Was hat sie ihm angetan?«

»Keine Ahnung, aber diesmal scheint er sich gewehrt zu haben. Und zwar sehr effektiv. Sie kann nicht mehr lange gelebt haben, nachdem das Messer ihre Bauchschlagader durchtrennt hat.«

»Aber«, fragte der erste Sanitäter, während er den völlig apathisch wirkenden Jungen auf eine Trage schnallte, »was sollte denn das mit dem Fleischklopfer?«

»Woher soll ich das denn wissen? Auf jeden Fall hat er damit ihre Zehen zu Brei geschlagen. Das Warum können vielleicht die Psychologen in dem Kinderheim klären, in das der Junge jetzt sicher kommt.«

»Na hoffentlich findet sich irgendwann eine Pflegefamilie. Ich habe da hinten ein Zeugnis von dem Kleinen gesehen. Das scheint ein ganz helles Kerlchen zu sein.«

»Komm, lass ihn uns ins Krankenhaus bringen. Er braucht dringend einige Behandlungen.«

Sie schoben die Trage vor sich her und bugsierten sie vorsichtig die Treppe hinunter.

Komisch, dachte der Junge bei sich, die Schmerzen sind gar nicht mehr so schlimm. Jetzt wird bestimmt alles besser. Es kann ja nur besser werden, egal was kommt.

Zufrieden schloss er die Augen und versuchte, an etwas Angenehmes zu denken – an die Zukunft, denn die Vergangenheit war nichts, an das er noch denken wollte.

TAG 5

16

Irina hatte Gregor Mandelbaum gefragt, ob sie zusammen mit Jenny die weitere Befragung Amanda Chekovas durchführen dürfe, der Mitbewohnerin des ersten Opfers. Da Gregor zu ihrer Überraschung bekannt gewesen war, dass sie perfekt Russisch sprach, und es sich bei Chekova um eine Russin aus Sankt Petersburg handelte, hatte er sofort zugestimmt.

Jenny hatte sich um den Dienstwagen gekümmert und wartete bereits im Innenhof des PP auf Irina. Als sie einstieg, beschlich sie das Gefühl, dass Jenny heute bedrückt war. »Schön, dass ich dich bei der Befragung begleiten darf. Ich kann sicher viel von dir lernen.«

Jenny nickte abwesend und war anscheinend mit ihren Gedanken ganz woanders.

Irina machte sich Sorgen, denn so kannte sie Jenny nicht. »Hast du irgendwas? Das geht doch hoffentlich in Ordnung, dass ich euren Chef gefragt habe, ob ich dich begleiten darf, oder habe ich jetzt etwa ein eingespieltes Team auseinandergerissen?«

»Wie? Äh ... was hast du ... ach so, nee, natürlich nicht, so 'n Quatsch. Wir sind ganz unterschiedlich unterwegs. Meistens ermittle ich mit Dieter Alsmann, manchmal aber auch mit Mutti, seltener mit Schmuddel. Also mach dir keinen Kopf, das ist schon in Ordnung. Ich bin gerne mit dir unterwegs, ehrlich.«

Irina bemerkte, dass Jenny langsam auftaute und nicht mehr so abwesend war. Trotzdem war da irgendwas nicht in Ordnung. Sie war nicht der Typ, der offene Fragen einfach in der Luft hängen ließ, deshalb hakte sie nach: »Aber du hast doch etwas. Ist denn alles in Ordnung?« Sie bemerkte, dass sie vielleicht ein wenig indiskret war, weshalb sie sich beeilte, zu ergänzen: »Aber du musst mir sagen, wenn ich zu neugierig bin. Ich will nicht aufdringlich sein.«

Sie waren gerade aus der Hofausfahrt gefahren und Jenny musste sich auf den Verkehr konzentrieren. Trotzdem warf sie einen kurzen Blick nach rechts zu ihrer Beifahrerin, als wolle sie sehen, ob Irina ihre Aussagen ernst meinte.

Sie blickte wieder auf die Straße. Irina ließ ihr Zeit und drängte sie nicht. Als sie an der nächsten Ampel anhalten mussten, seufzte Jenny schwer. »Ja, du hast recht. Ich bin im Moment ein bisschen abgelenkt, weil ich Stress mit meinem Freund habe. Merkt man mir das so deutlich an?«

»Na ja, vielleicht bin ich etwas einfühlsamer als die meisten, aber ich habe es auf jeden Fall gemerkt. Ist aber nicht schlimm, wir haben doch alle mal private Probleme.«

Nachdem Jenny einmal angefangen hatte, war sie nun offensichtlich bereit, auch einen Schritt weiter zu gehen. »Der Stress mit meinem Freund ist noch nicht mal das Schlimmste, nur … ich kann halt mit niemandem drüber reden. Die Männer in unserer Truppe scheiden schon mal direkt aus und Mutti ist eine andere Generation, da kann ich irgendwie nicht so frei sprechen.«

Irina erkannte den Wink mit dem Zaunpfahl. Jenny bot ihr die Möglichkeit, darauf zu reagieren, ohne sie gleichzeitig unter Druck zu setzen. Sie brauchte die Andeutung ja nicht zu verstehen – aber sie wollte es. Sie lächelte still in sich hinein. »Wollen wir heute Abend nach der Arbeit mal einen trinken gehen? Ich kenne da ein schnuckliges russisches Restaurant, in dem man aber nicht unbedingt was essen muss, wenn man nicht will. Das kennst du mit Sicherheit noch nicht. Wäre vielleicht mal was anderes.« Nun hatte sie Jenny fast genauso subtil ein Angebot gemacht, das sie ohne Gesichtsverlust ablehnen konnte – was sie nicht tat.

»Gerne«, antwortete Jenny, »das bringt mich mal auf andere Gedanken. Super Idee.« Sie konzentrierte sich wieder auf die Fahrt, die sie nach wenigen Minuten ins Zentrum von Frankfurt brachte – das Bahnhofsviertel rund um den Hauptbahnhof. Alle Versuche der Stadtverwaltung, die vielfältigen Angebote dieses bekannten Rotlichtviertels aus dem Zentrum zu vertreiben, waren mehr oder weniger im Sande verlaufen. Die Taunusstraße und die benachbarten Quer- und Parallelstraßen Elbe-, Nidda- und Kaiserstraße waren schon immer der Standort von Eros-Centern, Bordellen, Tabledance-Bars und Prostituiertenwohnungen gewesen. Da die Parksituation in dem gesamten Bereich nicht wirklich gut war, hielt Jenny am Bahnhof auf einem Parkplatz der Bundespolizei und sagte schnell drinnen an der Wache Bescheid. Danach machten sie sich gemeinsam auf den Weg zu der nur 200 Meter entfernten Adresse. Die Hausnummer 37 war ein ganz gewöhnliches, fünfstöckiges Mietshaus, allerdings aus den 70er-Jahren, mit einer glatten Außenfront ohne Balkone, dafür mit den damals modernen Alufenstern.

Auf Ebene der Straße befanden sich zwei Geschäfte – ein Friseur und eine Steh-Bierkneipe. Zwischen den beiden Lokalen war der Eingang zum Haus. Da Jenny bereits die erste Befragung von Amanda Chekova zusammen mit Mutti durchgeführt hatte, ging sie zielstrebig zum Eingang. Vor der Haustür befanden sich auf der linken Seite die Klingeln und rechterhand die Briefkästen der einzelnen Wohnungen. In der Mitte des Klingelbretts fanden sie ein mit krakeliger Handschrift geschriebenes Schild mit der Information »Chekova/Raditschenko«. Jenny drückte den Klingelknopf nur ein Mal, aber dafür eine längere Zeit.

Als nach einer Minute noch keine Reaktion erfolgt war, drückte Jenny erneut, diesmal dreimal kurz hintereinander.

Weitere drei Minuten und mehrfaches Klingeln später war immer noch nichts passiert, und Irina begann sich zu fragen, ob sie die Russin antreffen würden.

»Vielleicht ist sie einkaufen oder andere Erledigungen machen«, vermutete Jenny.

Irina sah auf ihre Armbanduhr und schüttelte den Kopf. »Nein, das glaube ich eher nicht. Wir haben 10:00 Uhr morgens und die Mädels arbeiten nachts. Normalerweise schlafen sie um diese Zeit noch. Es könnte sein, dass sie sehr tief schläft und das Läuten nicht gehört hat.« Sie blickte auf die Klingelleiste. »Lass uns versuchen, erst mal ins Haus zu kommen.«

Sie drückte nacheinander mehrere andere Knöpfe. Es vereinfachte die Sache, dass es in diesem Haus keine Gegensprechanlage gab, weshalb bereits nach wenigen Sekunden ein Summen ertönte und Irina die Tür aufdrücken konnte.

Es gab keinen Aufzug, und so blieb ihnen nichts anderes übrig, als über die Treppe bis in den dritten Stock zu laufen. Unterwegs wurden sie zweimal von Bewohnern, die sie herausgeklingelt hatten, gefragt, was sie wollten. In beiden Fällen reichte ein kurzes »Sorry, falsche Klingel gedrückt«, und die Türen schlossen sich schnell wieder.

Als sie vor der Wohnungstür der ehemaligen Wohngemeinschaft ankamen, bot sich ihnen ein Bild der Verwüstung. Die Tür war eingetreten und hing nur noch an der unteren Angel schräg in den kleinen Flur hinein. Irina zog ihre Waffe, versicherte sich aber durch einen schnellen Blick zu Jenny, ob ihre Reaktion angemessen war oder sie vielleicht übertrieb. Jenny, die seitlich hinter ihr stand, hatte ebenfalls die Waffe gezogen, den Lauf nach oben gerichtet und nickte ihr zu. Dann löste sie die linke Hand von der Waffe und bedeutete ihr mit Fingergesten, dass sie nacheinander und immer sich gegenseitig sichernd die Wohnung betreten sollten. Irina verstand und betrat als Erste den kleinen Flur, während Jenny ihr Vordringen vom Eingang her sicherte. Als Irina eine sichere Position an der ersten Tür in der Wohnung hatte, wurde sie von Jenny überholt, die dann von ihr gesichert wurde.

Nach wenigen Sekunden hatten sie alle Zimmer kontrolliert und waren überzeugt, dass die Wohnung leer war. Allerdings hatten sie bereits bei dieser Kontrolle das Chaos in dem kleinen Wohnzimmer entdeckt. Ein umgeworfener Couchtisch, eine zerbrochene Stehlampe und ein halb heruntergerissener Vorhang sprachen eine deutliche Sprache. Es bestand kein Zweifel daran, dass hier ein Kampf stattgefunden hatte.

Sie hatten die Waffen wieder weggesteckt und sahen sich gründlicher in der leeren Wohnung um. Es gab zwei kleine Schlafzimmer, eines mit einem ordentlich gemachten Bett – das Zimmer des ersten Opfers, Vera – und eines, in dem es ähnlich chaotisch aussah wie im Wohnzimmer. Die Bettdecke lag in einer Ecke des Raumes und der kleine Nachttisch war umgestürzt. Die Lampe, die wohl ehemals darauf gestanden hatte, war gegen den Kleiderschrank geschleudert worden und dort zu Bruch gegangen.

»Scheiße, Scheiße, verdammt«, fluchte Jenny fortwährend halblaut vor sich hin.

Irina sah sie an und wunderte sich, dass die Kollegin sich so echauffierte. »Warum regst du dich so auf?«

»Das ist alles meine Schuld, verdammt!«

»Wie? Wieso bist du schuld, dass das Mädchen nicht mehr hier ist, oder an dem, was hier möglicherweise passiert ist?«

»Mutti wollte sie eigentlich schon gestern befragen und ich habe vorgeschlagen, bis heute zu warten. So eine verdammte Scheiße!«

Es war klar, dass Jenny sich die Schuld gab, dass die Befragung nicht mehr stattgefunden hatte und es nun zu spät war. Aber Irina sah das nicht so eindimensional. »Hätte Mutti darauf bestehen können, dass ihr die Befragung noch gestern macht?«, fragte sie unschuldig.

»Na klar.«

»Na also.«

Jenny merkte selbstverständlich, worauf Irina hinauswollte, und lächelte ihr dankbar zu. »Ja, ja, du hast ja recht, Frau Psycho. Das konnte keiner wissen, und deshalb ist es auch nicht meine Schuld. Es ist halt eine vertane Chance, das stimmt auf jeden Fall, und das ärgert mich. Vielleicht wären wir …«

»Hätte, würde, wenn, vielleicht«, fiel Irina ihr ins Wort. »Ich bin nicht der Typ, der lange über Möglichkeiten nachdenkt, die nicht mehr eintreten können. Die Zukunft birgt zu viele Möglichkeiten, als dass man sich mit denen der Vergangenheit beschäftigen sollte. Nenn mich ruhig Psycho, aber ich habe gelernt, mich auf das Wesentliche zu konzentrieren, und das findest du nie in der Trauer um eine vertane Chance.«

»Wow, wo … ich meine, wo hast du das gelernt?«

Irina zog eine Grimasse und antwortete lapidar:

»Lebenserfahrung.« Sie ließ diese Anmerkung so stehen und erläuterte sie nicht weiter.

Jenny atmete langsam und tief ein, danach stieß sie die Luft mit einem befreienden Stoß aus. »Nun gut, sei's drum. Machen wir uns an die Arbeit.« Sie sah Irina von der Seite an. »Was sieht das Protokoll in einem solchen Fall vor, Frau Kollegin?«

Irina wurde sofort professionell und beantwortete die offensichtliche Testfrage: »Da es den Anschein hat, dass hier ein Gewaltverbrechen passiert ist, Verständigung der Spurensicherung, Durchsuchung der Wohnung nach Spuren und Befragung der Nachbarn und Hausbewohner, um mögliche Zeugenaussagen zu erhalten.«

»Eins plus«, lobte Jenny den Neuling, »ganz nach Lehrbuch. Wir machen das so, dass ich kurz in der Zentrale anrufe und den Sachverhalt schildere, die werden dann entscheiden, wen und wie viele Unterstützungskräfte sie schicken. In der Zwischenzeit verschaffen wir uns einen genaueren Überblick in der Wohnung. Ich rufe schnell an, und du kannst ja schon mal anfangen, dich umzuschauen.« Sie holte ihr Handy aus der Jackentasche. »Und denk dran, dass du auf jeden Fall …«, sie hielt inne, als sie sah, dass Irina bereits die Latexhandschuhe übergestreift hatte. Sie schüttelte den Kopf über ihr mangelndes Vertrauen und murmelte ein kurzes »Sorry«, bevor sie das Telefon wieder ins Blickfeld nahm und die Nummer der Einsatzzentrale wählte.

Die gesamte Wohnung war nach dem Geschmack osteuropäischer Mädchen eingerichtet oder vielmehr »geschmückt« worden. Dabei schienen die Geschmäcker von Ukrainerinnen und Russinnen nicht sonderlich weit auseinander zu liegen. Viel Nippes, viel Brokat, und die

Farbe der meisten Accessoires war Gold – Spiegel mit goldfarbenem Rahmen, Schalen mit goldfarbenem Rand und
kleine Figürchen, die selbstverständlich aussahen, als wären
sie aus reinem Gold. Insgesamt sah es eher aus wie in einem
Trödelladen als in der Wohnung zweier junger Frauen.

Noch während Jenny telefonierte, kümmerte sich Irina
um das Schlafzimmer der vermissten Amanda. Sie ging
davon aus, dass dieses Zimmer zuerst verwüstet worden
war, weil der oder die Eindringlinge dort die noch schla-
fende Russin angetroffen hatten.

Ohne etwas anzufassen, um nichts zu verändern, bevor
die Spurensicherung den Zustand der Wohnung mit Fotos
dokumentieren konnte, inspizierte sie zunächst das Bett.
Hätte sie keine Handschuhe getragen, hätte sie fühlen
können, ob das Bett noch warm war. Aber nur theoretisch, da sie dadurch eigene DNA-Spuren hinterlassen
hätte. Schade, aber was soll's, dachte sie, die Befragung
der Nachbarn würde ihnen sicherlich Aufschluss über den
Zeitpunkt des Eindringens geben.

Als ihr Blick über das Bett wanderte, bemerkte sie am
Kopfende kleine rote Flecken. Das könnte Blut sein. Aber
wessen Blut? Das von Amanda oder das von einem Angreifer? Die SpuSi würde das sichern, und dann würde man
weitersehen.

Irina ging vorsichtig weiter durch das Zimmer und sah
sich aufmerksam um. Zu gerne hätte sie die in der Ecke liegende Decke angehoben, um zu sehen, ob etwas darunter
lag. Sie ließ den Blick noch einmal von einem zentralen
Punkt des Zimmers aus schweifen, konnte aber nichts Auffälliges entdecken.

Jenny hatte inzwischen ihr Telefonat beendet und
machte die Tür zu dem Schlafzimmer auf. Der Lichtschein

der Lampe im Flur fiel durch die offene Tür, und aus den Augenwinkeln sah Irina ein kurzes Aufblinken.

»Stopp!«, rief sie Jenny zu. »Mach die Tür noch mal zu und dann langsam wieder auf.« Sie rührte sich nicht vom Fleck und Jenny war Profi genug, um zu handeln, ohne erst lange Fragen nach dem Warum zu stellen.

Die Tür schloss sich und öffnete sich unmittelbar danach wieder langsam. Erneut sah Irina das Blitzen und drehte den Kopf langsam in die Richtung, aus der es kam. »Bitte noch mal!«

Beim nächsten Öffnen der Tür lokalisierte sie das Glitzern in einer Ecke des Zimmers hinter dem umgestürzten Nachttisch. Sie ging vorsichtig auf die Stelle zu, und aus einem halben Meter Entfernung erkannte sie das blitzende Objekt. Es handelte sich um einen schweren goldenen Ohrring. Sie kniete sich neben den Nachttisch und betrachtete das Fundstück, ohne auch nur den Versuch zu machen, es anzufassen. Sie war so konzentriert, dass sie ein wenig zusammenzuckte, als dicht neben ihrem Ohr Jennys Stimme ertönte: »Na, was haben wir denn da? Wenn das mal kein Männerohrring ist, oder?«

»Wenn mich nicht alles täuscht, dann sehe ich daran auch Spuren von Blut.«

»Und was sagt uns das?«, wollte Jenny wissen.

»Da ich auf dem Bett kleine rote Flecken gefunden habe, bin ich so kühn, eine These aufzustellen: Amanda wurde im Bett von ihrem Angreifer überrascht, es kam zu einem Kampf und dabei hat sie ihm den Ohrring abgerissen.«

»Das klingt ziemlich plausibel, und das Blut könnte uns bei der Suche nach dem Täter sehr behilflich sein«, stimmte Jenny zu. »Lass uns den Rest der Wohnung in Augenschein nehmen, während wir auf die SpuSi warten.

Es kann nur noch eine Viertelstunde oder so dauern, bis die hier aufschlagen.«

Gemeinsam gingen sie in Richtung Wohnzimmer, um sich dort genauer umzusehen. Auf dem Weg dorthin sahen sie beide zeitgleich auf einem Beistelltisch in der Diele einen kleinen schwarzen Kasten neben einem Tastentelefon.

Sie sahen sich an, und Jenny nickte Irina auffordernd zu. »Na los, probier's. Vielleicht haben wir ja noch mal Glück.«

Irina drückte auf die Wiedergabetaste des Anrufbeantworters und beide hörten: »Sie haben drei alte Nachrichten. Erste alte Nachricht: Montag, 18:30 Uhr. Äh ... hallo ... also ich wollte nur mal hören, ob du heute wieder an der alten Stelle stehst? Also ... du bist ja scheinbar nicht da, vielleicht probier ich's später noch mal. Ende der Nachricht. Zweite Nachricht: Montag, 19:15 Uhr. Hallo, ihr zwei. Schade, ihr seid wohl schon wieder unterwegs. Sonst wäre ich gern mal vorbeigekommen. Ich ruf morgen noch mal an. Tschüss. Ende der Nachricht. Dritte Nachricht: Dienstag, 14:10 Uhr. Dorogie, gde moi dengi? Ende der Nachricht. Keine weiteren Nachrichten.«

Irina hatte überrascht die Augen aufgerissen, während Jenny sie nur stirnrunzelnd ansah.

»Was hat der gesagt?«

Irina schüttelte den Kopf. »Das glaub ich jetzt nicht.«

»Mach's nicht so spannend. Sag schon, was hat er gesagt?«

»Hast du die Stimme nicht erkannt?«, erkundigte sich Irina verwundert.

»Nein, hätt ich müssen?«

»Vermutlich hört sich die Stimme für dich fremd an, weil du das Gesagte nicht verstehst. Aber ich bin mir ziemlich sicher, dass das gerade unser zweifelhafter Freund Wolle Wollweber war.«

»Oho, das ist ja interessant. Und jetzt verrate mir endlich, was er da gesagt hat.«

»Er hat gesagt«, Irina machte eine bedeutungsschwere Pause, »›Ihr Schätzchen, wo ist mein Geld?‹«

»Wer hätte gedacht, dass unser Verdächtiger Russisch spricht. Das macht ihn ja nun noch verdächtiger, oder?«

»Wenn er es tatsächlich ist«, schränkte Irina ein, »ich sagte ziemlich sicher, nicht absolut sicher.«

»Nun … gut, dass du da vorsichtig bist. Es sollte aber möglich sein, das zu überprüfen.«

Irina nickte. »Stimmerkennung, nicht wahr?«

17

Gregor sah in die Runde. Außer Grothebaum waren alle anwesend. Jenny und Irina hatten ihren Bericht fast beendet und er hatte Jenny mehrmals versichert, dass er ihr keine Schuld daran gab, dass die Befragung von Amanda auf den heutigen Tag verschoben worden war. Jutta Beltermanns Gesicht hatte ihm allerdings deutlich gezeigt, dass sie dieses Thema ein wenig anders sah, aber zumindest hatte sie nichts gesagt.

Jenny führte gerade aus, wie sie mit der SpuSi verblieben waren, nachdem diese vor Ort erschienen war. »Wir haben sie auf unsere Fundstücke aufmerksam gemacht, sie sollten inzwischen in der Kriminaltechnik sein. Danach haben wir die Nachbarn befragt.« Sie machte ein säuerliches Gesicht und zuckte entschuldigend mit den Schultern. »Die Ergebnisse waren, wie in dieser Gegend nicht anders zu erwarten, ziemlich mager. Wir konnten zwar in Erfahrung bringen, dass es gegen 8:00 Uhr einen lauten Krach und anschließend Geschrei gegeben hat, aber keiner hat sich aus der Wohnung getraut, also hat auch keiner was gesehen. Auf jeden Fall können wir davon ausgehen, dass der oder die Täter Amanda Chekova mitgenommen haben.«

»Was ist mit dem Band aus dem Anrufbeantworter?«, wollte Gregor wissen.

Zu seiner Überraschung meldete sich Irina selbstbewusst zu Wort: »Ich habe es aus dem Gerät genommen und es nach dem Abschluss der Befragung der Hausbewohner persönlich in die KTU gebracht. Ich war so frei, eine Stimmanalyse in Auftrag zu geben. Als Vergleichsprobe habe ich eine Aufnahme von der Befragung Wollweber vorbeigebracht.«

Gregor nickte anerkennend. Dann erinnerte er sich, was Sonja ihm in den letzten Monaten immer wieder nahegelegt hatte: Versuche immer die Bedürfnisse deiner Kolleginnen und Kollegen zu erkennen. Eines der wichtigsten Dinge ist der Wunsch nach Anerkennung für erbrachte Leistungen. Nichts frustriert Mitarbeiter mehr als mangelnde Anerkennung für gute Arbeit.

Mehr als einmal hatte sie ihn auf Versäumnisse aufmerksam gemacht, wo er Lob hätte aussprechen können und es unterlassen hatte.

»Ich … äh … muss so viel weitsichtige Initiative loben. Gut gemacht, Frau Kollegin.« Er war sich bewusst, dass es ein wenig gequält klang, nur daran konnte er wirklich nichts ändern. Aber er war sich auch sicher, dass seine Mitarbeiter ihre neue Kollegin darüber aufklären würden, was ein solches, wenn auch holpriges Lob von ihm bedeutete.

Zurück zu den drängenden Fragen, rief er sich zur Ordnung. »Was haben wir an Ergebnissen aus der Rechtsmedizin und der KTU?«

Jutta Beltermann ergriff das Wort: »Die schlechten Nachrichten zuerst. Auf der ersten Leiche wurden keine verwertbaren DNA-Spuren gefunden. Und bei dem Blut, mit dem die Nachricht auf Russisch geschrieben wurde, handelt es sich um das des Opfers. Also auch hier keine weiteren Ansatzpunkte. Dann habe ich vor wenigen Minuten noch aktuelle Ergebnisse sowohl von Sonja aus der Rechtsmedizin als auch aus der KTU erhalten. Sonja hat mir gemailt, dass auf der zweiten Leiche dieselbe Nachricht mit Blut auf der rechten Pobacke aufgetragen war wie bei der ersten Toten. Wir können also mit an Sicherheit grenzender Wahrscheinlichkeit von einem Serientäter ausgehen.« Sie seufzte schwer. »Mir wird ganz anders, wenn ich daran denke, dass Amanda Chekova ebenfalls in die Hände dieses Wahnsinnigen gefallen sein könnte.«

»Lasst uns keine vorschnellen Vermutungen anstellen«, wandte Gregor ein.

»Ja, du hast recht. Dann habe ich noch eine neutrale Nachricht, nämlich dass unsere KTU sich nicht in der Lage sieht, einen Stimmvergleich zwischen dem Band von der

Vernehmung Wollweber und dem aus dem Anrufbeantworter durchzuführen. Das liegt zum einen an den sehr unterschiedlichen Qualitäten, aber auch daran, dass es sich um unterschiedliche Sprachen handelt. Die Benutzung einer anderen Sprache verändert wohl auch die Stimme. Aber«, sie hielt mehrere Anwesende von ihren Einwänden ab, »aber noch ist nicht alles verloren, die Kollegen haben die Bänder an die Spezialisten des BKA in Wiesbaden weitergeleitet. Sie sind sicher, dass wir spätestens in zwei Tagen ein Ergebnis haben sollten.«

Gregor ließ sich keine Unzufriedenheit anmerken, sondern nahm die Informationen absolut neutral auf. »Hattest du nicht auch gute Nachrichten angedeutet?«

»Allerdings«, Jutta strahlte ihn an, als müsse sie ihn aus einem tiefen Loch der Verzweiflung herausholen. »Glücklicherweise hat unsere junge Kollegin bei der KTU richtig Druck gemacht. Ebenfalls vor wenigen Minuten kam das Ergebnis des DNA-Vergleichs der Blutflecke auf dem Bett mit dem Blut auf dem Ohrring. Beide stammen von derselben Person.« Sie schien es zu genießen, dass alle Augen wie gebannt auf sie gerichtet waren.

»Und?«, konnte Irina sich nicht zurückhalten.

»Es handelt sich zweifelsfrei um die DNA von ... Wolle Wollweber.«

»Ja!«, rief Irina laut aus und schlug mit der flachen Hand auf den Tisch. »Ich wusste es. Sie hat ihm den Ohrring im Kampf abgerissen.«

»Was aber noch lange nicht bedeutet, dass er auch unser Serientäter ist«, wandte Dieter Alsmann ein.

»Aber er spricht höchstwahrscheinlich Russisch, könnte also ohne Weiteres der Verfasser der Blutnachricht auf den Opfern sein«, ereiferte sich Jenny.

»Ich muss dem Kollegen Alsmann aber trotzdem leider recht geben«, sagte Irina ein wenig kleinlaut, »es sind viele Hinweise, Indizien und Annahmen, aber eben noch keine Beweise.«

Gregor sah den Zeitpunkt für geeignet an, das Heft wieder in die Hand zu nehmen und die weitere Vorgehensweise festzulegen. »Wir haben auf jeden Fall genug, um Herrn Wollweber erneut zu vernehmen, diesmal allerdings als Verdächtigen, also mit entsprechender Belehrung. Dieter, ich möchte, dass du zusammen mit Frau Petrowska diese Vernehmung durchführst.« Er sah, dass einige der anderen erstaunt aufblickten. »Ich habe meine Gründe für diese Teambildung, die ich aber jetzt noch nicht näher erläutern möchte.«

Gregor überlegte einen Augenblick, ob er das nächste Thema wirklich vor allen ansprechen sollte, und entschied sich schließlich dafür. »Kann mir jemand sagen, wo der Kollege Grothebaum ist?«

»Ich«, antwortete Schmuddel wie aus der Pistole geschossen, »äh … ich meine … ich habe mitbekommen, dass er heute einen Arzttermin hat. Hat er zumindest gesagt«, ergänzte er mit einem vielsagenden Grinsen. »Aber das kann natürlich wirklich so sein, immerhin ist er ja schon ziemlich alt.« Er versuchte mit erkennbarer Mühe, nicht automatisch zu Dieter Alsmann zu sehen.

Dieser ließ lediglich ein verächtliches »Pah« hören, verkniff sich aber jeden weiteren Kommentar.

»Gut«, erwiderte Gregor, der sich nicht sicher war, wie er nun reagieren sollte. Er bereute es nun, die Frage gestellt zu haben, denn wahrscheinlich erwarteten alle eine Reaktion von ihm, und er war ratlos, welche Reaktion hier angemessen wäre. Sonja wüsste genau, was ich jetzt tun müsste, schoss es ihm durch den Kopf. Stattdessen lenkte er auf ein anderes Thema ab: »Jenny und Mutti, ihr seid bitte so nett und haltet unmittelbaren Kontakt zur KTU und zur Rechtsmedizin. Bitte verständigt mich sofort, wenn es neue Informationen zur zweiten Leiche gibt. Schmuddel, du forschst bitte nach, wo Daria Makarenko wohnhaft ist, falls es sich bei der Toten wirklich um sie handelt. Parallel wäre es vielleicht gut, noch andere Vermisstenmeldungen zu kontrollieren. Jeder weiß, was er zu tun hat, und«, er schaute kurz in Richtung von Irina, »Sie, Kollegin Petrowska, hätte ich gerne noch auf ein Wort unter vier Augen bei mir im Büro gesprochen.«

18

Jenny zögerte ihren Abgang aus der Zentrale noch ein wenig hinaus und schlenderte wie zufällig zu Braakes Arbeitsplatz. »Hör mal, mein Freund«, sprach sie ihn leise an, »mir kannst du nichts vormachen, dafür kenn ich dich schon zu lange. Du hast doch was über Grothebaum herausgefunden, das hab ich dir angesehen. Was hat Gregor mit seiner Bemerkung bei der letzten Besprechung gemeint?«

»Ich weiß nicht, ob ich das weitertratschen soll. Das gehört sich doch irgendwie nicht, oder?«

Jenny sah ihm deutlich an, dass er nur darauf gewartet hatte, dass ihn endlich irgendjemand fragt. Klaus war die erste Adresse für Tratsch und Klatsch. Er würde es ihr nur zu gerne erzählen. »Oooch, du wirst doch einer alten Freundin keine wichtigen Informationen vorenthalten? Wir müssen doch mit dem Typ zusammenarbeiten, da muss man doch alles über einander wissen, nicht wahr?«

Braake sah sie überlegend an, als wolle er noch entscheiden, ob er es ihr erzählen sollte oder nicht. »Na gut, aber nur weil du's bist. Und du darfst es natürlich nicht weitererzählen.«

»Versprochen.«

»Okay«, er beugte sich verschwörerisch zu ihr vor, »ich habe Zugriff auf die Personaldatenbank, was natürlich keiner wissen darf«, beeilte er sich hinzuzufügen. »Und da habe ich doch tatsächlich etwas sehr Interessantes über unseren Freund Grothebaum gefunden. Rate mal, was dem letztes Jahr passiert ist?«

Jenny verdrehte die Augen. »Schmuddel, mach's nicht so spannend, verdammt noch mal. Ich habe keine Ahnung, also kann ich auch nicht raten. Raus damit!«

»Ja, ist ja gut, lass mir doch meinen Spaß.« Er sah den bösen Blick, den Jenny ihm zuwarf, und beeilte sich, endlich mit den Informationen rauszurücken. »Also, es gab da gewisse kleinere Unstimmigkeiten mit Spesenabrechnungen, wenn du weißt, was ich meine. Im Rahmen eines Disziplinarverfahrens hat man ihm nachgewiesen, dass er die Dienststelle um einige Hundert Euro beschissen hat. Und dann hat er die Quittung dafür bekommen.« Er blickte erwartungsvoll auf Jenny, und sie sah ihm an, dass er nun ein Lob oder den Ausdruck von Hochachtung für seine schlauen Recherchen erwartete.

Stattdessen fragte sie ihn nur mit einem tiefen Seufzer: »Und was war die Quittung?«

»Nun ja, unser Kollege Grothebaum war bis vor dem Verfahren noch Kriminalhauptkommissar. Danach nur noch Kriminaloberkommissar. Da bist du baff, was?«

Verblüfft starrte Jenny ihn an. »Ist nicht dein Ernst, oder?«

Sie nahm zur Kenntnis, dass Braake heftig nickte und sie dabei frech angrinste. Am meisten überraschte sie, dass sie sich nicht schon selbst Gedanken darüber gemacht hatte, warum ein Kollege in Grothebaums Alter noch Oberkommissar war. Sie hätte wirklich von allein darauf kommen müssen, dass da etwas nicht stimmte, und am wahrscheinlichsten war in so einem Fall eine Beförderungssperre aufgrund von Fehlverhalten oder eben eine Zurückstufung, also die sogenannte Degradierung.

»Und eines kann ich dir sagen«, raunte Braake ihr in verschwörerischem Tonfall zu, »wer so was macht, der hat auch noch ganz andere Sachen auf dem Kerbholz.«

Diesbezüglich musste Jenny ihm voll und ganz zustimmen.

19

Irina Petrowska hatte gerade mit einem sehr nachdenklichen Gesichtsausdruck sein Büro verlassen, als Gregor
per Telefon die Nachricht erhielt. Der Abgleich der inzwischen von der Leiche genommenen Fingerabdrücke hatte
zweifelsfrei die Identität bestätigt. Es handelte sich tatsächlich um Daria Makarenko. Gregor fragte sich, wie
die Übereinstimmungen zwischen den beiden Opfern zu
deuten waren. Beide waren Ukrainerinnen, die als Prostituierte gearbeitet hatten. Bisher war noch nichts über die
Umstände bekannt, unter denen das zweite Opfer in die
Hände des Täters gelangt war. Bedeutete die Nationalität
der beiden toten Frauen, dass die Russin Amanda Chekova nicht als drittes Opfer infrage kam? Oder handelte
es sich um einen Zufall, dass die ersten beiden Opfer aus
demselben Land stammten?

Auf jeden Fall versprach er sich etwas von der Suche
nach vergleichbaren Fällen, außer … der Täter hatte das
erste Mal gemordet. Allerdings sagten ihm die Erfahrung
und die Fachliteratur, dass Täter dieser Qualität nicht mit
solchen Taten begannen. Es musste vorher auf jeden Fall
andere, wenn vielleicht auch nur ähnliche oder minder
schwere Fälle gegeben haben.

Eine traurige Gewissheit hatte Gregor jedoch aus der
Kenntnis anderer, vergleichbarer Fälle: Die Chance auf
Enttarnung eines Serientäters anhand der Übereinstim-
mungen zwischen den Getöteten und die dadurch mög-
lichen Rückschlüsse stieg erst mit zunehmender Zahl der
Opfer. Eine beängstigende Aussicht. Gregor schwor sich,

alles Menschenmögliche dafür zu tun, dass es nicht zu lange dauerte.

20

Es war kurz nach 19:30 Uhr abends, als Jenny vor dem Lokal in der Fürstenberger Straße im Frankfurter Stadtteil Westend ankam, in dem sie mit Irina verabredet war.

»Bar & Café CHARISMA« prangte auf einem großen Schild über dem Eingang. Obwohl das Restaurant nicht allzu weit vom Präsidium entfernt lag, war sie noch nie hier gewesen. Am liebsten wäre sie direkt nach der Arbeit hierhergekommen, aber Irina hatte darauf bestanden, sich noch ein wenig frisch zu machen, und wollte erst kurz zu Hause vorbeigehen.

Einerseits freute sich Jenny auf eine ablenkende Verabredung mit der Kollegin in einem ihr bisher unbekannten Lokal, andererseits schaffte sie es nicht, die Arbeit völlig in den Hintergrund zu drängen.

Sie war begierig darauf zu erfahren, was Gregor mit Irina unter vier Augen zu besprechen hatte. Außerdem wollte sie ihre Neuigkeiten bezüglich Grothebaum loswerden, wobei sie sich fragte, ob Irina das nicht vielleicht bereits wusste. Sie wollte aber nicht mit der Tür ins Haus fallen, sondern sich den Abend erst mal entwickeln lassen. Es würde sich schon irgendwann die Möglichkeit ergeben, das Gespräch in diese Richtung zu lenken.

Sie betrat das Lokal und stellte angenehm überrascht fest, dass es ein gemütliches, wenn auch in Teilen etwas kitschiges Ambiente aufwies. An einer Seite des nicht allzu großen Gastraumes entdeckte sie eine kleine Bühne mit einer Karaoke-Anlage. Überall sah sie dezente Hinweise darauf, dass kostenloses WLAN die Besucher zum Surfen einlud. An einigen der kleinen Tische mit vier bis fünf Stühlen saßen Leute in Jennys Alter oder zumindest unter 30 und hatten geöffnete Laptops oder Tablets vor sich. Die Beleuchtung erzeugte ein angenehmes Halbdunkel, nicht hell genug, um aufdringlich oder kalt zu wirken, aber doch so hell, dass sie in der hintersten Ecke Irina allein an einem Tisch erkennen konnte.

Winkend und lächelnd ging sie auf die jüngere Kollegin zu, die sie sofort bemerkte und zu ihrer Begrüßung aufstand. Jenny blieb fast der Atem weg, als sie sah, wie Irina sich aufgebrezelt hatte. Sie trug ein kurzes Minikleid, das in einem dezenten Türkis schimmerte und changierte. Die Passform brachte ihre Figur so zur Geltung, dass kaum Raum für Fantasie blieb. Ihre schlanken und wohlgeformten Beine wirkten durch die High Heels noch länger. Dazu war sie deutlich stärker geschminkt als während des Tages.

Einen Moment lang kam Jenny sich wie ein hässliches Entlein vor, denn sie hatte ihr Standardoutfit gewählt: Jeans, Turnschuhe, ein T-Shirt und ein halbwegs schickes Sweatshirt.

Sie umarmte Irina zur Begrüßung kurz und kam nicht umhin festzustellen, dass sie auch sehr gut roch. Das muss ein teures Parfum sein, dachte sie und zog den Duft noch tiefer ein.

»Hi. Mein lieber Mann, du hast dich aber aufgebrezelt. Jetzt verstehe ich auch, warum du unbedingt noch mal nach Hause wolltest.« Sie lachte. »Willst du heute Abend noch einen Kerl aufreißen?«

Irina lachte ihr kehliges Lachen. »Nein, eher nicht!«

Sie setzten sich an den Tisch.

»Hast du was dagegen, wenn ich uns zu Beginn einen kleinen Wodka bestelle?«, fragte Irina noch immer grinsend.

»Also stimmt das tatsächlich, dass ihr Russinnen zu jeder Gelegenheit Wodka trinkt?«, merkte Jenny überrascht an. Noch bevor Irina eine Chance hatte zu antworten, bemerkte sie, was sie da gerade gesagt hatte. Erschrocken fragte sie nach: »Entschuldige, dass ich dich als Russin bezeichnet habe. Ich bin dir doch jetzt nicht zu nahe getreten, oder?«

Irina lachte erneut ihr herzliches und offenes Lachen. Es zeigte ihre ganze Lebensfreude, und Jenny spürte, dass sie dieses Lachen mochte.

»Nein, wirklich nicht. Aber die Frage ist gut, was bin ich denn eigentlich? Politisch korrekt müsste ich mich als Deutsche mit russisch-ukrainischem Migrationshintergrund bezeichnen. Mein Vater würde allerdings sagen: Du bist Russin, mein Kind! Mit Herz und Seele!« Dabei imitierte sie die Stimme eines Mannes mit slawischem Akzent und sprach »Herz« mit einem gehauchten »ch« wie »Cherz« und »Seele« wie »Säle« aus. »Ich glaube, ich bin von allem etwas, aber im positiven Sinn. Ich suche mir immer das aus, was gerade am besten passt. Kommt dir das falsch vor?«

Jenny dachte einen kurzen Moment nach. »Nein, eigentlich nicht. Ich beneide dich eher, dass du die Möglichkeit überhaupt hast.«

»Oh, oh, oh, nicht zu schnell. Beneide mich lieber nicht, ich habe aufgrund meiner Herkunft auch Probleme. Das soll aber jetzt kein Thema sein.« Sie winkte einem Ober, zeigte ihm zwei Finger und machte dann mit Daumen und Zeigefinger die Symbole für klein und groß.

Jenny fragte sich, was das wohl für Probleme waren. Sie konnte sich keine vorstellen. Oder meinte sie die Vorbehalte, die Zeitgenossen wie Grothebaum gegenüber allen Menschen mit Migrationshintergrund hatten?

Bevor sie weiter darüber grübeln konnte, erschien der Ober an ihrem Tisch und stellte vor jede der beiden Frauen ein kleines und ein großes Glas, beide mit einer klaren Flüssigkeit gefüllt. Jenny sah Irina fragend an.

»Wodka und Wasser, also das in dem kleinen Glas ist Wodka«, meinte Irina, »das ist nämlich das ganze Geheimnis. Die meisten machen den Fehler und trinken erstens schlechten Wodka und zweitens mit irgendwas gemischt oder durcheinander. Schwerer, schwerer Fehler.«

Sie erhob das kleine Glas. »Na sdorowe!« Dann stürzte sie den Inhalt des Glases, das mindestens so viel wie drei normale Schnäpse umfasste, mit einem Zug hinunter.

Jenny tat es ihr nach. »Na sdorowe!« Dabei versuchte sie, die Aussprache so genau wie möglich zu imitieren. Bei den meisten, von denen sie dieses russische »Zum Wohl« bisher gehört hatte, hatte es sich eher wie »Nasstroffje« angehört. Dann trank sie das Glas ebenfalls in einem Zug leer. Sie spürte wie etwas Feuriges ihre Kehle hinunterrann und hätte dabei zu jeder Zeit sagen können, an welcher Stelle der Speiseröhre sich das Getränk gerade befand. Aber es war weit weniger unangenehm, als sie befürchtet hatte.

»Das Wasser trinkst du am besten in kleinen Schlucken, und dann werden wir ja sehen, wie du das alles verträgst.« Irina grinste sie schelmisch an und winkte dem Ober erneut. Dann fragte sie Jenny: »Möchtest du eine Kleinigkeit essen? Ich würde es empfehlen.«

»Ja, gerne, ich hatte seit einer Bratwurst in der Mittagspause nichts mehr.«

Irina schüttelte belustigt den Kopf. »Ihr Deutschen habt ja echt manchmal keinerlei Kultur. Was ihr so alles in euch reinstopft.«

Jenny war ihr weder böse noch beleidigt, denn sie hatte es in einer Art gesagt, die nicht anklagend oder belehrend, sondern eher verzweifelt wirkte.

»Okay, du hast sicher recht. Also gebe ich mich völlig in deine Hand. Bestell du, was du für angebracht hältst.« Sie lehnte sich zurück und verschränkte die Arme vor der Brust.

Der Ober war inzwischen herangetreten und stand geduldig wartend neben ihrem Tisch. Irina wechselte ein paar Worte auf Russisch mit ihm, er nickte und entfernte sich.

»Und was hast du nun bestellt, wenn ich fragen darf?«, erkundigte Jenny sich neugierig.

»Lass dich überraschen. Da du die russische Küche nicht zu kennen scheinst, habe ich eine Zusammenstellung verschiedener Kleinigkeiten geordert.«

Bevor allerdings das Essen kam, brachte der Ober unaufgefordert eine zweite Runde Wodka und Wasser. Sie prosteten sich zu und nach dem Wodka hatte Jenny das Gefühl, dass ihr diese Kombination nicht nur schmeckte, sondern auch gut bekam – zumindest bisher.

Sie überlegte noch, wie sie das Gespräch auf die sie interessierenden dienstlichen Themen bringen konnte, als der Ober mit einer großen, silbernen Platte zu ihnen kam und sie auf ihrem Tisch abstellte. Daneben platzierte er zwei kleine Teller und Besteck. Einen Moment lang fühlte sich Jenny an einen Antipasti-Teller beim Italiener erinnert.

Unaufgefordert informierte Irina sie darüber, worum es sich handelte. »Das ist eine kleine Zusammenstellung typisch russisch-ukrainischer Speisen. Darunter sind zum Beispiel Bliny, das sind Eierkuchen mit Quark, Hackfleisch oder Kaviar, Pelmeni, das sind mit Fleisch gefüllte Teigtaschen, ähnlich wie italienische Tortellini. Das hier«, sie deutete auf ein anderes Nudelgericht, »sind Wareniki, das sind auch Teigtaschen, gefüllt mit gestampften Kartoffeln, Sauerkraut, Frischkäse oder Pilzen. Dazu gibt es verschiedene Soßen.«

Jenny lief das Wasser im Mund zusammen, und sie merkte erst jetzt, wie hungrig sie war. Gemeinsam stürzten sie sich auf die riesige Platte. Zum Essen genehmigten sie sich die dritte Runde Wodka und Wasser.

Nachdem Jenny den ersten Heißhunger gestillt hatte, fasste sie sich ein Herz und fragte Irina wie beiläufig: »Was war das eigentlich, was Gregor unbedingt unter vier Augen mit dir besprechen musste?«

Irinas Hand, die eine Olive hielt, blieb auf dem Weg zum Mund in der Luft hängen. Sie blickte Jenny mit weit aufgerissenen Augen an. »Das ist ja unheimlich. Genau das hat dein Chef mir vorausgesagt.«

»Was?«, fragte Jenny unschuldig, obwohl ihr bereits ein wenig mulmig wurde.

»Dass einer aus dem Team, sehr wahrscheinlich du, bei einer passenden Gelegenheit ganz beiläufig genau das fragen würde, was du mich eben gefragt hast.«

Jenny hatte bereits aufgegeben, aber sie fragte aus Neugierde dennoch: »Und was hat er dir aufgetragen, zu antworten?«

Jetzt lächelte Irina wieder: »Er hat wörtlich gesagt, ich zitiere: ›Sagen Sie Jenny, sie soll sich noch bis morgen Nachmittag gedulden, obwohl das ja keine ihrer Stärken ist. Sagen Sie ihr, die Überraschung ist es sehr wahrscheinlich wert, eine Überraschung zu bleiben.‹«

Jenny nickte. »Aber du weißt schon, um was es geht?«

»Natürlich, aber wenn ich's dir erkläre, ist die Überraschung ja weg. Ich hoffe nur, dass sie auch gelingt.«

Jenny blieb nichts anderes übrig, als aufzugeben. »Okay, ich insistiere nicht länger. Ich bin nur froh, dass es nichts Negatives war, was Gregor von dir wollte.«

Irina griff über den Tisch und legte ihre Hand auf Jennys. Die Hand war warm und zart und Jenny spürte ein Prickeln am ganzen Körper, dessen Ursache sie nicht verstand. Gleichzeitig hatte sich ihr Magen verkrampft, was sie aber auf das ungewohnte Essen schob.

»Ach, wie lieb«, bemerkte Irina, »du hast dir wirklich Sorgen um mich gemacht? Vielen Dank, aber es war wirklich nichts Unangenehmes.«

Jenny schaffte es nicht, ihre Hand unter der von Irina wegzuziehen.

Unbeirrt fuhr Irina fort: »Aber wo wir schon mal beim Sorgenmachen sind: Ich mache mir Sorgen um dich. Dich bedrückt irgendwas, das merke ich deutlich. Wenn du möchtest, kannst du gerne mit mir darüber reden.« Sie sah Jenny erwartungsvoll an.

Jenny schaffte es nun doch, ihre Hand ganz langsam und ohne Hast wegzuziehen, und sie horchte in sich hinein. Will ich wirklich darüber reden? Kann ich das überhaupt jemandem anvertrauen? Wird sie mich verstehen?

Die vierte Runde Wodka und Wasser war inzwischen angekommen und sie ergriff den Wodka und stürzte ihn beherzt hinunter. Sie fasste einen Entschluss und setzte ihn dann auch ohne weiteres Zögern in die Tat um. Vielleicht liegt es ja am Alkohol, zumindest kann ich es darauf schieben. »Ich habe Probleme mit meinen Beziehungen. Also nicht nur mit der aktuellen und inzwischen abgebrochenen, sondern auch mit allen vorherigen … und vermutlich mit allen zukünftigen«, fügte sie nach einer kleinen Pause noch hinzu.

Irina hatte sich nach vorne gebeugt und lauschte ihr aufmerksam. »In welcher Art?«

»Nun … ich weiß nicht, wie ich es beschreiben soll … mir gefällt ein Mann, ich fange eine Beziehung mit ihm an, und relativ schnell habe ich keine Lust mehr und beende das Ganze.«

»Inwiefern keine Lust mehr?«

Verdammt, sie hakt genau da nach, wo ich absichtlich zu ungenau beschreibe, als dass man das eigentliche Problem erkennen könnte. »Ich habe keine Lust mehr auf Zärtlichkeiten, und schon gar keine auf Sex.«

Jetzt ist es raus!

»Und warum?« Irina wirkte weder entsetzt noch bestürzt und stellte ihre Fragen in der sachlichen Art eines Arztes, der versuchte, eine Krankheitsvorgeschichte zu erfragen.

»Wenn ich das wüsste, wäre ich wahrscheinlich schon einen Schritt weiter.«

Irina sah ihr tief und fragend in die Augen, und Jenny hatte das Gefühl, der Blick beinhalte so was wie Mitleid. »Das glaube ich eher nicht. Du weißt schon etwas mehr, aber vielleicht stellst du den Zusammenhang nicht her. Obwohl ich das bei deinen geistigen Fähigkeiten bezweifeln möchte. Willst du mir nicht den wahren Grund sagen? Warum du keine Lust auf Sex hast, meine ich.«

O Scheiße! Ach, was soll's, jetzt bin ich schon so weit gegangen, da kommt es auf das andere auch nicht mehr an. Sie senkte den Blick und starrt auf die Tischdecke vor sich. Es fiel ihr schwer und sie drückste einen Moment herum, bevor es aus ihr herausschoss: »Ich hatte noch nie einen Orgasmus. Wenn's denn so was überhaupt gibt«, murmelte sie. Wenn sie befürchtet hatte, Irina würde in lautes Lachen ausbrechen, wurde sie eines Besseren belehrt. Als sekundenlang keine Reaktion auf ihre Aussage erfolgte, schaute sie unsicher auf. Vielleicht hat sie mich nicht verstanden.

Als sie nun Irina ansah, war deren Gesichtsausdruck unmissverständlich. Mitleid!

Erneut streckte Irina ihre Hand über den Tisch aus und erfasste ihre. »O Gott, du Arme.« Irina ließ keine Sekunde ihren Blick von ihr. »Ich kann dir versichern, es gibt ihn. Aber ich habe schon oft gehört, dass Frauen daran zweifeln, eben weil sie diese Erfahrung nie gemacht haben.«

»Ehrlich?«

»Ja, ehrlich.«

»Und woran liegt das?« Jenny war nun wirklich gespannt. Hatte Irina die Erklärung für all ihre Nöte?

Stattdessen stellte Irina ihr die nächste Frage: »Hast du schon mal dein Verhältnis zu Männern infrage gestellt?«

»Äh … wie meinst du das?« Nun war sie echt verwirrt.

»Ich meine, bist du sicher, dass Männer das sind, was du wirklich willst?«

»Was sollte ich sonst wollen?« Was meinte sie?

»Frauen.«

Nun zog Jenny ihre Hand sehr hastig zurück. Mit vielem hatte sie gerechnet, aber nicht damit.

»Du meinst … Frauen? … Wie in lesbisch?«

»Ja«, war die lakonische Antwort.

Jenny war versucht, entrüstet diese Vermutung abzuwehren, aber etwas in ihr – der Alkohol? – hinderte sie daran. Was war das eben für ein Gefühl gewesen, als Irina ihre Hand ergriffen hatte? Angenehm, ja schon, aber war da etwas Sexuelles in ihr wachgeworden? War das überhaupt möglich, lesbisch zu sein und es nicht zu wissen?

Ihr war ganz offensichtlich anzusehen, welche Gedanken in ihrem Kopf abliefen, denn noch bevor sie sich zu irgendeiner Antwort durchringen konnte, sagte Irina etwas, was sie für den Moment alle Überlegungen vergessen ließ.

»Ich weiß genau, was jetzt in dir vorgeht. Mach dir keine Sorgen, das geht vorüber. Und mach dir vor allem keine Sorgen, was ich von dir denke. Ich habe dasselbe schon vor langer Zeit durchlebt … ich bin nämlich lesbisch.«

TAG 6

21

Irina musste sich zusammenreißen, um sich auf die anstehende Vernehmung zu konzentrieren.

Die Ereignisse des vergangenen Abends hatten ihr mehr zugesetzt, als sie gedacht hätte. Dass Jenny sehr verblüfft sein würde, war ihr bereits vor ihrem Outing klar gewesen, allerdings hatte sie nicht mit diesem Ausmaß gerechnet. Jenny hatte sie total schockiert angestarrt und immer wieder den Kopf geschüttelt. »Ich verstehe nicht … äh … heißt das, du … äh …«

»Ich liebe Frauen, ja, das heißt es.«

»Nur Frauen, keine Männer?«

»Nur Frauen.«

»Hattest du nie … also … warst du nie mit einem Mann …?«

»Nein, nie.«

»Aber … aber … ich dachte …«

Irina hatte gemerkt, dass Jenny von dieser Wendung des Gesprächs so überfordert war, dass sie die Konsequenzen für sich selbst weder überschauen noch auch nur im Ansatz darüber nachdenken konnte. Sie wollte sie nicht bedrängen, sondern ihr die erforderliche Zeit lassen, alle Aspekte in Ruhe zu überdenken. Dennoch war sie überrascht von ihrer nächsten Aussage.

Noch immer ungläubig den Kopf schüttelnd hatte Jenny gesagt: »Das muss ich erst verdauen. Sei mir nicht böse, aber dazu muss ich nachdenken, und das kann ich nur allein. Lass uns morgen reden, vielleicht habe ich mich bis dahin so weit gefangen, dass ich einen klaren Gedanken fassen kann. Bitte regele das mit der Rechnung, ich denke, wir können das später teilen. Im Moment kann ich nicht klar denken.«

Ohne ein weiteres Wort war sie aufgestanden, hatte sich umgedreht und war aus dem Lokal gegangen ... nein, eher geflohen. Nun war es an Irina gewesen, verdutzt und allein an dem Tisch zu sitzen und sich Gedanken zu machen, ob es richtig gewesen war, ihr Outing gegenüber Jenny so früh und direkt vorzunehmen.

Noch an diesem Morgen fragte sich Irina immer und immer wieder, warum sie gemeint hatte, so mit der Tür ins Haus fallen zu müssen. Jenny war noch nicht so weit gewesen, mit einer solchen Offenbarung zurechtzukommen. Gewaltsam schob sie die Gedanken beiseite und konzentrierte sich auf den Augenblick ... auf die anstehende Vernehmung.

In der letzten halben Stunde hatten Alsmann und sie sich auf eine Strategie geeinigt. Dazu gehörte die Reihenfolge der Fragen, welche Information zu welcher Zeit gegeben werden sollte und wie man mit Verweigerung, Leugnen oder offensichtlichem Lügen umgehen würde. Auch die Rollen waren besprochen worden. Dabei ging es nicht um diese dumme »good cop, bad cop«-Geschichte aus amerikanischen Filmen. Hier war das Thema vielmehr die Leitung in der Gesprächsführung, wer mit wem sprach, also wer mit dem Beschuldigten und wer mit dem Anwalt. Dieter Alsmann hatte ihr bereits zu Beginn des Gespräches das Du angeboten, und inzwischen hatte Irina ihn so weit kennengelernt, dass sie seine besonnene und intelligente Art schätzte. Man merkte ihm an, dass er langjährige Erfahrung hatte und nicht im Geringsten von Unsicherheit oder Zweifeln geplagt wurde.

Sie hatten bereits im Vernehmungsraum Platz genommen, jeder hatte Unterlagen vor sich liegen und Irina wurde bewusst, dass das ganze Team auf der anderen Seite des Spiegels der Vernehmung folgen würde. Zwar saßen Alsmann und sie mit dem Rücken zum Spiegel, aber die gesamte Situation wurde auch von fünf Kameras aufgenommen. Eine übertrug ein Bild des gesamten Raumes und die restlichen vier waren auf die einzelnen Personen gerichtet, sodass auf Monitoren im Nachbarraum auch jeder Akteur in einer Großaufnahme von vorne zu sehen war.

Wie bei der ersten Vernehmung des Zuhälters öffnete ein uniformierter Beamter die Tür, er ließ Rechtsanwalt Dr. Wehner und dicht hinter ihm Ernst Wollweber ein. Der Anwalt machte ein finsteres Gesicht, während sein Mandant eher amüsiert und unbesorgt wirkte.

Beide nahmen auf den einzigen freien Stühlen gegenüber den beiden Vernehmungsbeamten Platz. Wollweber lehnte sich lässig zurück, während Dr. Wehner sich interessiert nach vorne beugte und sich auf beiden Ellenbogen abstützte.

Er nahm auch sofort das Gespräch auf: »Es freut mich zu sehen, dass Sie uns Herrn Grothebaum nicht noch einmal zumuten. Allerdings wüsste ich doch gerne, mit wem ich das zweifelhafte Vergnügen habe und weshalb wir erneut vorgeladen wurden.«

Wortlos drückte Dieter Alsmann die Starttaste des Aufzeichnungsgerätes und eröffnete die Befragung: »Beginn der Vernehmung Ernst Wollweber am Mittwoch, dem 21. Januar in den Räumen des Polizeipräsidiums Frankfurt am Main. Anwesend sind …« In aller Ruhe nannte er die Namen und die jeweilige Rolle der Anwesenden. Dann kam er zum Thema. »Herr Wollweber, Sie stehen in dringendem Tatverdacht der Ermordung von Vera Raditschenko und Daria Makarenko sowie der Entführung von Amanda Chekova. Als Beschuldigtem in den genannten Fällen steht es Ihnen frei, nichts zur Sache auszusagen. Ich darf Ihnen dazu sagen, dass wir in diesem Fall ihre vorläufige Festnahme wegen dringenden Tatverdachts aussprechen und Sie spätestens bis zum Ende des morgigen Tages dem Haftrichter vorführen werden.«

Bereits bei der Erwähnung von »Tatverdacht der Ermordung« hatte Wolle Wollweber seine bequeme Haltung aufgegeben, ein paarmal »Hey, hey, hey« gerufen und seinen Anwalt fragend angesehen. Er war aufgesprungen und schrie nun mit sich überschlagender Stimme: »Ich glaub, ich bin im falschen Film! Habt ihr sie noch alle?«

Sein Anwalt hatte ihm beruhigend die Hand auf den Arm gelegt und versuchte, ihn zum Schweigen zu bringen. »Langsam, langsam, lass mich erst mal ein paar Sachen klären.« Er wandte sich Alsmann zu: »Herr … äh … Alsmann, richtig? Also nun mal ganz langsam und der Reihe nach. Ich gehe davon aus, dass Sie glauben, Beweise für diese abstrusen Behauptungen zu haben. Dann lassen Sie erst mal hören, was Sie so vorzuweisen haben, dann können wir das schnell ausräumen, nicht wahr, Wolle?«, fragte er mit einem Seitenblick auf den Zuhälter, der sich inzwischen wieder hingesetzt hatte, aber noch immer mit grimmigem Blick Irina und Alsmann fixierte.

»Na klar, kein Problem«, knurrte er, ohne den Blick von den Beamten zu lassen.

»Haben Sie gestern Morgen die für Sie als Prostituierte arbeitende Amanda Chekova in der Wohnung in der Taunusstraße 37 aufgesucht, und ist es dort zu einem Kampf zwischen Ihnen beiden gekommen?«, fragte Alsmann völlig ruhig.

»Was soll denn das für ein Quatsch sein? Natürlich nicht!«

»Gut«, fuhr Alsmann ruhig fort. »Darf ich fragen, warum Sie am linken Ohrläppchen ein Pflaster tragen?«

Unwillkürlich griff Wollweber mit der Hand zum Ohr. »Ach, das, ja, da hab ich mich beim Rasieren geschnitten. Abgerutscht, verstehen Sie.«

Alsmann nickte, als würde er das absolut nachvollziehen können. »Ja, kann mal passieren. Okay, Herr Wollweber, können Sie mir dann erklären, was das ist?« Dabei hielt er eine durchsichtige Plastiktüte mit dem goldenen Ohrring hoch.

Der Anwalt sah zwischen der Plastiktüte und Wollweber hin und her und hatte die Augenbrauen zusammengezogen.

»Nein, kann ich nicht«, antwortete Wollweber lauernd. »Sollte ich?«

Nun schaltete sich Irina verabredungsgemäß in die Vernehmung ein. »Na dann können Sie aber sicher erklären, warum wir an dem Ohrring laut DNA-Analyse Ihr Blut gefunden haben. Und dort, wo wir den Ohrring fanden, waren auch Tropfen Ihres Bluts – nämlich auf dem Bett von Amanda Chekova!«

Wollweber fuhr sie an: »Halt du dich raus, Püppchen, wenn Erwachsene sich unterhalten. Verstanden?«

Irina sah ihn abschätzig an, lehnte sich zurück, und mit einem Grinsen im Gesicht sagte sie: »Twoi petuch takoi sche malenkii kak ty sam? Togda twoja mat opredelonno chotela dewotschku!«

Wollweber riss die Augen auf und bekam einen knallroten Kopf. Im nächsten Augenblick war er aufgesprungen, und bevor sein Anwalt überhaupt begriff, was da geschah, warf er sich quer über den Tisch auf Irina.

Der Tisch war nicht ohne Grund zwei Meter breit, und Wollweber schaffte es nicht, die gesamte Breite mit einer Bewegung zu überbrücken. Er langte mit der rechten Hand nach Irina und stützte sich gleichzeitig mit der Linken auf dem Tisch ab.

Irina war mit einer fließenden Bewegung aufgestanden, ergriff mit ihrer Rechten Wollwebers Handgelenk. Sie zog daran und nahm damit das Gewicht von der aufgestützten Hand. Gleichzeitig wich sie zur Seite aus wie ein Torero vor dem heranstürmenden Stier. Dabei drehte sie seine Handinnenfläche nach oben und drückte dem völlig verdutzten Zuhälter ihre linke Hand ins Genick. Sie winkelte seinen ausgestreckten rechten Arm nach oben und drückte seinen Kopf mit einer schnellen Bewegung auf die Tischoberfläche. Es war ein lautes Knirschen und ein gedämpftes »Hrrrrmph« zu hören.

Anwalt Dr. Wehner war ebenfalls aufgesprungen und sah entgeistert dem Geschehen zu, ohne auch nur einen Muskel zu rühren oder zu begreifen, was da vor sich ging.

Lediglich Dieter Alsmann war völlig ruhig sitzen geblieben. »Darf ich das als ein Ja verstehen?«, fragte er seelenruhig.

Irina beugte sich zu Wollwebers Ohr hinunter und flüsterte so leise, dass das Aufnahmegerät es nicht registrierte: »Na, da spricht aber jemand recht gut Russisch, oder? Also jetzt pack aus, oder ich breche dir nicht nur die Nase, sondern auch noch das Handgelenk.«

Der vormalige Angreifer lag wimmernd auf dem Tisch und stöhnte nur noch: »Eine … ase … oooh …«

Irina ließ ihn los und trat schnell einen Schritt vom Tisch zurück.

»Ich möchte fürs Protokoll kurz schildern, was sich

eben ereignet hat«, diktierte Alsmann ruhig ins Mikrofon. »Herr Wollweber hat versucht, Frau Kriminalkommissarin Irina Petrowska anzugreifen, die in Notwehr den Angriff abgewehrt und ihm dabei«, er beugte sich vor und besah sich Wollweber wie ein Insekt, »vermutlich die Nase gebrochen hat. Eine medizinische Versorgung wird eingeleitet.«

Er drückte auf einen verborgenen Knopf unter dem Tisch, und wenige Sekunden später öffnete sich die Tür und ein Uniformierter erschien mit einem Verbandskasten.

Irina war sich nicht sicher, aber sie glaubte, in dem Moment, als die Tür aufging, von draußen entferntes Gelächter zu hören. Sie vermutete, dass es aus dem Nebenraum hinter dem Spiegel kam. Unter Aufbietung aller Kräfte gelang es ihr, ein zufriedenes Grinsen zu unterdrücken.

»Oh, das tut mir leid«, sagte sie stattdessen. »Sie sind aber auch stürmisch.«

Zehn Minuten später saß Wollweber wie ein Häufchen Elend in seinem Stuhl, eine kleine Plastikschiene auf dem Nasenrücken, zwei Tampons in den Nasenlöchern und ein Pflaster von unten quer darüber geklebt.

Sein Anwalt flüsterte ihm leise aber eindringlich etwas ins Ohr, und Irina hoffte, dass er ihn zum Reden animierte.

»Ich denke«, fuhr Alsmann fort, »wir können nun die Vernehmung fortsetzen. Herr Wollweber, fühlen Sie sich in der Lage, uns nun einige Fragen zu beantworten?«

Wollweber nickte langsam.

»Der Beschuldigte bestätigt die Frage durch Kopfnicken«, diktierte Alsmann.

Dann signalisierte er Irina, dass sie an der Reihe war, das Wort zu ergreifen.

»Herr Wollweber, trifft es zu, dass Sie am Morgen des 20. Januar, also am Dienstag, die Wohnung von Amanda Chekova aufgesucht haben?«

Wollweber nickte wieder, und Alsmann diktierte sein Nicken ins Mikrofon.

»Trifft es weiterhin zu, dass Sie einige Tage zuvor auf dem Anrufbeantworter der beiden Frauen, Amanda Chekova und Vera Raditschenko, eine Nachricht hinterlassen haben, in der Sie sich nach dem Verbleib Ihres Geldes erkundigten?«

Nicken.

»Wo haben Sie gelernt, Russisch zu sprechen?«

Nun war es mit einem Kopfnicken nicht getan. »Sch hab Freunde in Moskau«, nuschelte Wollweber wie jemand mit einer schweren Erkältung.

Als Irina ihn weiter fragend ansah, fuhr er widerstrebend fort: »Ja, okay, ich hab's über Jahre gelernt, sogar mal 'nen Sprachkurs besucht.« Er zuckte mit den Schultern. »Ich muss mich doch mit den Schlampen unterhalten können, und außerdem wollte ich nie, dass die über mich reden können, ohne dass ich sie verstehe.«

»Warum kam es zu einem Kampf zwischen Ihnen und Amanda?«

»Pah, das war doch kein Kampf. Ich wollte mein Geld und sie hat mir vorgeworfen, ich hätte ihre Schlampenfreundin umgebracht. Da hab ich ihr eine gescheuert. Dann hab ich sie halt ein bisschen an den Haaren gezogen, und da hat die blöde Kuh mir den Ohrring abgerissen. Da hab ich ihr noch eine gescheuert und bin gegangen.«

»Sie haben also Amanda in der Wohnung zurückgelassen?«

»Ja natürlich, was soll ich denn mit der? Wohin hätt ich sie denn mitnehmen sollen?«

Eine letzte Frage hatte Irina noch: »Was sagt Ihnen ›bespolesnyi kusok derma‹?« Wollweber sah sie verständnislos aber auch erbost an. »Das heißt ›nutzloses Stück Scheiße‹, was soll das? Willst du mich jetzt wieder beleidigen?«

Er begann sich erneut aufzuregen und Dr. Wehner legte noch einmal eine Hand beruhigend auf seinen Arm.

In der folgenden halben Stunde befragten Irina und Alsmann den Zuhälter noch zu weiteren Details seines Besuchs bei Amanda Chekova. In dieser Zeit beteuerte er immer wieder, dass er sie in der Wohnung zurückgelassen habe, sie noch gelebt habe und er nichts mit den Morden zu tun habe. Er benannte einen Zeugen, einen seiner Türsteher, der ihn bei dem Besuch begleitet habe und alles bezeugen könne. Zum Abschluss verkündete ihm Alsmann, dass er diese Nacht auf jeden Fall in Untersuchungshaft würde verbringen müssen, da seine Angaben noch überprüft werden müssten.

Irina und Alsmann blieben sitzen, als zwei Polizisten den Tatverdächtigen abführten.

Dr. Wehner blieb in der Tür stehen und drehte sich wieder um. »Auf ein Wort, Herr Alsmann.«

»Gerne. Was kann ich für Sie tun?«

»Ich wollte mich für das Benehmen meines Mandanten entschuldigen, besonders bei Ihrer bezaubernden Kollegin. Ich weiß, dass mein Mandant keinen sehr guten Ruf hat und in einem Gewerbe tätig ist, das Sie sicherlich verachten, welches aber auch eine gewisse Existenzberechtigung hat. Wie dem auch sei, ich kenne ihn schon lange, und das, was Sie ihm da vorwerfen, hat er mit Sicherheit nicht getan. Aber das werden Sie ja bestimmt noch herausfinden, da bin ich zuversichtlich.«

Dieter Alsmann sah ihn skeptisch an. »Wir werden sehen. Aber Ihre Entschuldigung ist auf jeden Fall akzeptiert. Nicht wahr, Irina?«

Irina nickte gönnerhaft und konnte nun ihr zufriedenes Grinsen nicht mehr unterdrücken.

»Ach, übrigens«, ergriff Dr. Wehner ein letztes Mal das Wort, wobei er nun selbst lächelte, »was haben Sie da zu Wolle auf Russisch gesagt, das ihn so hat ausrasten lassen?«

»Das fragen Sie ihn mal besser selbst«, entgegnete Irina und bemerkte, wie ihre Wangen warm wurden. Verdammt, ich werde doch hoffentlich jetzt nicht rot? Sie drehte sich schnell um und verließ den Raum.

Dieter Alsmann sah den Anwalt an, zuckte entschuldigend mit den Schultern und murmelte: »Ich kann Ihnen da tatsächlich auch nicht weiterhelfen«, während er Irina hinterhereilte.

22

Gregor schaute in die Runde und versuchte, in den Gesichtern seiner Mitarbeiter deren Empfindungen zu lesen.

Irina strahlte Selbstzufriedenheit aus. Die Vernehmung war zwar nicht ganz so gelaufen, wie man es sich gewünscht hätte, aber sie hatte das erfahren, was sie und Alsmann herausfinden wollten.

Dieter Alsmann war neutral. Er hatte sich keine wirklich neuen Erkenntnisse von der Vernehmung versprochen, war mit den Ergebnissen zufrieden und wartete nun auf die weitere Vorgehensweise.

Mutti strahlte kaum etwas anderes als Neugierde aus. Sie hatte mehrfach von Sonja verlangt zu übersetzen, was Irina zu Wollweber gesagt hatte. Sonja hatte im Nebenraum des Verhörzimmers hinter dem verspiegelten Glas einen Lachanfall bekommen und sich nicht mehr eingekriegt. Ihr waren die Tränen die Wangen hinuntergelaufen, und es hatte Minuten gedauert, bis sie sich wieder beruhigt hatte. Aber sie hatte sich beharrlich geweigert, Irinas Spruch zu übersetzen.

Grothebaum saß mit einem finsteren Gesichtsausdruck am Tisch und starrte vor sich hin. Er hatte kein einziges Wort gesagt und nichts beigetragen.

Schmuddel bereitete Gregor Kopfzerbrechen. Ihm war anzusehen, dass er etwas im Schilde führte oder etwas geheim hielt. Es hatte mit Grothebaum zu tun, und wenn Gregor sich nicht sehr täuschte, war Jenny eingeweiht oder wusste zumindest etwas darüber, denn immer wieder tauschte Schmuddel verschwörerische Blicke mit ihr aus. Jedes Mal wenn sein Blick zu Grothebaum wanderte, waren ihm die Verachtung und Missbilligung so deutlich anzusehen, dass es genauso gut auf seiner Stirn hätte stehen können.

Um Jenny machte er sich Sorgen. Sie litt, das war ihr anzusehen – nun ja, zumindest er bemerkte es. Gregor fragte sich, ob es etwas damit zu tun hatte, dass Irina lesbisch war. Irinas sexuelle Präferenz war für ihn nur sehr kurz unklar gewesen. Er hatte ihre Reaktionen auf Schmuddels unverhohlene Avancen bemerkt, die Blicke, mit denen sie Sonja und Jenny taxierte, und innerhalb kürzester Zeit war ihm klar gewesen, womit er es hier zu tun hatte. Er wusste, dass im Schnitt der deutschen Bevölkerung etwa zehn Prozent aller Männer schwul waren. Das bedeutete, dass vermutlich von 1.000 Polizisten etwa 100 homosexuell waren, aber ihm waren nur elf Männer im Polizeipräsidium bekannt, die sich geoutet hatten und offen zu ihrer sexuellen Orientierung standen. Die restlichen 90 Prozent machten es wie die Fußballer: es um jeden Preis vertuschen, um in diesem von Männern dominierten Beruf nicht ausgegrenzt zu werden. Er kannte einige dieser Männer, und er bedauerte, ihr Leiden und ihre Zerrissenheit mit ansehen zu müssen.

Es fiel ihm wesentlich schwerer, mit seiner Fähigkeit, Emotionen zu lesen, eine lesbische Frau zu erkennen. Auch Irina hatte es ihm nicht leicht gemacht, denn sie war es gewohnt, ihre Gefühle nicht allzu offen zu zeigen, eine Rolle zu spielen und zu reagieren, wie Männer es erwarteten.

Es war der nüchterne Alsmann, der Gregor aus seinen Gedanken riss. »Wo stehen wir denn nun? Was hat uns diese Vernehmung im Endeffekt gebracht?«

Gregor hatte die Vernehmung sehr aufmerksam auf den Monitoren verfolgt, wobei sein Hauptaugenmerk natürlich auf dem Beschuldigten gelegen hatte. »Ich muss euch leider eine für euch wahrscheinlich enttäuschende Mitteilung machen«, begann er zu berichten, »wir werden Wollweber morgen früh entlassen müssen. Er sagt die Wahrheit. Er hat weder die beiden Frauen ermordet noch Amanda

Chekova entführt. Wir werden unsere Ermittlungen in eine andere Richtung lenken müssen.«

»Wie bitte? Hab ich da irgendwas nicht mitbekommen?« Grothebaum blickte in die Runde; er wunderte sich, dass niemand der Aussage widersprach. »Sind wir jetzt unter die Hellseher gegangen? Ich glaube zwar auch nicht, dass Wolle die beiden Nutten ermordet hat, aber ob er nicht doch die Chekova entführt hat, können wir noch gar nicht wissen, oder?«

Gregor sah ihn missbilligend an. »Sie haben es anscheinend noch nicht mitbekommen, Herr Grothebaum, dass man mich nicht anlügen kann. Lassen Sie es sich von den Kollegen erklären. Im Moment sollte es Ihnen genügen, dass ich in der Lage bin zu erkennen, ob jemand lügt oder die Wahrheit sagt.«

Er sah das Entsetzen in Grothebaums Augen. Aber das war nicht weiter verwunderlich. Die meisten Menschen hatten etwas zu verbergen. Er wusste zwar nicht, was das bei Grothebaum war, aber im Moment interessierte ihn das auch weniger. Es gab Wichtigeres zu klären. Irgendwann in nächster Zeit würde er jedoch diesem Geheimnis auf die Spur kommen müssen, denn immerhin arbeitete Grothebaum nun mit dem Team der MK 2.

Jutta Beltermann ergriff überraschend das Wort: »Ihr glaubt doch wohl nicht, wir gehen hier auseinander, bevor ich erfahren habe, was Irina da zu Wolle gesagt hat. Wagt es nicht, daraus ein Geheimnis zu machen, sonst gibt es hier einen Riesenaufstand, das sage ich euch.«

Gregor lächelte. »Ich habe die Kollegin gestern damit beauftragt, Wollweber in dem Augenblick, in dem er sie anspricht, die fieseste und erniedrigendste Beleidigung, die ihr einfällt, in Russisch an den Kopf zu werfen. Ich dachte mir, dass er dann ausrasten würde. Was sie allerdings genau gesagt hat, weiß ich selbst nicht.« Er sah Irina immer noch lächelnd an. »Aber vielleicht ist die Frau Kollegin ja so nett, uns nun einzuweihen? Oder willst du das tun?«, fragte er Sonja.

Die hob abwehrend die Hände. »Fragt mich nicht, ich bring das nicht über die Lippen. Das muss unsere junge Freundin schon selbst übersetzen.«

Gregor sah, dass Irina inzwischen einen hochroten Kopf bekommen hatte.

Sie schien jedoch einzusehen, dass sie es nicht für alle Zeiten für sich behalten konnte. »Okay, okay, ich sag's ja schon.« Sie war nicht in der Lage, die Augen auf den anderen zu lassen. »Ich habe gesagt«, sie nuschelte etwas vor sich hin, das keiner der Anwesenden verstand.

Ein vielstimmiges: »Was? Wie bitte? Lauter verdammt!«

»Ja! Ist ja gut«, schrie sie zurück, »ich hab gesagt: ›Ist dein Schwanz so klein wie du? Dann wollte deine Mutter bestimmt ein Mädchen!‹«

Drei Sekunden war kein Laut zu hören, dann explodierte der Raum im Gelächter der Kolleginnen und Kollegen.

Als alle sich auf den Weg machten, den ihnen zugewiesenen Aufgaben nachzugehen, und den Besprechungsraum verließen, sah Gregor Irina nach. Eine beachtliche junge Frau, dachte er. Dann sah er, wie Jenny, die dicht hinter Irina den Raum verlassen wollte, mit ihr zusammenstieß. Es wirkte tatsächlich beinahe wie ein Versehen, nur wusste Gregor genau, dass Jenny nicht der tollpatschige Typ war. Sicherlich wäre es den meisten entgangen, aber Gregor hatte eine außerordentlich gute Beobachtungsgabe, und deshalb sah er, wie Jenny einen kleinen Zettel in Irinas Tasche steckte.

Interessanterweise ließ Irina sich nichts anmerken. Zu gerne hätte er gewusst, was auf diesem Zettel stand.

23

Irina betrat das »Charisma« um 19:55 Uhr. Sie hatte nicht schlecht gestaunt, als sie den Zettel von Jenny einige Minuten nach der Besprechung auf der Damentoilette gelesen hatte: »Um 20:00 Uhr im ›Charisma‹? Wir müssen reden! Dringend! Komm bitte. Jenny«

Ihr war von Anfang an klar gewesen, dass sie der Aufforderung folgen würde. Sie war viel zu neugierig. Diesmal war sie nicht aufgebrezelt wie beim ersten Mal, sondern trug eine Jeans, einen groben Häkelpullover und hatte ihre schwarze Mähne hinten zu einem Pferdeschwanz zusammengebunden. Sie sah sich nach einem freien Tisch um und war nicht wenig erstaunt, als sie Jenny an demselben Tisch sitzen sah, den sie am Abend zuvor besetzt hatten. Und sie traute ihren Augen nicht, als sie Jenny betrachtete. Als Erstes fiel ihr auf, dass sie beim Friseur gewesen war und ihren bislang recht schlichten Haarschnitt mit glatten, halblangen Haaren zu einer modischen Kurzhaarfrisur hatte umstylen lassen. Sie war dezent geschminkt und trug ein schwarzes Minikleid mit einem tiefen V-Ausschnitt und einer strassbesetzten Schulter.

Irina schälte sich aus ihrem dicken Mantel, hielt ihn mit ausgestrecktem Arm zur Seite, bis ein Ober herantrat und ihn ihr abnahm. Dabei ließ sie keine Sekunde ihren Blick von Jenny, die sie inzwischen bemerkt hatte und aufgestanden war. Als sie langsam an den Tisch herantrat, kam sie nicht umhin, Jennys Beine zu bewundern. Sie hatte gewusst, dass Jenny viel Sport machte, unter anderem trainierte sie für einen Triathlon. Ihre Beine waren lang, schlank und sehr definiert, aber nicht sehnig wie bei manchen Läuferinnen. Betont wurden sie noch durch die hochhackigen Schuhe. Bisher hatte sie ihre Kollegin nur in Jeans und Turnschuhen gesehen.

Jenny trat ihr schüchtern lächelnd entgegen und umarmte sie zur Begrüßung. Irina war so verwirrt, dass sie nicht sicher war, wie sie reagieren sollte. Sie drückte Jenny kurz und trat dann sofort wieder einen Schritt zurück.

»Schön, dass du gekommen bist«, begrüßte Jenny sie, »ich war mir nicht sicher, ob du überhaupt kommen würdest, so wie ich mich gestern Abend verhalten habe.« Jenny senkte den Blick. »Es tut mir wirklich leid, aber ich war so überrascht. Ich hätte mit allem gerechnet, aber nicht damit. Kannst du …«

»Jetzt mach mal halblang«, fiel Irina ihr ins Wort. »Du hast doch keinen Grund, dich zu entschuldigen. Ich … ich …«, sie hatte Mühe, sich zu konzentrieren, und ihr fehlten die Worte und Erklärungen. »Lass uns hinsetzen, ich glaube, ich muss was trinken.«

Jenny trat einen Schritt zur Seite und Irina stellte fest, dass auf dem Tisch bereits eine Runde Wodka und Wasser stand.

Entschuldigend meinte Jenny: »Ich hatte gehofft, dass du kommst.«

Sie nahmen Platz und Jenny ergriff sofort das Glas Wodka. Ohne zu warten, prostete sie Irina zu und leerte das Glas in einem Zug.

Irina hatte das sichere Gefühl, dass sie sich Mut antrinken wollte.

Jenny stellte das Glas ab und räusperte sich. »Ich weiß nicht, wie ich anfangen soll, ich …«

»Du musst gar nichts sagen, entspann dich«, beeilte sich Irina zu antworten. »Lass uns was trinken, und dann unterhalten wir uns in Ruhe.«

In der nächsten halben Stunde ließ Jenny sich von Irina schildern, wie sie gemerkt hatte, dass sie nicht auf Männer, sondern auf Frauen stand. Irina beschrieb ihr offen und ehrlich, welche Erfahrungen sie gemacht hatte, welche Probleme man als Lesbe mit seiner Umgebung hatte, vor und nach dem Outing, und warum es grundsätzlich besser war, sich zu outen.

»Und du hast dich geoutet?«, hakte Jenny überrascht nach.

»Ja, aber nicht der großen Öffentlichkeit gegenüber«, gestand Irina ein. »Ich habe es all den Kollegen und Kolleginnen gegenüber getan, die ich schätze und denen ich vertraue, dass sie es nicht bei Facebook posten, sodass es Hinz und Kunz erfahren. Und natürlich meinen Eltern gegenüber«, ergänzte sie nach einer kurzen Pause.

»Und du meinst«, erkundigte Jenny sich schüchtern, »dass meine Probleme mit Männern daher kommen könnten, dass ich eigentlich gar keine Männer will?«

Irina lächelte in sich hinein, wollte aber nicht zeigen, dass sie sich amüsierte. Sie hatte schon einige ähnliche Unterhaltungen geführt und wusste inzwischen, wie man jemanden auf diesem unsicheren Terrain auf den richtigen Weg führen konnte. »Lass mich dir eine Gegenfrage stellen: Warum hast du dich heute Abend so atemberaubend toll zurechtgemacht?«

Jenny schien das Kompliment peinlich zu sein und sie wurde rot. »Okay, vermutlich komme ich nur weiter, wenn ich zumindest dir gegenüber ehrlich bin.« Sie holte tief Luft. »Ich wollte dich beeindrucken und feststellen, ob eine Frau mich überhaupt anziehend findet.«

Irina musste so laut und herzlich lachen, dass sich zahlreiche Gäste nach den beiden hübschen Frauen umsahen. Es dauerte einen Moment, bis sie sich wieder so weit beruhigt hatte, dass sie in der Lage war zu antworten. »Das ist die irrsinnigste und abwegigste Untertreibung, die ich je gehört habe. Du siehst so toll aus, dass mir fast die Luft weggeblieben ist, als ich reinkam.«

Wenn Jenny noch röter hätte werden können, wäre sie es in diesem Moment vermutlich geworden.

Aber Irina wollte ihr keine Zeit lassen, sondern feuerte sofort die nächste Frage ab: »Warum wolltest du denn wissen, ob Frauen dich anziehend finden? Um dir die Antwort darauf schon vorweg zu geben: Ich glaube, die meisten Frauen wären entweder begeistert oder neidisch. Also – warum heute Abend?«

»Weil ich … na ja … ich habe lange nachgedacht gestern Nacht, und da war etwas, als du mich berührt hast, da hab ich … also … ich halte es für möglich, dass du recht hast.«

»Womit?«

»Mit allem.«

»Sprich es aus. Es ist gar nicht so schwer. Sag, was du denkst, aber vor allem sag, was du fühlst oder meinst zu fühlen.«

Irina spürte ein wärmendes Gefühl, als Jenny nach einer kleinen Pause fortfuhr: »Als du gestern deine Hand auf meine gelegt hast, da … das hat so seltsam geprickelt, und ich habe etwas gespürt, das ich noch nie gespürt habe. Ich weiß nicht, was das war, aber es hat sich gut angefühlt.« Sie überlegte noch einmal. »Es hat sich richtig angefühlt, wenn du verstehst, was ich meine.«

Irina verstand genau, was sie meinte. Sie griff über den Tisch und legte ihre Hand auf Jennys.

»Du kannst dir nicht vorstellen, wie es mich freut, dass du das sagst.« Sie spürte die noch immer bei Jenny vorhandene Unsicherheit und nahm sich vor, ihr zu helfen und beizustehen.

In den nächsten zwei Stunden tranken sie mehrere Gläser Wodka, aßen ausgiebig und unterhielten sich eigentlich nur über ein einziges Thema: Was es bedeutete, lesbisch zu sein. Irina fand die fast kindliche Neugier von Jenny erfrischend und musste sich mehr als einmal zurückhalten, nicht laut aufzulachen, wenn Jenny Fragen stellte, die mancher vermutlich als »naiv« bezeichnet hätte, die aber alle ihre Berechtigung hatten.

Ein großes Thema – das hatte sie nicht anders erwartet – war immer wieder das »Outing« und dabei vor allem die Reaktion der Umwelt. Jenny wollte wissen, ob sie schon mal auf Ablehnung oder Vorurteile gestoßen war und wie sie damit umgegangen war. Irina fiel auch auf, dass Jenny ein Thema teilweise krampfhaft ausklammerte: Sex.

Ihr war klar, dass dies nichts war, was sie forcieren durfte. Also blieb es dabei, dass sich die Unterhaltung ausschließlich um die alltäglichen Dinge und Auswirkungen einer lesbischen Beziehung drehten.

Irgendwann merkte Irina, dass Jenny müde wurde, und angesichts der Arbeit des kommenden Tages beschloss sie, die Initiative zu ergreifen und den Abend zu beenden. Sicherheitshalber fragte sie nach, und Jenny war einverstanden.

Also winkte sie einen Ober heran. »Zahlen bitte!«

TAG 7

24

Jenny erreichte an diesem Morgen das Büro müde und ausgelaugt. Sie war gespannt, was die Kolleginnen und Kollegen zu den äußerlichen Veränderungen sagen würden, denen sie sich unterworfen hatte. Auch heute hatte sie nicht die üblichen abgewetzten Jeans und einen Schlabberpulli, sondern ein Kostüm an, das sie sich vor Jahren gekauft, aber nie angehabt hatte. Als sie an ihren Schreibtisch herantrat, fiel ihr zuallererst der kleine gelbe Zettel auf, der auf ihrer Tastatur klebte: »Komm so schnell wie möglich zu mir. Neuigkeiten!!! Schmuddel«

Von der Neugierde übermannt, stellte sie ihre Tasche ab und eilte auf dem schnellsten Weg zu Schmuddel, der wie immer in tiefster Konzentration vor seinen Computermonitoren hockte und wie ein Verrückter auf die Tastatur einhämmerte.

»Hi, Schmuddel, hier bin ich, was gibt es denn so Aufregendes?«

Braake drehte sich mit seinem Stuhl um … und ihm blieb das Wort im Hals stecken. Er sammelte sich einige Sekunden, bevor er zu einem Kommentar fähig war. »Wow, wie siehst du denn aus? Neue Frisur?«

»Ja, gefällt sie dir?«

»Äh, na klar, du siehst irgendwie dieser Schauspielerin ähnlich, der, die mit Tom Hanks in dem Film ›Schlaflos in Seattle‹ … Mensch, wie heißt die noch …?«

»Meg Ryan«, half Jenny ihm bereitwillig aus.

»Du strahlst ja so, ist was passiert, das ich wissen

müsste?«, erkundigte er sich und schaute sie neugierig und auffordernd zugleich an.

»Man kann schon sagen, dass etwas passiert ist.« Jenny grinste schelmisch. »Du glaubst aber nicht wirklich, dass du von mir Details erfährst?«

»Man kann's ja mal versuchen.« Er drehte sich enttäuscht wieder zu seinem Computer. »Schau mal, was ich Interessantes entdeckt habe.«

Es fiel Jenny schwer, sich auf den Bildschirm zu konzentrieren. Viel lieber hätte sie in den Erinnerungen an den vergangenen Abend geschwelgt. Sie glühte noch immer von innen heraus, und ohne dass sie in der Lage war, es zu verhindern, lief der gesamte gestrige Abend nochmals vor ihrem geistigen Auge wie ein Film ab.

Irina war vom Tisch aufgestanden und hatte sich vom Ober ihre Mäntel aushändigen lassen. Sie hatte Jenny deren Mantel um die Schultern gelegt und gemeinsam hatten sie das Lokal verlassen. Vor der Tür war ein Moment betretener Peinlichkeit entstanden, in dem keine der beiden zu wissen schien, wie man sich jetzt am besten verabschieden sollte.

Schließlich hatte Irina Jennys Hände genommen und sich dicht vor sie gestellt. »Wir sollten uns jetzt verabschieden, damit wir beide noch eine Mütze Schlaf bekommen.«

Jenny hatte nur eine Sekunde gezögert und dann Irina auf den Mund geküsst. Der Kuss hatte sie so elektrisiert, dass er wesentlich länger andauerte und intensiver wurde, als sie es beabsichtigt hatte. Als sie sich schließlich von Irina gelöst hatte, war ihre Müdigkeit verflogen und hatte – ja, was eigentlich? – Lust, Neugier oder etwas anderem, ihr noch völlig Unklarem, Platz gemacht.

»Ich möchte nicht, dass dieser Abend schon endet«, hatte sie Irina gesagt und sie dabei fast flehentlich angesehen.

»Möchtest du noch mal rein?«

»Nein … nein, eher nicht. Können wir vielleicht woanders hingehen?«

Irina hatte sie überrascht angesehen. »Meinst du, was ich denke, dass du es meinst? Möchtest du, dass wir in meine Wohnung gehen, dort noch etwas trinken und reden?«

»Ja«, hatte sie geantwortet und versucht, die Aufregung aus ihrer Stimme herauszuhalten, »reden wäre gut.«

Irina hatte sich bei ihr untergehakt und gesagt: »Gut, dann lass uns gehen.«

Da Jenny zunächst vermutet hatte, Irina wolle zu ihrem Auto oder vielleicht auch zur U-Bahn gehen, wurde sie überrascht. Denn stattdessen waren sie um die nächste Ecke in die Bremer Straße gebogen und nach 50 Metern vor einem vierstöckigen Appartementhaus stehengeblieben.

»Hier wohne ich«, hatte Irina gesagt, und Jenny hatte baff an dem relativ neu wirkenden Gebäude hochgeschaut.

»Hier? Direkt gegenüber vom Uni-Campus?«

Der Uni-Campus Westend der Goethe-Universität galt als einer der schönsten und modernsten in ganz Deutschland, und obwohl Jenny lediglich einige Gastvorlesungen zum Thema Strafrecht dort gehört hatte, war ihr bekannt, dass die Wohngegend nicht die billigste in Frankfurt war. Die nächste Überraschung hatte sie beim Betreten der Wohnung im obersten Stock ereilt. Es handelte sich um ein etwa 70 Quadratmeter großes Appartement mit einer Einrichtung, von der Jenny nur hätte träumen können. Nichts deutete auf Irinas russisch-ukrainische Abstammung hin, hatte Jenny festgestellt, als sie die Wohnung automatisch mit der der beiden Prostituierten verglich. Hochmoderne Möbel, geschmackvoll, stylisch, teure Hi-Fi-Geräte und ein Wohnzimmer mit einem atemberaubenden Blick auf den Campus. Lediglich eine kleine Ikone, ein auf Holz gemaltes Abbild der Mutter Gottes mit viel Gold, wies auf die russisch-orthodoxe Kirche und damit auf eine Erziehung in diesem Glauben hin. Jenny hatte keine große Ahnung von Kunstgegenständen und in den meisten anderen Wohnungen hätte sie sofort eine billige Imitation vermutet – aber hier zweifelte sie stark daran und unterstellte fast automatisch, dass es sich um ein Original handeln musste.

Für den Moment hatte sie vergessen, warum sie mit Irina hierhergegangen war.

Diese hatte ihr Erstaunen bemerkt und wie entschuldigend gesagt: »Meine Eltern haben mir dieses Appartement geschenkt.«

»Sind deine Eltern … reich?« Beinahe hätte sie »… bei der russischen Mafia?« gefragt, hatte aber gerade noch die Kurve bekommen.

Irina hatte wieder ihr erfrischendes Lachen gelacht und erwidert: »Na ja, mein Vater ist Professor für Rechtswissenschaften an der Uni und meine Mutter Ärztin im Krankenhaus. Ich denke mal, es geht ihnen finanziell ganz gut. Auf jeden Fall haben sie lange gehofft, dass die Nähe zur Uni mich vielleicht doch noch dazu bringen würde, das Jurastudium aufzunehmen und eine berühmte Rechtsanwältin zu werden, anstatt einen unterbezahlten Job als Bulle anzufangen.« Sie hatte ihren Mantel schon in der kleinen Diele abgestreift und achtlos auf den Boden fallen lassen.

Jenny stand noch immer in voller Montur und mit offenem Mund im Wohnzimmer.

»Möchtest du nicht auch ablegen und es dir bequem machen?«

Mit einem Mal durchfuhr es Jenny heiß, denn ihr kam wieder zu Bewusstsein, aus welchem Grund sie wirklich mit zu Irina in die Wohnung hatte gehen wollen. Bevor sie etwas hatte sagen können, war Irina von hinten an sie herangetreten und hatte ihr den Mantel abgenommen und ihn zur Seite gelegt. Dann hatte sie sie an den Schultern gefasst und langsam zu sich umgedreht. »Bist du sicher, dass du das willst und nicht vielleicht doch lieber reden?«, hatte sie gehaucht und Jennys Gesicht in beide Hände genommen.

Jenny meinte noch immer diese zarten, weichen Hände auf ihrer Haut zu spüren, die Finger an ihrem Hals und die Daumen leicht über ihre Wangen streichelnd. Sie hatte nicht antworten können, sondern nur mit großen Augen auf Irina geschaut und leicht genickt. Dann hatte sie ebenfalls Irinas Kopf erfasst, ihn zu sich gezogen und sie wieder geküsst.

Jenny hatte vor diesem Abend noch nie eine Frau geküsst und nicht einmal darüber nachgedacht, geschweige denn davon geträumt. Als sich Irinas weiche Lippen auf ihre pressten und sie wieder dieses heiße Prickeln im Bauch spürte, hatte sie nicht widerstehen können und sich völlig dem Moment hingegeben. Sie hatte den Kopf leicht zur Seite gedreht, ihren Mund geöffnet und ihre Zungen waren sich vorsichtig tastend begegnet. Gleichzeitig hatte sie ihre Arme um Irina geschlungen und ihre Hände hatten unter Irinas Pullover getastet und sie fest an sich gepresst.

Noch im Wohnzimmer hatten sie sich gegenseitig die Kleider abgestreift, bis sie beide völlig nackt und eng umschlungen in dem gut geheizten Raum standen und sich weiter tief und innig küssten. Sie hatte Irinas großen, weichen Brüste auf ihren gespürt, und für einen kurzen

Moment war so etwas wie Neid aufgeflammt. Dann aber hatte sie gespürt, wie sehr sie dieses Haut-auf-Haut-Gefühl erregte und dass sich Körperflüssigkeiten in ihrem Unterleib bildeten, wie sie es noch nie erlebt hatte. Sie hatte die Beine ein wenig auseinandergestellt und Irinas Oberschenkel dazwischen gelassen – und ihr war ein wohliges Stöhnen entfleucht.

Irina hatte sich von ihr gelöst, ihr tief in die Augen geschaut. »Komm.« Dann hatte sie sie bei der Hand genommen und in ihr Schlafzimmer geführt.

Die folgende Stunde war eine Erfahrung gewesen, die Jenny um nichts in der Welt hätte missen wollen. Sie hatten vorsichtig ihre Körper erkundet, und Jenny hatte festgestellt, dass sie Irina genau an den Stellen streichelte und berührte, an denen sie es sich selbst wünschte – und ihre Wünsche waren in Erfüllung gegangen. Sie war überrascht gewesen, wie begeistert Irina von ihren kleineren, aber festeren Brüsten war und wie sehr es sie angetörnt hatte, sie zu küssen und an ihren steinharten Brustwarzen zu saugen. Jenny hatte gemerkt, dass sie selbst zwar unerfahren, aber nicht unbeholfen war. Auch sie schien instinktiv zu wissen, was Irina sich wünschte und was ihr gefiel, das war deutlich zu spüren und zu hören.

Der absolute Höhepunkt war das, was sie nicht mehr für möglich gehalten hatte und was sie immer an sich und der Welt hatte zweifeln lassen. Ihre Erregung steigerte sich zu einem Zeitpunkt so stark, dass sie einige Sekunden lang zwischen Lust und Schmerz festhing, und dann entlud sie sich in einem ihr bis zu diesem Moment unbekannten Gefühl. Im Nachhinein war ihr klar geworden, was die Franzosen meinten, wenn sie den Orgasmus in der Literatur als den »kleinen Tod« bezeichneten.

Danach hatten sie völlig ermattet nebeneinandergelegen, und Irina hatte sie weiterhin zart gestreichelt. Dann hatte sie eine Bemerkung gemacht, die Jenny erschreckt hatte: »Ich bin gespannt, wie mich die Nachbarn morgen ansehen. Ich gehe mal davon aus, dass man dich mindestens in den beiden Stockwerken unter uns gehört hat.« Dabei lächelte sie zufrieden. »Deshalb frage ich auch nicht, ob es dir gefallen hat. Und bevor du fragst: Ich habe es genossen wie selten zuvor, vielleicht sogar wie noch nie!«

»Ach du lieber Gott, wie peinlich.«

»Ach was«, hatte Irina gelacht, »was glaubst du, was hier in den anderen Wohnungen manchmal los ist. Hier wohnen keine alten Leute, wenn du verstehst, was ich meine.«

Das gegenseitige Streicheln war im Laufe weniger Minuten intensiver geworden, und kurz darauf steigerte es sich zu einer neuen Runde, die nicht weniger erfüllend als das erste Mal gewesen war.

»Hallo! Hallo, Erde an Mars, jemand zu Hause?«

Jenny wurde aus ihren Gedanken gerissen und stellte fest, dass sie so intensiv ins Träumen geraten war, dass sie ihre Umgebung gar nicht mehr wahrgenommen hatte. »Venus«, korrigierte sie ihn automatisch.

»Wie?«

»Wenn du mit einer Frau sprichst, solltest du ›Venus‹ verwenden. ›Mars‹ ist für Männer gedacht.«

Schmuddel grinste unverschämt. »Der Typ muss ja außergewöhnlich gewesen sein, so weggetreten wie du bist. Hast du wirklich keine Lust, mir Details zu berichten?«

Ihr eisiger Blick ließ ihn sich wieder seinen Computern zuwenden. »Okay, schon verstanden. Geht mich ja wirklich nichts an«, brummte er. »Aber was ich dir eigentlich zeigen wollte, ist hier auf dem Bildschirm. Schau mal, was ich herausgefunden habe.«

Jenny wusste, dass Schmuddel ein genialer Hacker war, der auch nicht davor zurückschreckte, verbotene Wege einzuschlagen.

Ihr lief ein eisiger Schauer über den Rücken, als er fortfuhr: »Zuerst habe ich mich mal ins Personalsystem des Präsidiums gehackt. Da findet man ja unter anderem auch die Bankkonten, auf die unser so unerquickliches Gehalt überwiesen wird ... also auch das von unserem Freund Grothebaum. Mit diesen Daten habe ich mich dann mal bei seiner Bank umgesehen.« Klaus Braake äußerte das, als sei »sich umsehen« so etwas wie recherchieren bei Google und das Normalste der Welt.

Na hoffentlich wird der nicht irgendwann mal erwischt, dachte Jenny, äußerte ihre Befürchtung aber nicht laut.

»Auf den ersten Blick sah das ziemlich undramatisch aus. Die ganz normalen Ausgaben, wie ich und du. Aber dann habe ich durch Zufall eine Überweisung von einer luxemburgischen Bank entdeckt – von einem Franz Baum ... hahaha.« Er sah Jenny fragend an. »Und? Fällt dir was auf?«

Sie blickte entrüstet zurück. »Hältst du mich wirklich für so blöd? Frank Grothebaum – Franz Baum! Also besonders einfallsreich scheint unser Kollege ja nicht zu sein.«

»Stimmt. Und nicht nur das, er scheint auch noch extrem blöd zu sein. Ich hab mir dann nämlich das Konto des Herrn Baum in Luxemburg mal genauer angesehen. Und siehe da«, erzählte er sorglos weiter, »unser lieber Freund Grothebaum hat dort ein Plus, von dem ich nur träumen kann. Als ich mir die einzelnen Buchungen angesehen habe, bin ich auf mehrere Barüberweisungen in Höhe von jeweils 2.000 Euro gestoßen. Na gut, wenn ich was verkaufe oder ein Geschenk von der Erbtante bekomme, dann kann eine solche Einzahlung ja mal sein, aber doch nicht dreimal in sechs Wochen, oder?«

Jenny schüttelte wortlos den Kopf und sah weiterhin fasziniert auf den Bildschirm.

»Aber das ist noch nicht das Beste. Ich hatte da so eine Vermutung und habe mal in den Unterlagen und Akten der Sitte gestöbert. Und siehe da: Jeweils zwei Tage vor einer solchen Einzahlung hatte die Sitte eine Razzia in einem Saunaklub oder zwei Bordellen gehabt. Na, so ein Zufall.«

Ihre Gedanken überschlugen sich. Natürlich war ihr klar, was diese Entdeckung nahelegte, aber was bedeutete das nun für das Team, für die Zusammenarbeit mit Grothebaum?

»Das müssen wir unbedingt Gregor mitteilen«, rief sie erregt aus.

»Bist du wahnsinnig?« Braake war sichtlich erschrocken und schockiert. »Erstens sind das alles nur Indizien und keine Beweise und zweitens, wie soll ich denn erklären, wie ich an diese Indizien gekommen bin? Das lassen wir mal schön bleiben, ist das klar?«

Jenny dachte nach. Natürlich hatte er recht. Sie nickte, und ihm war die Erleichterung deutlich anzusehen. Aber wie sollten sie dann mit diesem Wissen umgehen? Eines war ihr sofort klar: Sie würde Irina so schnell wie möglich über ihren Partner von der Sitte aufklären. Das war sie ihr auf jeden Fall schuldig.

25

Alle waren zu der Besprechung gekommen, und Gregor blickte erneut in die Runde. Selbstverständlich war ihm Jennys neue Frisur sofort aufgefallen. Viel mehr aber noch sah er in ihrem Mienenspiel. Sie schien von innen heraus zu glühen, strahlte eine Zufriedenheit aus, wie er sie so noch nie an ihr hatte beobachten können. An den Blicken, die sie Irina zuwarf, wenn sie meinte, unbeobachtet zu sein, konnte er genauso viel ablesen wie an Irinas krampfhaftem Versuch, nicht zu Jenny zu sehen. Irina hatte ihre Emotionen deutlich besser im Griff, aber die Kombination des Verhaltens der beiden ließ für ihn nur einen Schluss zu: Die zwei hatten etwas miteinander, und was immer es auch war, es schien durchaus positiv zu sein.

Muss ich mir Gedanken machen? Grundsätzlich war ihm egal, wer mit wem ein Verhältnis oder eine Liebesbeziehung einging. Er hatte auch keinerlei Vorbehalte gegenüber gleichgeschlechtlichen Beziehungen, egal ob zwischen Männern oder Frauen. Aber was bedeutete das für das Team? In den Vorschriften hieß es: Keine Beziehungen innerhalb einer Organisationseinheit! Die Gefahr von Gewissenskonflikten oder der Beeinträchtigung der Arbeit durch Ablenkung war zu groß. Aber was war mit seiner Beziehung zu Sonja? Sie war zwar kein direktes Teammitglied, nahm jedoch an Teamsitzungen teil – wie auch gerade eben –, und nicht selten arbeiteten sie an Tatorten zusammen. Hieß das, dass er es auch bei Jenny und Irina akzeptieren musste? Er stellte diese Überlegungen für den Moment zurück und konzentrierte sich auf das Tagesgeschehen.

»Guten Morgen zusammen«, begann er, »wie sind die aktuellen Ermittlungsstände, was wissen wir mehr als gestern?«

Dieter Alsmann war der Erste, der das Wort ergriff: »Die Ermittlungen zu den Reifenspuren an den beiden Tatorten laufen leider Gottes auch ins Leere. Zwar sollte man meinen, bei dieser Witterung ließen sich im Schnee ausreichend gute Spuren finden, dem ist aber nicht so. Das hat auch einen Grund: Der Täter hat offensichtlich vor dem Befahren der Schneedecke Spikes beziehungsweise Schneeketten aufgezogen. Was wir mit Hilfe der KTU ermitteln konnten, ist, dass es sich um sogenannte RUD-Schneeketten, Modell Centrax spike mit Komfortmontage, handelt. Das ist, einfach ausgedrückt, so ein Aufsatz für das Rad, der über die Profilfläche des Reifens Ärmchen mit Spikes legt. Deshalb ist so gut wie nichts von dem eigentlichen Profil der Reifen im Schnee zu finden. Das war's eigentlich schon.«

»Hast du noch etwas über das Fahrzeug herausfinden können?«, wollte Gregor wissen.

»Ja natürlich, aber das wird dir nicht gefallen.« Alsmann zuckte entschuldigend mit den Schultern. »Ich habe alle Halter eines VW Golf durch unser System checken lassen. Dabei ist ein normales Maß an Vorbestraften herausgekommen – Dealer, Einbrecher, Steuerhinterzieher und so weiter, aber kein Einziger, der einschlägig wegen eines Gewaltverbrechens mit sexuellem Bezug aktenkundig geworden ist. Tut mir leid.«

»Danke.« Gregor machte sich keine Notizen über die einzelnen Ermittlungsschritte und deren Ergebnisse, da es aufgrund seines fotografischen Gedächtnisses nicht erforderlich war. »Mutti, was kannst du mir zum Verbleib von Amanda Chekova sagen?«

Jutta Beltermann musste für die Ergebnisse ihre Unterlagen nicht strapazieren. »Die Kollegin Irina und Herr Grothebaum«, ihrer Stimme war ihre Einstellung zu dem Kollegen anzuhören, »haben noch gestern Nachmittag alle bekannten und erreichbaren Kolleginnen von Amanda befragt. Leider mit negativem Ergebnis. Keiner kann uns sagen, ob sie aus der Wohnung entführt wurde oder doch noch zur Arbeit gegangen und dann in die Hände von wem auch immer gefallen ist. Niemand hat sie gestern gesehen, weshalb wir vermuten, ich betone, *vermuten*, dass sie von zu Hause entführt wurde, nachdem Wolle von dort verschwunden war. Sorry, mehr kann ich dazu derzeit nicht liefern. Aber wir werden weiter nachhaken, vielleicht finden wir ja noch jemanden.«

»Und wie sieht es mit dem Alibi von Wollweber aus?«

»Das hab ich persönlich übernommen und mal mit seinem Gorilla gesprochen, der mit in der Wohnung gewesen sein soll«, berichtete Mutti. »Auffällig dabei ist, dass dieser Typ behauptet, Wollweber habe Amanda fast gar nicht angefasst, lediglich einmal geschubst. Das wiederum spricht für Wollweber, denn wenn das Alibi abgesprochen gewesen wäre, hätte er uns das Gleiche wie sein Chef erzählt. Der wurde übrigens vor einer halben Stunde aus der U-Haft entlassen, wie wir es ja intern abgesprochen hatten.«

»Danke, Mutti. Herr Grothebaum, ich hatte Sie ja gebeten, mal eine Aufstellung aller bekannten russischen und ukrainischen Prostituierten zu machen. Wie sieht es damit aus?«

Grothebaum blickte mürrisch auf. Er hatte bisher kein Interesse an der Veranstaltung und den Ergebnissen gezeigt und schien zu merken, wie sehr er in dem Team ausgegrenzt wurde.

»Liste ist per Mail an Sie gegangen«, war alles, was er dazu zu sagen hatte.

»Haben Sie mit den Frauen gesprochen, um sie zu warnen, dass sie sich derzeit in akuter Gefahr befinden?«

Grothebaum setzte sich senkrecht auf. »Dazu hatte ich keinen Auftrag, davon haben Sie nichts gesagt. Was soll ich denn noch alles machen?«, setzte er in einem vorwurfsvollen Ton nach.

»Nun«, bemerkte Gregor völlig emotionslos, »ich hätte so viel Mitdenken erwartet, aber das war anscheinend eine Fehleinschätzung von mir. Also, hiermit erteile ich ausdrücklich den Auftrag, dass Sie alle entsprechenden Damen kontaktieren und sie informieren.«

»Damen, pah«, war Grothebaums einziger Kommentar. Dann sank er unter Gregors eisigem Blick in sich zusammen.

Gregor wandte sich wieder anderen Fragen zu. »Schmuddel, was hat deine Recherche zu vergleichbaren Fällen ergeben?«

»Kurz und bündig? Nichts! Es gibt zwar eine ganze Reihe von Tötungsdelikten zum Nachteil von Prostituierten, schließlich ist ihr Risiko auch um ein Vielfaches höher als bei Lieschen Müller. Allein in Frankfurt gab es allein in den letzten 20 Jahren sieben Fälle. Ganz klar, der Schwerpunkt liegt in den Großstädten, wobei Hamburg mit 24 Fällen unangefochten führt. Aber insgesamt gab es in keinem der deutschlandweiten Fälle einen ähnlichen Modus Operandi. Von den sieben Fällen in Frankfurt sind sechs geklärt, und die Täter sitzen alle noch ein oder sind inzwischen verstorben. Der einzige ungeklärte Fall liegt 15 Jahre zurück, es gab einen Tatverdächtigen, der aber aus Mangel an Beweisen freigesprochen wurde.« Er schien einen Hoffnungsschimmer bei Gregor bemerkt zu haben, denn er beeilte sich anzufügen: »Und er wurde vor zwei Jahren von einem Kollegen aus Serbien bei Revierstreitigkeiten erschossen.«

»Wie sieht es im europäischen Umland aus?«, wollte Gregor wissen.

»Ich habe bei Europol in Den Haag und über das BKA bei Interpol angefragt und die Ergebnisse von dort enthalten ebenfalls keinen Treffer, was den Tathergang angeht. Was können wir jetzt noch tun?« Schmuddel schien ratlos zu sein.

Gregor fiel momentan nur eine weitere Option ein. »Dehne den Zeitraum weiter aus. Vielleicht genügen 20 Jahre ja nicht.«

Keiner der Anwesenden schien auf diese Maßnahme große Hoffnungen zu setzen.

Aber auch Schmuddel war nicht der Typ, der einfach aufgab. »Okay, mal sehen, was ich aus früheren Zeiten überhaupt noch finden kann.«

Gregor sah auf Sonja, die rechts neben ihm am Kopf der u-förmigen Tischkonstellation saß. »Sonja?«

Sie seufzte schwer. »Ich wünschte, ich könnte euch zur Abwechslung mal eine positive Nachricht überbringen. Leider habe ich fast nichts.« Sie blickte auf einen sehr kleinen Zettel, auf dem sie ihre Stichpunkte notiert hatte. »Fangen wir mal mit den Gemeinsamkeiten und Unterschieden der beiden Opfer an. Beide waren ukrainischer Herkunft, allerdings vom Typus völlig unterschiedlich. Eine blond, die andere braunhaarig. Eine sehr mager, fast an der Schwelle zur Unterernährung, die andere mit guten Körperproportionen und ausreichendem Körperfett. Die Verletzungen der beiden Opfer gleichen sich. Vor allem die Amputation der Zehen wurde meines Erachtens bei beiden durch ein und dieselbe Person vorgenommen. Vermutlich auch mit demselben Werkzeug. Die Blutwerte stimmen überein, was das verwendete Betäubungsmittel angeht, und beide sind an Unterkühlung gestorben.«

Sie blickte in die Runde und stellte fest, dass sie nach wie vor die Aufmerksamkeit aller hatte. »Was ihr ja alle schon wisst, ist, dass bei beiden derselbe Text mit Blut auf eine Pobacke geschrieben war. Ich möchte aber gern Irina fragen, wie man die Aufschrift bewerten kann. Ist das die Schrift eines Russen? Oder hat das jemand geschrieben, der gut Russisch kann, dessen Muttersprache aber eine andere ist?«

Irina schien überrascht über so viel plötzliche Aufmerksamkeit, während Gregor sich im Stillen einen Narren schalt, weil ihm diese Idee nicht gekommen war.

»Kann ich vielleicht noch mal die Fotos beider Aufschriften sehen?«, bat Irina. Braake bediente sein Notepad, und sofort erschien das Bild der ersten Botschaft auf der Medienwand.

Irina betrachtete das Foto eingehend, bevor sie sich zu einer ersten Bewertung hinreißen ließ. »Ich lehne mich mal so weit aus dem Fenster, dass es niemand war, der den Schriftzug in Kyrillisch irgendwo abgemalt hat. Ich tippe auf jemanden, der tatsächlich Kyrillisch sowohl lesen als auch schreiben kann. Zeig mir bitte noch das zweite Bild.«

Nachdem das Bild gewechselt hatte, gab Irina weitere Anweisungen. »Bitte noch mal das erste Bild.«

Braake war nicht dumm, und er ahnte, worauf sie hinauswollte. »Würde es dir etwas nützen, wenn ich die beiden Schriftzüge übereinanderlege?«

»Das geht?«, fragte sie überrascht zurück.

»Mädchen, du kennst mich noch nicht lange genug, sonst wüsstest du, dass bei mir alles geht!«

»Hört, hört!«, erwiderte Irina.

Gregor sah nicht nur mehr, sondern hörte auch mehr Nuancen als andere. Er bemerkte sowohl eine gewisse Amüsiertheit als auch ein wenig Verachtung für den Versuch des Mannes, sich auf angeberische Art hervorzutun.

Auf der Monitorwand erschien zuerst das eine Foto, dann darüber das zweite. Dann begann das obere Bild transparent zu werden, sodass die Schrift des darunterliegenden immer deutlicher sichtbar wurde. Als Nächstes wurde das obere Bild ein wenig gedreht und in der Größe verändert, bis die beiden Schriftzüge genau übereinander passten.

»Stopp!«, rief Irina. »Bitte so lassen. Seht ihr, was ich meine? Wenn jemand den Schriftzug abgemalt hätte, wäre die Übereinstimmung größer. Daran, dass hier deutlich sichtbare Abweichungen zu sehen sind, kann man erkennen, dass aus dem Gedächtnis geschrieben wurde. Was ich aber unter keinen Umständen beurteilen kann, ist, ob es sich um die Schrift eines Muttersprachlers oder gut gelerntes Russisch in Wort und Schrift handelt.«

Sie wollte gerade das Wort zurückgeben, als ihr noch etwas einfiel. »Ach ja, das wollte ich auch noch erwähnen: Nicht nur Russen sprechen Russisch als Muttersprache. Die Mehrheit der Ukrainer spricht ebenfalls mehr Russisch als Ukrainisch. Zwar ist die Amtssprache in der Ukraine seit der Auflösung der Sowjetunion Ukrainisch, aber immer noch sprechen die meisten Ukrainer zu Hause Russisch.«

Bevor Gregor etwas sagen konnte, bedankte sich Sonja für die Ausführungen. »Danke, Irina. Wir werden noch herausfinden müssen, ob das für unsere Ermittlungen von Bedeutung ist, und wenn ja, von welcher.«

Gregor sah sie überrascht von der Seite an, öffnete den Mund, setzte zum Sprechen an und schloss ihn dann wieder, ohne etwas gesagt zu haben. Er überlegte noch, wie er reagieren sollte, zumal er sah, wie die Kollegen erwartungsvoll zwischen Sonja und ihm hin- und herblickten. Aber obwohl Sonja ihn immer wieder unterrichtete, wie man zwischenmenschlich interagierte, war er jetzt einmal mehr an seine Grenzen gestoßen.

Zu seinem Glück war Sonja nicht nur eine exzellente Lehrerin in Sachen zwischenmenschliche Beziehungen, sondern hatte auch ein feines Gespür für die Schwingungen, die bestimmte Situationen mit sich brachten. Sie blickte in die Runde und riss dann die Augen auf. »O Gott, nein, so hab ich das nicht gemeint. Ich wollte auf keinen Fall den Eindruck erwecken, als würde ich das als meine Ermittlung betrachten. Ich glaube, ich hätte lieber den Mund halten sollen und den Chef reden lassen. Bitte entschuldigt. Das muss sehr anmaßend geklungen haben.«

Sie wirkte so zerknirscht und unglücklich über ihren Lapsus, dass Gregor sie hätte bedauern müssen, wenn er denn zu solchen Gefühlen imstande gewesen wäre. Auf jeden Fall konnte er ihr nicht böse sein. Er lächelte sie an. »Kein Problem. Ich muss zugeben«, er nickte Irina anerkennend zu, »dass ich selbst nicht auf die Idee gekommen bin. Ich schlage vor, dass wir einen Grafologen für Russisch hinzuziehen. Allerdings hätte ich da noch eine ganz andere Frage: Was hat sich bezüglich des Schmutzes unter den Fingernägeln des ersten Opfers ergeben?«

Mutti sprang in die Bresche. »Stimmt, das hab ich zu erwähnen vergessen, da ist ein vorläufiges Ergebnis der KTU gekommen.«

Sie blätterte in dem vor ihr liegenden Stapel von Papieren. »Ah, hier hab ich's. Also … zusammenfassend kann man sagen, dass es sich um normalen Dreck handelt, allerdings in einer Zusammensetzung, die gewisse Schlüsse zulässt. Es sind Anteile von Kohle und Kartoffeln gefunden worden. Der Rest ist üblicher Staub, Erde, nichts Besonderes also.«

»Ein Kellerraum, der mal als Kohlenkeller und gleichzeitig oder später als Kartoffelkeller genutzt worden ist«, schloss Gregor.

»Genau das vermutet auch die KTU«, bestätigte Mutti.

»Na klasse«, ließ Schmuddel von sich hören, »davon gibt es in Frankfurt ja auch nur ein paar Tausend.«

»Das denke ich nicht.« Gregor dachte kurz nach. »Wir haben Ausschlusskriterien. Es kann nicht der Kellerverschlag eines Mehrfamilienhauses sein, denn diese Räume werden von unterschiedlichen Personen aufgesucht.« Er warf einen Blick auf Sonja und fuhr dann an sie gerichtet fort: »Bitte korrigiere mich, wenn ich falsch deduziere. Ich habe weder im Obduktionsbericht noch bei einer deiner Ausführungen etwas gefunden, das auf eine dauerhafte Verhinderung von Lautäußerungen schließen lässt. Wenn die beiden Opfer mit Knebeln oder Klebeband daran gehindert worden wären, zu schreien oder zu rufen, hätte das feststellbare Spuren hinterlassen müssen. Liege ich so weit richtig?«

Sowohl der erstaunte Blick von Sonja als auch die überraschten Blicke der anderen zeigten ihm, dass keiner in diese Richtung nachgedacht hatte.

Sonja fasste sich schnell. »Allerdings. Du hast recht – wenn es eine irgendwie geartete Knebelung gegeben hätte, hätte ich Spuren entdecken müssen. Klebereste, Verletzungen an der Zunge oder den Mundwinkeln, Stoffreste oder wenigstens Fasern im Mundraum. Da ich nichts in dieser Art gefunden habe, kann ich guten Gewissens sagen: Sie hätte rufen oder um Hilfe schreien können.«

Gregor nickte und führte seine Überlegungen weiter. »Moderne Wohnsiedlungen scheiden auch aus, es sei denn, dort gäbe es Häuser, die noch mit Kohle beheizt wurden. Macht euch bitte mal Gedanken, ob wir die Liste noch auf andere Weise eingrenzen können. Und du, Schmuddel, versuchst mal, in deinen diversen Quellen zu recherchieren, wie viele Keller dann noch übrig bleiben.«

Klaus Braake sah ihn entgeistert an. »Ist das dein Ernst? Hast du eine Ahnung, wie viele Gebäude das sein könnten und was das für ein Aufwand ist, an die ganzen Daten, wie zum Beispiel Baujahr, heranzukommen?«

Gregor hatte keine andere Reaktion erwartet. Er lächelte Schmuddel an, wie Sonja es ihn gelehrt hatte, und meinte, so freundlich er konnte: »Hast du denn was anderes zu tun? Außerdem setzte ich da voll und ganz auf deine Findigkeit und deine Fähigkeiten. Vielleicht fallen dir ja selbst noch Ausschlusskriterien ein.«

Braake schnaubte vernehmlich, fügte sich aber in das Unvermeidliche.

Gregor sah auffordernd in die Runde. »Hat sonst jeder eine Aufgabe für heute?«

Alle nickten.

»Gut. Dann sehen wir uns entweder wieder, wenn es eine für alle interessante neue Entdeckung gibt, oder spätestens morgen früh um 9:00 Uhr.«

Alle verließen den Besprechungsraum, und Gregor beobachtete, wie Jenny beim Hinausgehen Irina beiseite zog und ihr etwas ins Ohr flüsterte.

26

Irina lugte vorsichtig um die Hausecke. Eine Observation allein durchzuführen war weder einfach noch ein Zuckerschlecken. Üblicherweise wurden Beobachtungen von Teams vorgenommen, die sich abwechseln konnten, mehrere Fahrzeuge nutzten und auch mal zu Fuß unterwegs waren. Nur so war sicherzustellen, dass die zu beobachtende Person nicht durch Nutzung der U-Bahn oder eines Pkw der Observation entgehen konnte. Allein war das Ganze mehr oder weniger ein Glücksspiel.

Was Jenny ihr heute nach der Besprechung über Grothebaum erzählt hatte, machte Irina den ganzen restlichen Tag ruhelos und unsicher. Unsicher, weil sie nicht wusste, wie sie damit umgehen sollte. Soll ich ihn mit den Erkenntnissen konfrontieren? Kann ich es über mich bringen, es der Abteilung »Interne Ermittlungen« zu stecken? Gibt es vielleicht etwas, das seinen Verrat in einem andern Licht erscheinen lässt – zum Beispiel die krebskranke Mutter, deren Behandlung er auf andere Weise nicht bezahlen kann?

Solche und ähnliche Gedanken ließen ihr keine Ruhe. Sie fühlte sich stärker betroffen als die anderen, denn schließlich war er ihr Partner – wenn es auch keine wirklich gute Arbeitsbeziehung war und sie auch noch nicht lange andauerte.

Ist es die richtige Entscheidung, ihn zu verfolgen und zu beobachten?, fragte sie sich immer wieder. Aber irgendwas musste sie tun. Sie schaffte es nicht, mit diesen neuen Erkenntnissen untätig zu Hause rumzusitzen.

Ihre Kleidung hatte sie mit Bedacht gewählt: Jogging-outfit mit Winterunterwäsche, dicke Handschuhe und eine warme Mütze, unter der ihre lange Mähne verborgen war. Dazu passend einen iPod in einer Armmanschette und die unvermeidlichen Ohrstöpsel. Also genau das, was sie auch üblicherweise dreimal die Woche zum Joggen trug.

Da sie wusste, wo Grothebaum wohnte, war sie ihm nach Dienstschluss in großem Abstand gefolgt und stand nun hinter einer dicken Eiche im Frankfurter Stadtteil Rödelheim. Es handelte sich um eine ruhige Seitenstraße mit freistehenden Einfamilienhäusern. Die meisten Häuser wirkten allerdings ein bisschen heruntergekommen und renovierungsbedürftig. Es wunderte sie, dass Grothebaum, der ihres Wissens alleinstehend war, in einem solchen Haus wohnte. Lebte vielleicht ein Elternteil mit ihm hier?

Ihr war kalt und das Herumstehen trug nicht dazu bei, ihren zitternden Körper zu wärmen. Sollte sie ein paar Runden drehen? Oder vielleicht einfach hin und her lau-fen, damit sie sich nicht zu weit von dem Haus entfernte? Seit Grothebaum vor einer halben Stunde in dem Haus angekommen war, waren in zwei Räumen die Lichter ange-gangen, wobei sie einen Raum mangels Gardinen als die Küche identifizieren konnte.

Was ist, wenn er ein Licht anlässt und das Haus über den Garten verlässt? Dann Pech gehabt, mehr kann ich allein nicht leisten. Also musste sie auf ihr Glück hoffen.

Sie entschied sich, tatsächlich hin und her zu laufen, da es ihr ansonsten irgendwann zu kalt werden würde und sie ruhig hinter einem Baum stehend bei jedem Spa-ziergänger oder Hundeausführer Verdacht erregen würde. Also setzte sie sich in Bewegung und lief in einem leichten Trott auf der dem Haus gegenüberliegenden Straßenseite

100 Meter in eine Richtung. Das war nicht ihre übliche Geschwindigkeit, aber sie hatte nicht vor, sich auszupowern, sondern wollte lediglich nicht mehr frieren. Darüber, was sie machen sollte, wenn sie nicht mehr laufen konnte und schweißgebadet in der Kälte stehen würde, wollte sie sich jetzt noch keine Gedanken machen.

Nach 100 Metern überquerte sie die Straße und lief auf der anderen Seite wieder zurück, locker am Haus von Grothebaum vorbei und weitere 100 Meter. Dann überquerte sie erneut die Straße und lief wieder zurück. So lief sie einen engen Kreis, wobei sie sich nie mehr als 100 Meter von dem Haus entfernte und hoffen konnte, eine Veränderung zu bemerken.

Wie immer, wenn sie lief, schweiften ihre Gedanken ab und kreisten um Dinge, die in keinem Zusammenhang mit der sportlichen Aktivität standen. Der gestrige Abend beschäftigte sie natürlich am meisten. Sie hatte das Zusammensein mit Jenny mehr genossen, als ihr lieb war. Sie befürchtete, sich wieder einmal zu schnell zu verlieben und zum wiederholten Male bitter enttäuscht zu werden.

Während des Laufens musste sie darüber lächeln, wie unerfahren Jenny war. Ihre Fragen hatten sie bisweilen amüsiert, aber sie hatte sich alle Mühe gegeben, sich das nicht anmerken zu lassen.

»Bin ich jetzt lesbisch?«, hatte Jenny sie gefragt, als sie müde und erschöpft nebeneinander im Bett gelegen hatten.

Irina hatte sich gezwungen, diese Frage so ernsthaft wie möglich zu beantworten, da sie wusste, dass von der Antwort vielleicht sehr viel abhing.

»Das kommt auf deine Definition von lesbisch an.« Sie hatte sich auf einen Ellenbogen gestützt und Jenny ernst in die Augen gesehen. »Sex mit einer Frau zu haben bedeutet noch nicht, lesbisch zu sein. Selbst der Umstand, sich in eine Frau zu verlieben, bedeutet nicht zwangsläufig, lesbisch zu sein. Ich kenne bisexuelle Frauen, die wechselnde Verhältnisse hatten, und zwar sowohl rein sexuell als auch mit Liebe verbunden.«

Jenny hatte sie überrascht angesehen, aber sie nicht unterbrochen.

»Ich für meine Person kann sagen, dass ich mir nicht vorstellen kann, mit einem Mann Sex zu haben oder ihn zu lieben. Ich habe Freunde, ja, aber da rührt sich sexuell nichts bei mir, ich finde sie nicht anziehend oder reizvoll. Also ungefähr so, wie manche Frau eine beste Freundin hat, sie aber niemals küssen würde. Deshalb würde ich mich als 100-prozentig lesbisch bezeichnen.«

Jenny war sehr nachdenklich geworden und hatte lange Zeit geschwiegen. Als sie endlich zu sprechen begonnen hatte, war sie anfänglich sehr zögerlich. »Ich frage mich, ob ich je einen der Männer, mit denen ich zusammen war, wirklich geliebt habe? Ich fand sie attraktiv, aber warum eigentlich? Vielleicht weil die Medien einem sagen, wie ein attraktiver Mann aussieht. Ich hab zum Beispiel lange für Gregor geschwärmt – aber wollte ich ihn vielleicht nur als guten Freund?«

Irina hatte nachvollziehen können, was gerade in Jenny vorging. Ihre gesamte Gefühlswelt war zusammengebrochen und sie hatte eine Seite an sich entdeckt, die ihr fremd war. Deshalb hatte sie es auch vermieden, ihr Fragen zu ihrer Gefühlswelt zu stellen. Das wäre entschieden zu früh gewesen.

Im Gegenteil, sie hatte Jenny vorgeschlagen, zunächst in aller Ruhe zu sich selbst zu finden, mit ihren Gedanken ins Reine zu kommen und ganz allein zu entscheiden, was sie wollte. Sie hatte nicht verhindern können, dass ihr bei dem Gedanken, Jenny könnte sich gegen sie entscheiden, das Wasser in die Augen lief. Offenbar hatte sie bereits mehr Gefühle für Jenny entwickelt, als sie vorgehabt hatte. Du dumme Gans, warum stürzt du dich immer mit beiden Füßen voran in jede neue Beziehung? Hast du gar nichts gelernt?

Irina hatte den Vorschlag gemacht, dass Jenny nichts überstürzen und sich in aller Ruhe über ihre Gefühle klar werden sollte.

Jenny hatte ohne lange Überlegung zugestimmt, und nachdem sie sich am frühen Morgen auf den Heimweg gemacht hatte, hatte Irina auch keinen Schlaf mehr gefunden.

Das einzig Positive, wenn man es denn so bezeichnen konnte, war der Umstand, dass sie nun die Zeit hatte, Grothebaum zu observieren. Inzwischen war es 20:30 Uhr, und Irina dachte ernsthaft daran, das Ganze abzubrechen. Was, wenn er sich einen gemütlichen Fernsehabend macht und ich mir hier draußen den Tod hole? Während sie überlegte, wie viel Zeit sie noch investieren wollte, bemerkte sie aus den Augenwinkeln eine Veränderung. Sie blickte zu dem Haus und sah, dass das Licht in allen Räumen ausgegangen war. Lediglich hinter den altertümlichen gelben Butzenscheiben der Eingangstür war noch ein leichter Lichtschein zu sehen.

Die Tür öffnete sich, und Irina blieb hinter einem Baum stehen. Der Mann, der das Haus verließ, musste Grothebaum sein, auch wenn er sehr verändert aussah. Statur und Größe ließen keinen anderen Schluss zu, aber der breitkrempige Hut und der lange schwarze Schal über einem beigefarbenen Wintermantel passten so gar nicht zu ihm.

Von leichten Zweifeln geplagt, machte sie sich an die Verfolgung des Mannes. Er ging zielstrebig zwei Straßen weiter, wo er an einem Taxistand in das erste Taxi in einer Reihe von vieren stieg.

Noch bevor das Fahrzeug um die erste Ecke gebogen war, bestieg sie das nächste Taxi in der Reihe, zeigte dem Fahrer, einem vermutlich türkischstämmigen Mann mittleren Alters, ihren Dienstausweis und instruierte ihn knapp mit den Worten: »Kripo Frankfurt, folgen Sie dem Kollegen, der gerade losgefahren ist.«

Der Taxifahrer war anscheinend so eingeschüchtert, dass er sofort losfuhr und keine Fragen stellte. Das Glück war ihr offensichtlich hold, denn wenn Grothebaum sich ein Taxi nach Hause bestellt hätte, wären ihre Verfolgungsmöglichkeiten gleich null gewesen. So wies sie den Fahrer an, nicht zu nahe an das etwa 50 Meter vor ihnen fahrende Taxi heranzukommen und jeglichen Funkverkehr zu unterlassen. Dann lehnte sie sich im Sitz zurück und genoss die Wärme in dem zum Glück gut geheizten Wagen. Sie war vorne auf der Beifahrerseite eingestiegen, um eine bessere Sicht auf das Geschehen zu haben. Nun bemerkte sie, wie der Fahrer immer wieder zu ihr hinsah und offensichtlich mit sich rang, ihr eine Frage zu stellen.

Schließlich nahm er dann doch all seinen Mut zusammen. »Du verfolge böse Mensch? Was hat getan?«

Irina hatte als Migrantentochter ein besonders verständnisvolles Verhältnis zu den meisten Ausländern. Also reagierte sie höflich auf die natürlich berechtigte Frage. »Das weiß ich noch nicht, deshalb muss ich ihn beobachten. Aber Sie brauchen keine Angst zu haben. Ihnen kann nichts passieren.« Noch während sie es sagte, fiel ihr auf, dass sie da gerade eine recht kühne Behauptung aufstellte.

Außer ihrem Dienstausweis hatte sie lediglich ein wenig Geld in die Außentasche ihrer Laufjacke gestopft; sie hatte keine Waffe bei sich. Sollte sie in eine gefährliche Situation kommen, wäre sie allein auf sich gestellt – ohne Bewaffnung, ohne Rückendeckung oder die Aussicht auf Hilfe. Was sie allerdings noch dabei hatte, war ihr Handy, das genau in diesem Augenblick in ihrer Tasche zu vibrieren anfing. Sie zwang sich, das Vibrieren zu ignorieren, und erst als es aufhörte, holte sie das Handy heraus und sah auf den Bildschirm.

»Ein entgangener Anruf«, stand auf dem Display. Als Anrufer war »Jenny mobil« angezeigt. Zwei Sekunden später summte das Handy noch einmal kurz und eine SMS erschien, abgesandt von ihrer Mailbox: »Eine neue Nachricht auf Ihrer Mailbox.«

Sie entschied sich dafür, diese Nachricht jetzt nicht abzuhören, da es sie mit Sicherheit von ihrer derzeitigen Aufgabe ablenken würde. Sie konzentrierte sich wieder auf die Fahrstrecke. Sie waren aus Rödelheim heraus auf die Bundesstraße 44 gefahren, die hier noch Ludwig-Landmann-Straße hieß, ein kurzes Stück parallel zur Stadtautobahn weiter in die Theodor-Heuss-Allee, und als sie am Messeturm und der Frankfurter Festhalle vorbeifuhren, ahnte sie bereits, wo es voraussichtlich hingehen sollte. Nach nur 15 Minuten Fahrt hatte Grothebaum sein Ziel erreicht. Sein Taxi hielt am Hauptbahnhof, Grothebaum stieg aus und wandte sich, ohne sich umzusehen, direkt zum Eingang.

Sie hatte eher gedacht, dass er ins Rotlichtviertel östlich des Bahnhofs wollte, aber der Bahnhof selbst war natürlich auch eine Option. Sie hielt dem Taxifahrer einen Zwanziger hin, in der Hoffnung, er würde sich mit dem Herausgeben des Restgeldes nicht zu viel Zeit lassen.

Aber er hob abwehrend die Hände. »Ich nix nehm Geld von Polizei. Helf ich gerne, bitte.«

Irina rief ihm »Danke!« zu und beeilte sich, zum Haupteingang des Bahnhofs zu kommen. Selbst um kurz nach 21:00 Uhr abends beherbergte er wie immer eine kaum zu überschauende Menge von Menschen. Mit 350.000 Reisenden und Besuchern täglich rangierte diese wichtige Verkehrsdrehscheibe auf Rang drei hinter den Bahnhöfen von Hamburg und München. Entsprechend viel war hier zu jeder Tages- und Nachtzeit los. Es überraschte Irina angenehm, als sie feststellte, dass Grothebaums beigefarbener Mantel sich deutlich von der Masse der überwiegend dunklen Winterbekleidung abhob, was eine Verfolgung um einiges einfacher machte. Dank der Menge an kreuz und quer durcheinanderlaufenden Menschen musste Irina auch keinen so großen Abstand mehr zu ihm halten. Bereits fünf Meter hinter ihm war sie kaum noch wahrzunehmen, dessen war sie sich sicher.

Ihr kam weiterhin zugute, dass der Verfolgte sich weder umsah noch zögerte, eine bestimmte Richtung einzuschlagen. Zielstrebig durchquerte er die Eingangshalle, wandte sich vor den Gleisen nach rechts und bog dann in die sogenannte Fressmeile ein, in der die unterschiedlichsten Geschäfte Lebensmittel für jeden Geschmack anboten. Hier konnte man von Sushi bis Grillhaxe, von Vegetarisch bis Indisch, von Kebab bis Gutbürgerlich alles bekommen. Dazwischen waren Theken mit Getränken – von Bier über Wein bis hin zu Kaffeespezialitäten, einfach alles, was man sich vorstellen konnte. Grothebaum ging ohne Umwege auf eine Pinte zu, wo hinter einem Tresen mit Barstühlen frisches Bier gezapft wurde.

Irina war ihm in gleichbleibender Entfernung gefolgt –

und wandte sich hastig in eine andere Richtung ab, als sie sah, wer da auf einem Barhocker sitzend auf Grothebaum wartete.

Ernst »Wolle« Wollweber!

Ihre Gedanken rasten. Sie wandte sich zu dem benachbarten Imbiss und stellte sich etwa zehn Meter entfernt an einen Stehtisch in Form einer Tonne mit einer großen Platte darauf. Von dieser Position aus hatte sie durch eine Glasscheibe einen relativ guten Blick auf die beiden. Der Bedienung rief sie zu: »Eine Cola bitte!«, und beobachtete aufmerksam das Geschehen.

Grothebaum hatte sich ein Bier bestellt, das nun vor ihm stand, aber er trank nicht, sondern redete auf Wollweber ein. Sie war aufgrund der Entfernung und der Glasscheibe weder in der Lage zu verstehen, worüber er sprach, noch konnte sie anhand der Mimik oder des Gesichtsausdruckes sagen, welche Stimmung bei dem Gespräch herrschte.

Dann sah sie, dass Wollweber auflachte, danach nickte und in seine Jacke griff.

Wie trivial ist das denn, dachte Irina, als sie den weißen Briefumschlag sah, den Wollweber aus seiner Jacke gezogen hatte und nun über den Tresen schob. Das war Grothebaum offensichtlich nicht sehr recht, denn er blickte hektisch nach rechts und links, ergriff dann sehr hastig den Umschlag und steckte ihn in die Innentasche seines Mantels. Danach trank er sein Bier in einem Zug aus und verließ ohne ein weiteres Wort das Lokal.

Irina dachte nicht mehr daran, ihm weiter zu folgen. Das, was sie hatte in Erfahrung bringen wollen, hatte sie erfahren. Sie trank in Ruhe ihre Cola aus, beobachtete, wie schließlich auch Wollweber das Lokal verließ und sich in Richtung Bahnhofsausgang bewegte.

Was war nun zu tun? Sie hatte eine Information, aber was damit anfangen? An wen sollte sie … nein … an wen durfte sie diese Erkenntnisse weitergeben? Waren das eigentlich Erkenntnisse oder nur Indizien und Vermutungen? Klar, ein Zuhälter steckt einem Polizisten einen Umschlag zu: Was lag da näher als der Verdacht der Korruption. Aber trotzdem, mit wem konnte sie darüber reden? Ihr fiel nur Jenny ein, von der sie ja auch die Ursprungsinformation erhalten hatte. Das rief ihr wieder Jennys Anruf in Erinnerung.

Sie holte ihr Handy heraus und ließ sich den Text vorspielen, den Jenny auf ihre Mailbox gesprochen hatte: »Hallo, Irina … ich, äh … also, ich muss unbedingt mit dir sprechen. Da ich nicht weiß, wo du gerade bist, melde dich bitte so schnell wie möglich. Bitte … ich muss dich treffen.«

Die Stimme klang ein wenig verzweifelt, und Irina machte sich sofort Sorgen. Es wird doch wohl nichts passiert sein?

Sie ließ sich noch den Zeitpunkt des Anrufs ansagen und stellte fest, dass er gerade mal 20 Minuten her war. Danach kam die Ansage: »Wenn Sie den Anrufer unmittelbar zurückrufen wollen, drücken Sie bitte die Eins.«

Sie zögerte keinen Moment und drückte die Eins.

Seine Adoptiveltern hatten ihn gefördert, so gut es ihnen möglich gewesen war, und ihn auch nicht behindert, obwohl sie mit seiner Berufswahl nicht wirklich einverstanden gewesen waren.

Letztes Jahr war seine Adoptivmutter gestorben, weniger als ein Jahr zuvor sein Adoptivvater. Vielleicht konnte er sich deswegen nicht länger zurückhalten und lebte nun seine Träume aus.

Das erinnerte ihn an die junge Russin, um die er sich noch kümmern musste. Eine Ukrainerin wäre ihm lieber gewesen, aber als er mitbekommen hatte, dass ihr Zuhälter sie aufgesucht hatte, sah er eine Chance, die Ermittler auf die falsche Fährte zu locken.

Es war gar nicht so schwer gewesen. Sie war zwar nur leicht verletzt aus der Begegnung mit Wollweber hervorgegangen, aber ziemlich verstört und verunsichert. Als er dann als Retter in ihrer Not erschienen war, hatte sie ihn nur zu gerne begleitet, als er ihr vorschlug, sie zum Arzt zu bringen.

Nun befand sie sich in seinem Keller und wartete sicherlich voller Angst auf ihr unvermeidliches Ende. Bisher hatte er es nicht fertiggebracht, diese verachtenswerten Schlampen mit eigenen Händen zu töten, obwohl er es sich immer wieder vorstellte. Vielleicht brauchte es noch ein wenig mehr, bis er so weit war. Vielleicht wenn der Frühling kam und er sie nicht mehr einfach erfrieren lassen konnte. Die Zeit würde es zeigen.

Er ging die Treppe hinunter in den Keller, den er speziell zu diesem Zweck hergerichtet hatte. Die Tür war mit Metallstreben verstärkt, ein neues modernes Schloss war angebracht worden und den einzigen Schlüssel hatte er immer bei sich. Die Schächte für die Zulieferung der Kohle und später Kartoffeln hatte er so dicht und stabil mit fest verschraubten Platten abgedichtet, dass den ohnehin geschwächten Frauen ein Entkommen unmöglich war. Gleichzeitig sorgte diese Maßnahme für Dunkelheit und Schallisolierung. Das nächste Haus war zwar nur zehn Meter entfernt, aber die zusätzliche Isolierung der Schächte mit Dämmstoffen und einer Platte von außen sorgte dafür, dass man selbst laute Schmerzensschreie nicht hätte hören können. Nicht dass es so etwas gab, nein, er mochte es nicht, wenn sie schrien, weshalb er ihnen immer Beruhigungsmittel verabreichte, die sie in einem Dämmerzustand hielten. Das verhinderte, dass sie ihn angriffen, gestatte ihnen nur noch leises Wimmern und Betteln, aber sie waren noch in der Lage zu gehen – zumindest mit seiner Hilfe. Er hatte keine Lust, sie die Kellertreppe hinauf- oder gar bis zum Auto zu tragen.

Er steckte den Schlüssel in das Schloss und musste ihn dreimal herumdrehen, bis es sich mit einem lauten Klacken öffnete. Eine Klinke gab es nicht, nur einen Metallbügel, mit dem man die Tür nach innen aufdrücken oder sie zuziehen konnte.

Er machte sich keine Gedanken darüber, dass seine Gefangene ihm auflauern und ihn anspringen könnte. Seit der Entfernung ihrer Zehen stand sie so stark unter Drogen, dass sie nur noch apathisch auf dem dreckigen Boden lag. Hier unten war es aufgrund der guten Isolation trotz der Eiseskälte draußen so warm, dass sie nicht erfrieren würde.

Sie war von dem Geräusch des sich öffnenden Schlosses aufgewacht, hob aber nur leicht den Kopf. Zu mehr war sie offensichtlich nicht mehr fähig. »Bitte … bitte nicht«, murmelte sie auf Russisch, als würde sie ahnen, was ihr bevorstand.

Aber eigentlich war es ja jetzt nicht mehr schlimm. Die Zeit des Schlagens war vorbei. Das war die erste Phase, in der er seine Wut über ihren Beruf, ihre Herkunft und ihre Verkommenheit an ihnen ausließ. Auch die zweite Phase, die Erniedrigung durch das Beschneiden ihrer Füße, war vorbei. Also hatte sie eigentlich das Schlimmste überstanden. Jetzt blieb für ihn nur noch eines zu tun: Phase drei – die Brandmarkung. Aber das tat ihr ja nicht mehr weh. Schon bei der Beschneidung der Füße hatte er genug Blut gesammelt, es in ein kleines Glas gefüllt und am Gerinnen gehindert. Mit diesem Blut würde er sie nun beschriften, also brandmarken, als das, was sie war.

Den Pinsel hatte er nach der letzten Benutzung gründlich gereinigt. Schließlich wollte er nicht, dass das Blut einer der anderen Huren sich mit ihrem vermischte. Reines Blut für reine Spuren. Er nahm seine Utensilien zur Hand und kniete sich neben sie auf den Boden.

Sie spürte wohl, dass etwas mit ihr geschehen sollte, und versuchte, sich zur Seite von ihm wegzudrehen. Also presste er ein Knie auf ihren Rücken, was sie am Boden fixierte. Nun war nur noch ein Stöhnen von ihr zu hören. Dann beschriftete er sie sorgfältig mit ihrem eigenen Blut.

Als er fertig war, begutachtete er sein Werk. Wunderbar. Sehr gelungen. Dann holte er ein sauberes Leinentuch und tupfte das Blut so lange ab, bis kaum noch etwas zu sehen war. Er wusste, dass man die Reste mit den richtigen Mitteln sehr deutlich würde sichtbar machen können. Über eventuelle Spuren von sich brauchte er sich keine Gedanken zu machen. Der Maleranzug, den er über seiner Straßenkleidung trug, und die Handschuhe verhinderten, dass er Material hinterließ, das die Ermittler auf seine Spur hätte führen können.

»So, du kleine Schlampe. Wir beiden machen jetzt mal einen Ausflug. Schhhh … ganz ruhig. Alles wird gut«, beruhigte er sie, während er sie vom Boden hochzog.

27

Jenny hatte den Anruf total aufgelöst entgegengenommen. »Gott sei Dank. Ich dachte schon, du wolltest dich nicht mehr melden.«

Irina hörte ihrer Stimme an, dass sie geweint hatte oder zumindest im Moment mit den Tränen kämpfte.

»Was ist denn passiert? Geht es dir gut?«, fragte sie beunruhigt.

»Nichts ist passiert – eben drum. Und nein, es geht mit nicht gut, es geht mir scheiße!« Ein kurzes Schluchzen. »Ich weiß überhaupt nicht mehr, was ich denken oder tun soll. Ich bin total durcheinander. Kannst du bitte zu mir kommen? Bitte!«

Irina war nicht sicher, wie sie diese Aussage deuten sollte. »Sag mir die Adresse, und ich bin sofort da.«

Zehn Minuten später hielt das Taxi, das sie vor dem Bahnhof genommen hatte, eine Querstraße von Grothebaums Haus entfernt bei ihrem dort abgestellten Auto. So schnell es die Verkehrsregeln zuließen, fuhr sie zu Jennys Wohnung.

In der Bruchfeldstraße in Niederrad angekommen, ließ Irina den Wagen stehen und eilte zu den Klingelschildern von Jennys Haus. Sie hatte den Knopf neben dem Schild mit dem Namen J. JUNG noch nicht ganz gedrückt, als der Türsummer ging und sie die Haustür aufdrücken konnte. Dann eilte sie, immer mehrere Stufen auf einmal nehmend, in den fünften Stock, wo sie vor einer weit offen stehenden Wohnungstür kurz verharrte. »Jenny?«, rief sie leise in die Wohnung hinein.

»Hier«, erklang es aus dem Inneren des Appartements.

Irina war nicht fähig, sich gedanklich mit der Beschaffenheit der Wohnung oder der Einrichtung auseinanderzusetzen. Zu sehr machte ihr die Sorge um den Grund für Jennys Anruf zu schaffen.

Als sie das Wohnzimmer betrat, sprang Jenny von einer Schlafcouch auf und stürzte auf sie zu. Sie umschlang sie mit beiden Armen und rief immer wieder: »Was hast du mit mir gemacht? Was hast du mit mir gemacht?« Dabei rannen ihr die Tränen in Strömen über das Gesicht.

»Wie bitte?« Irina versuchte, sich von ihr zu lösen, um ihr ins Gesicht sehen zu können, was ihr nach einigen Anstrengungen schließlich gelang. »Kannst du mir bitte sagen, was genau los ist?« Sie drückte Jenny wieder auf die Schlafcouch, zog sich einen kleinen Stuhl heran und setzte sich ihr gegenüber. »Also, jetzt mal ganz langsam. Was ist mit dir los? Warum weinst du?«

»Ich … ich …«, Jenny versuchte mit deutlicher Anstrengung sich zusammenzureißen, »ich weiß nicht, woran ich bei dir bin. Heute Mittag im Präsidium … du warst so kühl, so neutral, als wäre nichts passiert. Aber es ist doch was passiert, oder?« Sie schien zu überlegen, ob sie fortfahren sollte, und Irina ahnte, was kommen würde. »Und als du dann gesagt hast, wir sollten uns heute nicht mehr treffen und ich sollte noch mal über alles genau nachdenken, da …« Sie ließ den Satz in der Luft hängen.

»Da hast du gedacht, ich wollte nichts mehr von dir wissen und das wäre nur ein One-Night-Stand für mich gewesen. Einfach mal ein bisschen Spaß haben, stimmt's?«

Jenny nickte wortlos und starrte mit verheulten Augen vor sich auf den Boden.

»Hast du denn nachgedacht?«, setzte Irina vorsichtig nach.

Jenny blickte auf, und jetzt war so etwas wie Zorn in ihren Augen. »Ja, das ist ja das Problem, verdammt noch mal. Als du auf der Dienststelle so kühl zu mir warst, hab ich gemerkt, wie weh mir das tat, und als ich dann allein hier zu Hause war«, sie schluckte schwer und überlegte einen Moment, »da hab ich gemerkt, dass ich mir nichts mehr wünsche, als dass du bei mir wärst. So hab ich das noch bei keinem Mann empfunden. Was bedeutet das?« Sie blickte Irina unsicher und mit einem flehentlichen Blick an. »Heißt das, dass ich mich in dich verliebt habe?«

Irina nahm vorsichtig Jennys Kopf in beide Hände, sah ihr tief in die Augen und merkte, dass auch ihr die Tränen kamen. »Das will ich doch schwer hoffen, du Dummerchen«, brachte sie noch leise hervor, dann küsste sie sie.

TAG 8

28

Gregors Handy auf dem Nachttisch direkt neben seinem Kopf begann um 3:17 Uhr zunächst leise und dann immer lauter die »Todesmelodie« von Ennio Morricone aus dem Western »Spiel mir das Lied vom Tod« wiederzugeben. Alle Bemühungen Sonjas, ihn von diesem makabren Klingelton abzubringen, waren vergebens gewesen. Gregor hatte gelesen, dass man so etwas als schwarzen Humor bezeichnete, wollte damit vortäuschen, dass er dazu fähig war, und schließlich hatte Sonja klein beigegeben.

Durch die zusätzlich eingeschaltete Vibration war Gregor bereits bei den ersten leisen Tönen wach geworden und ging an sein Handy, bevor die Lautstärke richtig anschwoll. Er sah auf dem Display »Jutta ruft an!« und nahm den Anruf an. »Mutti? Was ist passiert?«

»Wir haben wieder eine Leiche!«, erklang Muttis Stimme, und man merkte ihr an, dass sie auch noch nicht richtig wach war.

Er hatte zwar schon den ganzen vergangenen Tag die Befürchtung gehabt, dass genau das passieren könnte, hatte sie aber als irrationales Denken abgetan und sich einen letzten Rest Hoffnung bewahrt, dass er sich irrte. »Wieso hat man dich zuerst angerufen?«

»B vor M«, antwortete sie lakonisch, »irgend so ein Schwachkopf oder Neuling aus dem Kriminaldauerdienst hat gedacht, er müsse die Mitglieder der Mordkommission in alphabetischer Reihenfolge anrufen.«

Jeder andere als Gregor hätte sofort Mitleid mit dem vermutlich jungen Kollegen gehabt, denn es war bekannt, dass

Jutta Beltermann trotz ihrer fürsorglichen Art auch eine sehr lautstarke »Mutti« werden konnte, wenn ihr jemand dumm kam oder sie auf dem falschen Fuß erwischte. Zudem war sie viel zu sehr Perfektionistin, als dass sie gut mit den Fehlern anderer umgehen könnte.

»Wo?«, fragte er nur.

»Rebstockpark, am Grillplatz.«

»Wir kommen.«

Er trennte die Verbindung und wandte sich Sonja zu, die neben ihm inzwischen wach geworden war und ihn fragend ansah.

»Ich würde dich ja weiterschlafen lassen, aber ich denke, du willst am neuen Tatort mit dabei sein.«

Sie nickte, gab ihm einen flüchtigen Kuss und erhob sich wortlos.

25 Minuten später waren sie wiederum in Sonjas Wagen vor dem Rebstockpark angekommen. Unterwegs hatte Gregor sich auf seinem Notepad sowohl bei Wikipedia als auch bei Google Maps die Örtlichkeit aufgerufen und seine mangelhaften Kenntnisse über den Rebstockpark, die sich auf dessen Lage beschränkten, wesentlich erweitert. Der eigentliche Park war 7,5 Hektar groß mit einem zentralen Weiher. Er lag auf dem sogenannten Rebstockgelände, das im Osten vom Freizeitbad »Rebstockbad« und im Westen von einem großen Sportplatz und dem Polizeisportverein Grünweiß begrenzt wurde. Im Südwesten befand sich eine große Kleingartenanlage, die unmittelbar an den Park angrenzte. Am nördlichen Rand war laut Google Maps der Grillplatz angesiedelt, aber es hätte weder seiner Fahranweisungen noch der Informationen aus dem Internet bedurft, um den Ort zu finden. Die Blaulichter

der Einsatzfahrzeuge waren schon von Weitem zu sehen und wiesen überdeutlich den Weg.

Sie parkten unweit eines Einsatzwagens, und gerade als sie ausstiegen, kam Mutti zusammen mit Alsmann in dessen Auto an. Sie begrüßten sich kurz und waren dabei, sich auf den Weg zum Fundort der Leiche zu machen, als ein silberfarbenes BMW-Z3-Cabrio – bei diesen Temperaturen selbstverständlich nicht offen – hinter dem Wagen von Alsmann hielt.

Gregor hörte den leisen, anerkennenden Pfiff von Alsmann, aber auch sein halblautes »Ach!«, als auf der Fahrerseite Irina Petrowska und auf der Beifahrerseite Jenny ausstiegen.

Bevor jemand etwas sagen konnte, ergriff Jenny die Initiative: »Wir waren gerade zusammen, als mein Handy ging, und da hab ich gedacht, es wäre sicherlich richtig, wenn ich Irina gleich mitbringe.«

Es war eine Feststellung, aber Gregor hörte sehr wohl den fragenden Unterton und die Unsicherheit, ob ihr Verhalten auch richtig gewesen war. »Aber natürlich, gut mitgedacht. Immerhin gehört sie ja zu unserem Team.«

Er kam nicht umhin, das Strahlen in Jennys Gesicht zu bemerken. Und selbst bei Irina, die versuchte, sich nichts anmerken zu lassen, war die Zufriedenheit zumindest für ihn vom Gesicht abzulesen. Er sparte sich auch die Frage, warum sie um 3:00 Uhr morgens zusammen gewesen waren. Sie wirkten beide übernächtigt, und er brauchte keinen kriminalistischen Spürsinn, um die Feststellung zu treffen, dass die beiden ganz offensichtlich ein Paar waren. Selbst Mutti und Alsmann, die bisher nichts davon gewusst hatten, schienen sich gerade ihre Gedanken zu machen, und Gregor war sicher, dass sie zumindest in die richtige Richtung dachten und über kurz oder lang auch zum richtigen Ergebnis kommen würden. Das wissende Lächeln von Sonja und ein kurzes Augenzwinkern sagten ihm, dass sie allerdings sofort die wahren Hintergründe erkannt hatte.

»Lasst uns zum Fundort oder jedenfalls mal in die Nähe gehen«, sagte er und lenkte damit die Aufmerksamkeit aller wieder auf das Bevorstehende.

Gemeinsam näherten sie sich der polizeilichen Absperrung. Sie mussten sich den Beamten nicht zu erkennen geben, denn Gregor und sein Team waren ausreichend bekannt.

»Weiß jemand, wo Schmuddel ist?«, fragte Gregor in die Runde.

»Ich habe den Kriminaldauerdienst beauftragt, alle zu verständigen, also bin ich davon ausgegangen, dass sie auch Schmuddel angerufen haben«, erklärte Mutti mit einem Stirnrunzeln, »aber ich frag noch mal nach.« Sie holte ihr Handy heraus und stellte sich ein wenig abseits, während sie wählte.

Schon vom Rand der Absperrung konnte Gregor den Unterschied zu den bisherigen Tatorten erkennen. Die nackte weibliche Leiche lag diesmal nicht auf dem Boden, sondern saß aufrecht auf einer Bank an dem besagten Grillplatz. Gregor runzelte die Stirn, auch darüber, dass die Absperrung nur wenige Meter vom Fundort entfernt war.

»Kollegen«, rief er deshalb laut in Richtung der vor Ort befindlichen Beamten der Schutzpolizei, »ich bitte um eine wesentlich weiter gefasste Absperrung, und zwar möglichst schnell. Wir möchten doch verhindern, dass morgen in der Presse Detailaufnahmen der Leiche zu sehen sind, nicht wahr?«

Einige der Uniformierten sahen betreten zu Boden, während andere direkt begannen, in 100 Metern Entfernung eine neue Absperrung zu errichten.

Alsmann war inzwischen mit einer sehr starken Taschenlampe ganz vorsichtig näher an die Bank herangegangen, wobei er hauptsächlich den Boden ausleuchtete. »Gregor«, rief er laut zu der Gruppe hin, »schau dir das hier mal an.«

Als Gregor herantrat, leuchtete Alsmann erneut den Boden aus, wo im Schnee deutlich die Spur beschuhter Füße sowie eine weitere, schwer zu deutende, verwischte und mit Blutflecken übersäte Spur zu sehen waren.

»Die Schuhe waren, dem Profil nach zu urteilen, mit hoher Wahrscheinlichkeit Gummistiefel. Die zweite Spur«, Gregor sah noch einmal aus der Nähe hin, »deute ich als die der Toten. Siehst du hier die Abdrücke von den Stiefeln? Der Täter ist rechts von ihr gegangen und hat sie vermutlich gestützt. Deshalb sind auch die Abdrücke des linken Schuhs verwischt und die des Rechten ziemlich deutlich. Dem Blut nach zu folgern, fehlen auch diesem Opfer die Zehen und die Wunden sind hier im Schnee aufgebrochen. Sie scheint mehr geschleift worden zu sein, als dass sie gelaufen wäre.« Er wandte sich wieder den anderen zu. »Jenny, Irina, kommt bitte mal näher heran, wir müssen uns ansehen, um wen es sich handelt. Geht bitte da lang.« Er deutete mit der Hand einen Bogen an, der sie nicht über die Spuren im Schnee führen würde. An Alsmann gerichtet sagte er: »Du, Dieter, bist so gut und verfolgst diese Spur zu ihrem Ursprung.«

»Und was mach ich?«, erkundigte sich Mutti.

»Befrage bitte den- oder diejenigen, die die Tote entdeckt haben.«

»Klar, wird erledigt.«

Gregor begab sich in einem weiten Bogen, um die von

Täter und Opfer hinterlassen Spuren nicht zu kreuzen, auf den Weg zu der Bank. Jenny und Irina eilten ihm auf dem gleichen Weg hinterher.

Je mehr sie sich der Bank mit der darauf sitzenden nackten Frau näherten, desto langsamer bewegten sie sich. Täter und Opfer waren von der linken Seite an die Bank herangetreten, also näherten sie sich von rechts. Alle hatten sich bereits Handschuhe übergestreift. Die Frau saß aufrecht, den Rücken gegen die Lehne gestützt, der Kopf war nach vorne auf die Brust gefallen.

Der Tod trägt wirklich nicht dazu bei, die Schönheit zu erhalten, dachte Gregor, nicht mal bei dieser Eiseskälte. Im Tod waren alle Muskeln erschlafft, ihre Arme hingen herunter, die Hände lagen mit den Flächen nach oben auf der Bank. Der Körper hatte keine Spannung mehr, und Gregor wusste, dass selbst der oder die sportlichste Tote wenig vorteilhaft aussah. Er fasste mit der rechten Hand unter das Kinn des Opfers und hob langsam ihren Kopf an.

»O Gott«, flüsterte Jenny, als sie das Gesicht sah, »sie ist es tatsächlich.«

»Ja«, bestätigte Irina, die zwar nicht bei der Befragung der Chekova anlässlich der Vermisstenmeldung dabei gewesen war, aber schon früher mal Kontakt mit ihr gehabt hatte. »Ja, sie ist es. Das arme Ding.«

»Und sie ist noch nicht lange tot«, erklang Sonjas Stimme. Sie war unbemerkt herangekommen. »Die Leichenstarre ist noch nicht eingetreten, und sie scheint auch noch nicht gefroren zu sein. Wir sollten zusehen, dass wir sie so schnell wie möglich ins Institut schaffen lassen, dann muss ich diesmal nicht aufs Auftauen warten. Vielleicht finde ich so Spuren, die ich bisher nicht finden konnte.«

Gregor sah sich um, zuerst nach Sonja, dann blickte er

zu der anrückenden Truppe der Spurensicherung. »Ich denke, das lässt sich machen. Noch ein paar Fotos, und dann so schnell wie möglich ab mit ihr. Kommt, wir gehen zurück an den Rand der Absperrung und lassen die anderen ihre Arbeit tun.«

Als sie am Ausgangspunkt ihrer kleinen Exkursion angekommen waren, wartete bereits Jutta Beltermann ungeduldig auf sie. »Leute, diesmal haben wir Glück im Unglück gehabt. Ein paar Jungs aus der benachbarten Schrebergartenkolonie sind auf die glorreiche Schnapsidee gekommen, hier mitten in der Nacht ein Wintergrillen zu veranstalten. Dann haben sie einen Golf wegfahren sehen und die Spuren im Schnee gefunden. Sie waren zum Glück nicht zu betrunken, um die Polizei anzurufen.«

»Hat einer von denen unsere Tote untersucht?«, fragte Gregor mit gerunzelter Stirn. »Immerhin ist die Wahrscheinlichkeit sehr hoch, dass sie zu dem Zeitpunkt noch gelebt hat.«

»Du könntest zwar recht haben, Gregor, aber es handelt sich um zwei 13-jährige Jungs und eine 14-Jährige. Das wäre vermutlich doch etwas viel von ihnen verlangt. Wir werden wohl nie erfahren, ob sie da noch gelebt hat. Als die Kollegen zehn Minuten später hier aufgetaucht sind, war sie auf jeden Fall schon tot.«

Ihr Handy klingelte und sie nahm den Anruf entgegen. »Beltermann«, meldete sie sich. »Okay, habt ihr's mal auf dem Handy versucht?« Pause. »Entschuldige, man wird ja mal fragen dürfen. Schickt bitte eine Streife bei ihm zu Hause vorbei, ich mache mir Sorgen. Das ist normal nicht seine Art, nicht erreichbar zu sein. Danke.«

Sie drückte die »Auflegen«-Taste und verstaute das Handy wieder in ihrem Mantel. »Überempfindliches Sensibelchen«, murmelte sie vor sich hin. Zu Gregor gewandt sagte sie: »Das war der Kriminaltechnische Dienst, sie haben Schmuddel weder auf dem Festnetz noch auf seinem Handy erreicht. Ich mache mir ehrlich gesagt ein bisschen Sorgen. Das hat es noch nie gegeben.«

Gregor sah ihr an, dass sie wirklich besorgt war. »Mir fallen so viele Gründe ein, warum er mitten in der Nacht nicht erreichbar sein könnte, dass ich eine Wahrscheinlichkeit von weniger als drei Prozent berechne, dass der tatsächliche Grund etwas Negatives ist. Du kannst also mit mehr als 97-prozentiger Sicherheit davon ausgehen, dass ihm nichts passiert ist«, versuchte er, sie zu beruhigen. Er sah, wie sie die Augen verdrehte, aber offensichtlich nicht mehr vom Schlimmsten ausging. Gregor nahm an, dass er sie durch seine Berechnungen zwar nicht beruhigt, aber zumindest abgelenkt hatte – ein Teilerfolg.

Dieter Alsmann kam mit einem säuerlichen Gesichtsausdruck von seiner Erkundung der Spuren zurück und erstattete Bericht. »Ich bin es langsam leid, immer nur die Spuren ins Nichts verfolgen zu müssen. Das ist schon wieder der totale Flop. Versprecht euch nichts davon.«

»Warum?«, wollte Gregor wissen.

»Der Typ ist mit der Frau …«

»Es ist tatsächlich Amanda Chekova«, informierte ihn Gregor.

»Also gut, er ist mit der Chekova von einem am Rande der Grünfläche parkenden Auto bis zu der Bank gegangen und in der gleichen Spur wieder zurück. Das heißt, dass er die alten Spuren auf dem Rückweg zerstört hat und die neuen nur zum Teil zu sehen sind. Hinzu kommt, dass er vermutlich Gummistiefel getragen hat, und die müssten wir schon finden, damit wir einem Verdächtigen etwas nachweisen können. Bei den Reifenspuren haben wir dasselbe Problem wie am letzten Tatort – er hat wieder diese Schneeketten aufgezogen, und sie Spuren sind vermutlich völlig unbrauchbar.« Er sah frustriert vor sich auf den Boden. Dann trat er mit aller Kraft gegen eine der Metallstangen, an denen das Absperrband befestigt war. »Verdammte Scheiße!«

Gregor überlegte noch, was er sagen könnte, um den aufgebrachten Dieter Alsmann zu beruhigen oder zu trösten, als Sonja das Wort ergriff: »Kommt, ich lade euch alle zu einem Frühstück ein, bevor ich ins Institut verschwinde und ihr euch ins Präsidium aufmacht. Einverstanden?«

Nachdem sie zum nächstgelegenen McDonald's gefahren waren und dort alle zuerst einen Kaffee und danach diverse Frühstücksangebote zu sich genommen hatten, hatte sich die Stimmung ein wenig gebessert. Es war inzwischen kurz nach 5:00 Uhr morgens.

Nachdem die heißen Getränke und das gut geheizte Lokal die Kälte aus ihren Knochen vertrieben hatten, war es Sonja leichter gefallen, alle mit dem Gedanken anzufreunden, dass es eben Schicksal war, dass die Kälte ihnen die Arbeit erschwerte.

»Außerdem«, schloss sie ab, »erhoffe ich mir von der Leiche der armen Amanda Chekova bessere Erkenntnisse, da sie nicht gefroren ist. Ich werde mich jetzt direkt ins Institut begeben, und dann sehen wir mal weiter.«

29

Als Mutti gegen halb sechs als Erste die Einsatzzentrale betrat, herrschte im Polizeipräsidium noch relative Ruhe. Außer dem rund um die Uhr anwesenden Kriminaldauerdienst KDD war keiner da. Die ersten Frühaufsteher würden erst gegen 6:00 Uhr langsam eintrudeln. Im Winter würden es wesentlich weniger sein als im Sommer, wenn es um diese Zeit schon hell war.

Sie wunderte sich bereits auf dem Flur, dass aus der Zentrale ein Lichtschein kam, aber erst als sie den Raum betrat und die komplette Beleuchtung einschaltete, schrak sie zusammen.

In der Ecke, in der sich Schmuddels Computerausrüstung befand, sah sie eine Gestalt mit dem Kopf auf dem Tisch liegen. »Um Himmels Willen, Schmuddel! Schnell, kommt alle her, mit Schmuddel ist etwas passiert!«, schrie sie auf den Flur hinaus, wo sie die anderen hinter sich wusste. Sie selbst stürmte auf den Tisch zu. »Schmuddel, was ist mit dir?«

Ein noch derangierter als gewöhnlich aussehender Schmuddel regte sich und erhob langsam den Kopf. »Was … wie … oooh, mein Schädel.« Er rieb sich die Stirn, auf der ein deutlicher Abdruck einer Büroklammer zu sehen war.

Mutti kniete sich neben ihn auf den Boden. »Was ist passiert? Bist du niedergeschlagen worden?«

»Wie … niedergeschlagen? Was hast du? Wie spät haben wir es denn?«

»Kurz nach 5:30 Uhr.« Mutti sah ihn misstrauisch an. »Geht es dir gut?«

»Wieso sollte es mir nicht gut gehen? Das Letzte, woran ich mich erinnere, ist, dass ich nur mal kurz meine Augen entspannen wollte. Das muss so gegen 4:00 Uhr gewesen sein. Dann bin ich vermutlich doch eingeschlafen … oooh, mein Kopf. Das tut ganz schön weh. Was hab ich an der Stirn?« Er rieb sich über die Stelle, an der noch immer der Abdruck der Büroklammer deutlich zu sehen war.

»Du blödes Arschloch, was fällt dir ein!«, schrie sie ihn an und schlug ihm auf den Oberarm. »Wir haben uns Sorgen gemacht. Warum warst du nicht erreichbar?«

»Ach ja, ich hab mein Handy zu Hause vergessen.« Er sah sie mit großen Augen an. »Wieso Sorgen gemacht? Was ist denn passiert?«

Mutti wurde von der Antwort befreit, als sie das laute Lachen von der Eingangstür zur Zentrale hörten. Dort standen Alsmann und Jenny und bekamen sich kaum noch ein.

»Das ist ja mal wieder typisch«, bemerkte Alsmann, als er sich ein wenig beruhigt hatte, »wir frieren uns draußen den Arsch ab und der feine Herr hält hier im Warmen ein Nickerchen.«

Mutti war inzwischen aufgestanden und runzelte die Stirn. »Können wir denn jetzt mal erfahren, was wirklich los war?«

»Na, was wohl?«, entrüstete sich Braake und stand mit schmerzverzerrtem Gesicht aus seinem Stuhl auf. Er streckte sich und dehnte den schmerzenden Rücken. »Ich habe gearbeitet, was denn sonst? Gregor hat mir ja netterweise die tolle Aufgabe gestellt, etwas zu dem möglichen Tatort herauszufinden. Und genau das habe ich bis um 4:00 Uhr gemacht. Dann sind mir wohl die Augen zugefallen. Sorry.«

»Und? Hast du uns schon etwas anzubieten?«, wollte Gregor ganz sachlich wissen. Auf den Umstand der mangelhaften Erreichbarkeit ging er nicht ein.

Braake wirkte zerknirscht. »Nein, nicht so wirklich. Aber ich habe noch ein paar Auswertungen laufen. Vielleicht sind ja schon Ergebnisse da, und ich weiß es noch nicht.« Er konnte ein Gähnen nicht unterdrücken. »Gebt mir einen Kaffee und ich setze mich gleich wieder dran.«

»Ich kümmere mich drum«, brummelte Alsmann, dem sein Ausbruch von eben leidzutun schien.

Braake war noch immer ein wenig verwirrt, langsam begann er aber, seine Gedanken zu sammeln. Er fing an, sich zu wundern, was alle um diese Zeit in der Zentrale zu suchen hatten. »Könnte mir vielleicht mal jemand erklären, was ihr alle am frühen Morgen hier wollt?«

Gregor sagte: »Okay, Leute, lasst uns alle noch mal zusammensitzen und Schmuddel auf den aktuellen Stand bringen. Dann können wir auch darüber reden, was wir noch an Ermittlungsansätzen haben.«

30

Sonja hatte noch während des gemeinsamen Frühstücks bei McDonald's im Büro ihres Chefs, Professor Bücking, angerufen und ihm auf den Anrufbeantworter gesprochen.

Es hatte sich eingebürgert, den Chef nicht mitten in der Nacht aus dem Bett zu klingeln, sondern den Anrufbeantworter mit den nötigen Informationen zu bestücken. Alle Mitarbeiter des Rechtsmedizinischen Instituts wussten, dass der Chef jeden Morgen als Erstes seinen AB abhörte.

Es war inzwischen 6:15 Uhr und sie hatte einen Pathologieassistenten der Frühschicht hinzugerufen, der ihr behilflich sein sollte.

Der junge, schlaksige Mann, der ihr nur mit dem Vornamen Toni bekannt war, erschien sichtlich nervös. Er war noch ziemlich unerfahren, und Sonja überlegte einen Moment, ob sie ihn brüskieren konnte, indem sie nach einem anderen Kollegen fragte. Er war gerade dabei, die notwendigen Instrumente an den Untersuchungstisch zu bringen, als sie das unverkennbare »Tock-Tock« hörte, das die Ankunft von Professor Bücking signalisierte.

»Hallo, Chef, Sie sind heute aber früh. Kommen Sie sonst nicht erst gegen 8:00 Uhr ins Büro?«

»Hallo, Sonnenschein, ja, üblicherweise schon, aber ich konnte nicht schlafen, bei mir ist die Heizung ausgefallen und ich habe mich nach einem warmen Platz gesehnt.«

Sonja lachte. »Da sind Sie hier aber falsch, Chef. Wir haben hier gerade mal acht Grad. Ich hoffe, Sie sind warm angezogen.«

Bücking humpelte an ihr vorbei und näherte sich der noch mit einem Tuch abgedeckten Leiche. »Keine Sorge, meine Liebe, ich habe eine kalte Nacht hinter mir, da sind acht Grad sogar noch angenehm. Und nun erzählen Sie mir mal, warum Sie mich gerne bei dieser Obduktion dabeihaben wollten.«

Sonja überlegte, wie sie ihm das am besten erklären konnte. Ihr fiel nur ein Wort ein. »Angst.«

Bücking sah sie überrascht an. »Angst? Wovor?«

»Davor, etwas zu übersehen. Ich habe bei den ersten beiden Leichen nichts finden können, was uns einen weiteren Hinweis auf den Täter oder auch nur eine Spur gegeben hätte. Und irgendwie fühle ich mich dafür verantwortlich, dass es inzwischen ein drittes Opfer gab.«

»Ach, was für ein Unsinn, Prinzessin.« Er lächelte sie an. »Es ehrt Sie, dass Sie Ihre Profession so ernst nehmen, aber vergessen Sie nie, wir sind weder Götter noch allwissend.«

Er trat näher an die noch bedeckte Leiche heran. »Na dann lassen Sie uns mal sehen, was wir hier haben, Schätzchen.«

Vorsichtig zog er das Tuch von der Leiche, die diesmal auf dem Rücken lag, nicht wie die ersten beiden in gefrorenem Zustand in fötaler Stellung.

»Aha«, meinte er, »warum ist sie diesmal nicht gefroren?«

»Sie wurde unmittelbar nach der Verbringung an den Fundort entdeckt, und wir konnten sie ins Institut bringen, bevor sie durchgefroren war«, erklärte Sonja und stellte sich neben ihn an den Tisch.

Bücking wandte sich an den Assistenten. »Junger Mann, wir können nun auf Sie verzichten. Zu dritt sind wir uns definitiv nur im Weg, also … sind Sie entschuldigt.«

Der Junge war sichtlich erleichtert, befreit zu sein, zudem schien er sich in der Anwesenheit des Chefs hochgradig unwohl zu fühlen. Mit einem hastig gemurmelten »Selbstverständlich, wie Sie meinen« zog er sich schnellen Schrittes aus dem Sektionssaal zurück.

Bücking zog von einer Seite des Raumes ein rollbares Gerät, das einer Briefmarkenlupe von überdimensionaler Größe auf einem Stativ glich, an den Tisch heran. Um das tellergroße Vergrößerungsglas herum war ein Leuchtkranz angebracht, der alles davor in gleißend helles Licht tauchte. »Bringen Sie schon mal die Kamera, Schätzchen, dann machen wir uns an die Dokumentation.«

In der folgenden halben Stunde fotografierten sie die Leiche von allen Seiten. Dabei standen Nahaufnahmen der Hämatome und der amputierten Zehen im Fokus, aber auch Aufnahmen der kaputten Fingernägel und aller anderen eventuell als Spurenträger infrage kommenden Körperteile.

»Bevor wir die Leichenöffnung vornehmen, schlage ich vor, dass wir die Oberfläche der Frau einer genaueren Untersuchung unterziehen. Einverstanden, Frau Kollegin?«

»Selbstverständlich. Vielleicht haben wir ja mal Glück«, erwiderte Sonja, obwohl sie nicht wirklich daran glaubte. Die ergebnislose Suche nach Spuren des Täters an den beiden vorangegangenen Leichen hatte sie etwas mutlos werden lassen. Das war mit ein Grund gewesen, warum sie Bücking dazu gebeten hatte: als Motivationsschub, Ansporn und natürlich des zusätzlichen Augenpaares wegen.

Nach der Fotosession begann Bücking die Körperoberfläche der Leiche mithilfe der riesigen Lupe sorgfältig und

systematisch abzusuchen. Er betrachtete zunächst die ver-
stümmelten Füße und pickte immer wieder mit einer Pinzette kleinste Partikel von dem Körper, die er in separate
Tütchen verpackte. Auf den Tütchen notierte er die Kör-
perstelle, an der er sie gefunden hatte.

Sonja hatte am anderen Ende des Körpers angefangen
und bereits einige Partikel aus den Haaren des Opfers
geborgen, die sie der gleichen Prozedur unterzog.

Wieder einmal schmerzte sie ihr Rücken, und es war
eine der wenigen Situationen, in denen sie den Professor
um seine geringe Körpergröße beneidete. Sie streckte sich
und lehnte sich zur Entlastung der Wirbelsäule nach hinten.

Ich muss unbedingt irgendwelche Übungen beginnen,
vielleicht Rückenschule oder so was, sonst bin ich in ein
paar Jahren invalid, dachte sie frustriert.

»Professor, ich brauche einen Kaffee, darf ich Ihnen
einen mitbringen?«, fragte sie unter Ächzen und Stöhnen.

»Gerne, Kindchen, da sag ich nicht Nein.« Er blickte
von der Lupe auf und sah sie lächelnd an. »Körpergröße
kann manchmal auch ein Kreuz sein, nicht wahr?«, meinte
er mehrdeutig.

»Wem sagen Sie das.«

Sie war noch keine zwei Schritte in Richtung des Kaf-
feeautomaten in einer Ecke des Raums gegangen, als sie
seinen überraschten Ausruf vernahm. »Heureka – um mal
meinen altgriechischen Freund Archimedes zu zitieren.
Ich denke, ich habe da was gefunden.«

Sonja hatte den Kaffee sofort vergessen und eilte zurück
an den Tisch.

Mit dem natürlichen Stolz dessen, der eine wichtige
Entdeckung gemacht hat, hielt Bücking die Pinzette hoch
und drehte sie vorsichtig vor Sonjas Augen. »Wenn mich

nicht alles täuscht, handelt es sich hierbei um ein Haar, das nicht von unserem Opfer stammt.« Er tütete es ein und übergab Sonja das Tütchen.

Sie nahm es aufgeregt entgegen und eilte zu einem Tisch, auf dem unter anderem ein Mikroskop stand. Sie legte das Tütchen daneben, nahm eine Pinzette, holte das Haar wieder heraus und legte es auf einen Objektträger. Dann spähte sie durch das Okular und stellte das Bild scharf.

Die Zeiten, zu denen man einen Kollegen nun hätte auffordern müssen, ebenfalls durch das Mikroskop zu sehen, waren schon lange vorbei. Dank moderner Technik wurde das Bild auf einen an der Wand hängenden Monitor übertragen, und es bedurfte auch nur eines Knopfdrucks, um ein Foto des Objektes abzuspeichern.

Sie trat einen Schritt von dem Gerät zurück und gemeinsam betrachteten sie den Fund auf dem Monitor. Ein automatisch eingeblendetes Raster zeigte die Größenordnung an.

»Und, was meinen Sie, Madame?«, fragte der Professor, der es sichtlich genoss, den Fund gemacht zu haben, und ihr nun die Bewertung überließ.

Sonja sah sich das Objekt noch einige Sekunden an, bis sie sich ihre Meinung gebildet hatte. »Nach erster Inaugenscheinnahme handelt es sich um ein menschliches Haar, Länge etwa 5,3 Zentimeter, inklusive des Follikels, also der Haarwurzel, was uns eine DNA-Analyse ermöglichen wird, und«, sie machte ein kleine Pause und grinste den Professor an, »das Haar ist Grau, weshalb es sehr wahrscheinlich nicht von dem Opfer stammt.«

»Der Meinung bin ich auch.« Er nickte zustimmend. »Vielleicht haben Sie ja nun die erste Spur des Täters. Glückwunsch, Täubchen.«

»Kein Grund, mir zu gratulieren, die Lorbeeren gehören ganz Ihnen.«

»Ach was«, winkte der Professor ab, »Sie hätten das Haar mit Sicherheit auch gefunden.«

Da hat er sicher recht, dachte Sonja. Trotzdem bin ich froh, ihn zugezogen zu haben. Dann fiel ihr siedend heiß ein, dass sie Gregor unbedingt über den Fund und seine Implikationen informieren musste.

31

»Danke für die Info.« Gregor war allein in seinem Büro und hatte schon während des Telefonates angefangen zu überlegen, was man aus den neuen Informationen ableiten konnte, aber auch, welche Chancen sie hatten, wenn die DNA des Haares bisher noch nie aufgetaucht war. Welche Verdächtigen hatten sie, mit deren DNA sie sie vergleichen konnten? Der bisher einzige Verdächtige, Wolle Wollweber, hatte sich als tote Spur erwiesen, und grundsätzlich hatte sich der Erkenntnisstand seit Beginn der Mordserie nicht verändert. Warum nur führten alle Hinweise ins Leere? Das von den Zeugen gesehene Auto, die gesicherten Reifenspuren und die Orte, an denen die Opfer ihren Täter getroffen hatten. Nichts hatte etwas erbracht, zumal sie bisher nicht hatten herausfinden können, an welchem Ort das zweite Opfer, Daria Makarenko, ihrem Mörder begegnet war.

Die Makarenko hatte von zu Hause aus gearbeitet, also Freier mit in ihre Wohnung genommen oder direkt dort empfangen. Bei der Wohnung handelte es sich ebenfalls um eine von Wollwebers Unterkünften für seine Prostituierten. Sie befand sich in einem Hochhaus im Westen Frankfurts. Dort kannten sich die Nachbarn nicht, niemand sah nach dem anderen; unpersönlicher konnte es nicht zugehen.

Wollweber. Als Täter schied er aus, aber war es ein Zufall, dass alle bisherigen Opfer für ihn gearbeitet hatten? Wo bestand der Zusammenhang? Die Taten waren eindeutig die eines gestörten und gepeinigten Geistes, also handelte es sich allem Anschein nach nicht um eine Racheaktion an Wollweber.

Gregor zermarterte sich das Gehirn und kam einfach nicht weiter. Er nahm sich vor, noch einmal mit allen Kolleginnen und Kollegen zu sprechen.

Vielleicht habe ich ja irgendeine kleine Information übersehen. Er war kurz davor, sich selbst und seine Qualifikation infrage zu stellen, was normalerweise nicht seiner Wesensart entsprach. Der Mangel an Informationen, aus denen er Rückschlüsse ziehen könnte, machte ihn unruhig … damit konnte er nicht umgehen.

32

Nach drei Tassen Kaffee und zwei belegten Brötchen aus der Präsidiumskantine fühlte Klaus Braake sich wieder so fit, dass er glaubte, seine Nachforschungen fortsetzen zu können. Er holte sich einen weiteren Becher Kaffee und setzte sich wieder an seinen Arbeitsplatz.

Das Problem war nicht die Beschaffung aller erforderlichen Informationen. Nein, dafür gab es genug Quellen, auf die er legal, halblegal aber auch illegal zugreifen konnte. Das Problem war, diese Informationen in den richtigen Zusammenhang zu bringen.

Die grundlegenden statistischen Werte hatte er schnell in Erfahrung gebracht. In Deutschland lag der Anteil von Einfamilienhäusern bei fast 29 Prozent. In Großstädten oder Ballungsgebieten war der Wert sicherlich tiefer, in ländlichen Gemeinden eher höher. Frankfurt hatte 700.000 Einwohner. Rechnete man die beiden angrenzenden Landkreise, den Hochtaunuskreis und den Main-Taunus-Kreis dazu, lag man bei einer Bevölkerung von 1,15 Millionen. Bei einer durchschnittlichen Wohnraum-Belegung mit 2,35 Bewohnern und Zugrundelegen der 29 Prozent bedeutete das, dass fast 300.000 Menschen in Einfamilienhäusern wohnten.

Von den Katasterämtern hatte er sich die Daten der Bausubstanz geholt, aufgrund derer er alle Häuser, die nach 1960 gebaut worden waren, identifizieren und ausschließen konnte. Als Arbeitshypothese und um überhaupt weiterzukommen, ging er davon aus, dass in diese Häuser keine Kohleheizung mehr eingebaut worden war.

Von den Energieversorgern hatte Schmuddel sich Informationen über die aktuelle Heizmethode in allen Häusern des abgefragten Raumes geholt.

Jetzt galt es nur noch, durch den Vergleich aller Daten, die Häuser auszumachen, die vor 1960 gebaut und einmal mit Kohle beheizt worden waren, jetzt aber mit Gas oder Öl. Bei diesen Häusern konnte er davon ausgehen, dass sie über einen entsprechenden Keller verfügten.

Als Nächstes musste er die Informationen über die Bewohner oder Besitzer, die er über die Meldebehörden erhalten hatte, mit diesen Daten vergleichen.

Schmuddel überprüfte, ob das von ihm geschriebene Programm zum Datenabgleich schon zu einem Ergebnis gekommen war.

Wenn die Kollegen wüssten, wie kompliziert diese Nachforschungen sind, dachte er frustriert. Die gaben einfach was in Auftrag und freuten sich über das Ergebnis. Wie steinig der Weg dorthin war, würden sie vermutlich nicht einmal verstehen.

Er rief das Programm auf und sah, dass das Datenabgleichverfahren durchgelaufen war. Er war überrascht, wie niedrig die Zahl der Einfamilienhäuser war, auf die seine vorgegebenen Kriterien zutrafen, aber es waren immer noch zu viel. Er hatte keine Vorstellung davon, wie man bei dieser Zahl einen Verdächtigen finden sollte. Das Programm verriet ihm, dass es 64.182 Einfamilienhäuser gab, bei denen er darauf hoffen konnte, dass sie einen Keller aufwiesen, in dem einmal Kohlen und vielleicht auch Kartoffeln gelagert worden waren.

Scheiße, wie kann ich sie noch weiter eingrenzen?

Er griff zum Telefon und rief Jenny an.

»Jung?«, meldete sie sich, und er kam sofort zur Sache.

»Jenny, ich könnte deine Hilfe gebrauchen. Hättest du Zeit, mal bei mir vorbeizukommen?«

»Bin schon unterwegs.«

Fünf Minuten später erschien Jenny, allerdings nicht allein. Im Schlepptau hatte sie Mutti und Irina.

Schmuddel war sich nicht sicher, ob er sauer oder erfreut sein sollte. Schließlich befand er, dass es bei seiner Ratlosigkeit nur hilfreich sein konnte, wenn ihm mehr als nur eine Person mit neuen Ideen zu Hilfe kam.

Trotzdem konnte er sich nicht zurückhalten. »Na, wer hätte gedacht, dass ich gleich so viel Hilfe bekommen würde. Hast du dir das allein nicht zugetraut?«

Mutti kam Jenny mit einer Antwort zuvor: »Ach, sei doch still. Wir sind alle daran interessiert, dass wir in der Sache weiterkommen. Und wenn du nicht mit Frauenpower umgehen kannst, dann hast du Pech gehabt.«

»Wobei können wir dir denn helfen?«, versuchte Irina, die Wogen ein wenig zu glätten.

Schmuddel sah mit offenem Mund von einer der Frauen zur anderen. Er überlegte noch, ob er eine zynische Bemerkung zum Thema Frauenpower machen sollte, aber ihm fiel kein passender Spruch ein.

»Komm, zeig uns was du hast, und erklär uns, was wir tun können.« Jenny zog sich einen Stuhl heran und setzte sich neben ihn.

Er seufzte und gab auf. »Okay, schaut her. Ich habe nach Einfamilienhäusern gesucht, die infrage kommen können, und habe herausgefunden, dass es knapp über 64.000 sind. Und das nur in Frankfurt und den Kreisen Hochtaunus und Main-Taunus. Hätte ich die Suche auf das ganze Rhein-Main-Gebiet ausgedehnt, wären es sicherlich fünfmal so viele, also über 300.000. Aber selbst die 64.000 sind noch bei Weitem zu viel, um etwas damit anfangen zu können.

»Warum hast du dich nur auf diese Region beschränkt?«, fragte Irina mit gerunzelter Stirn.

»Weil mir von Anfang an klar war, dass das ganze Rhein-Main-Gebiet mit über fünf Millionen Einwohnern zu viele Treffer bringen würde, ist doch klar, oder?«

»Na also«, meinte Irina triumphierend, »dann hast du doch die Lösung des Problems schon.«

Alle sahen sie verständnislos und mit fragendem Blick an.

»Na ihr kennt doch sicher alle den deduktiven Ermittlungsansatz, oder?«

Lediglich bei Jenny fiel der Groschen sofort. »Natürlich! Das Ausschlussverfahren!«

Jetzt verstand auch Schmuddel, wovon die beiden redeten. »Na klar, warum bin ich nicht selbst darauf gekommen? Mensch, Irina, super Idee, das könnte klappen.«

Lediglich Jutta Beltermann sah die anderen noch mit verständnislosem Blick an. »Könnte mir mal einer erklären, worum es geht?«

Braake grinste. Nun, da er die Methode vor Augen hatte, konnte er es sich nicht verkneifen: »Vielleicht liegt es daran, dass deine Ausbildung schon ein Weilchen her ist, Mutti.« Er ignorierte ihren bösen Blick und fuhr fort: »Beim Ausschlussverfahren nimmt man bei einer großen Menge an Verdächtigen diejenigen aus der Gleichung, von denen man annimmt, dass sie aufgrund bestimmter Eigenschaften als Täter ausscheiden. Zum Beispiel«, er wandte sich wieder seinem Computer zu und begann eifrig zu tippen, »gehen wir davon aus, dass der Täter ein Mann ist. Also können wir alle Häuser aus der Rechnung herausnehmen, in denen nur eine Frau oder nur Frauen wohnen.«

Nun ging auch Mutti ein Licht auf. »Natürlich. Wie dumm von mir. Ältere Einfamilienhäuser, da ist die Wahrscheinlichkeit, dass da nur eine Witwe wohnt, nicht gerade klein.«

»Tatatataa!« Schmuddel wies stolz auf den Bildschirm, wo die Zahl 42.913 erschienen war.

»Wo hast du die Daten her?«, fragte Jenny neugierig.

»Einwohnermeldeamt, woher sonst«, war seine lakonische Antwort.

»Freut euch nicht zu früh«, warf Irina ein. »Das Verfahren weist eine entscheidende Gefahr auf: Wir werden sicherlich noch einige Kriterien finden, aber wir könnten falschliegen. Wer sagt uns, dass es nicht eine kräftige Frau ist, die die Morde begeht?«

Mutti hatte inzwischen die anderen in ihren Überlegungen eingeholt. »Niemand, da hast du recht. Aber das ist das Grundproblem bei Prämissen. Wir gehen nach dem Prinzip ›Mal angenommen, es wäre so‹ vor. Dabei behandeln wir die Ausschlussmöglichkeiten nach Wahrscheinlichkeiten. Da uns die kriminologische Lehre sagt, dass Serientäter zu 99 Prozent Männer sind, halte ich diese Annahme für wert, in die Gleichung eingebracht zu werden. Also weiter im Text: Was, meinen wir, würde eine Person als Täter ausschließen oder wenigstens sehr unwahrscheinlich machen?«

Schweigen. Dann kam Jenny mit der nächsten Idee. »Die Wohnsituation. Wer so was in seinem Keller durchführt, wohnt sehr wahrscheinlich nicht in einem Haus mit einer großen Familie. Ein Haus, in dem ein Ehepaar mit drei Kindern wohnt, scheint mir ungeeignet, oder?«

Schmuddel sah fragend in die Runde, bis Mutti sich entschied: »Lass uns die Zahl auf Haushalte mit mehr als fünf Personen festlegen, nur mal als Annahme. Wir können es ja später wieder rückgängig machen oder die Zahl niedriger ansetzen.« Alle nickten und Schmuddel machte sich an die Arbeit.

Das Ergebnis ließ nicht lange auf sich warten: 35.340.

Irina hatte die nächste Idee. »Wir wissen, dass der Täter die Opfer mit dem Auto an die Fundorte gebracht hat. Also scheiden doch sicherlich alle aus, die keinen Führerschein haben, oder?«

Schmuddel wartete nicht auf Zustimmung, sondern fragte die Daten des Kraftfahrtbundesamtes ab. Das Ergebnis überraschte alle. Die Zahl reduzierte sich auf 30.918.

»Was, so viele sollen keinen Führerschein haben?«, wunderte sich Mutti.

»Das sind vermutlich ältere Menschen, die den Führerschein schon wieder abgegeben haben«, vermutete Jenny.

»Natürlich: das Alter! Wir sollten auch alle über einem bestimmten Alter aus der Rechnung nehmen!« Braake war froh, endlich auch mal etwas zu dem Vorhaben beitragen zu können. »Welches Alter sollen wir nehmen?«

»Ich schlage vor, dass wir zunächst alle über 70 rausnehmen«, schlug Jutta vor. Schmuddel tippte.

25.451.

»Das sind aber immer noch ziemlich viel«, meinte er enttäuscht.

»Apropos Auto und Führerschein«, gab Irina vorsichtig zu bedenken. »Was haltet ihr denn von dem Gedanken: Wer bei dieser Witterung eine Leiche mit dem Auto ins Zentrum von Frankfurt bringt, macht das doch sicherlich nicht über eine weite Entfernung, das Risiko wäre einfach zu hoch. Was, wenn wir die Suche erst mal nur auf das Stadtgebiet von Frankfurt beschränken?«

Nach einigem Überlegen nickten alle, und Schmuddel begann zu tippen. Dabei erläuterte er das vermutliche Ergebnis: »Von der Einwohnerzahl her reduziert sich das Ganze nun um 36 Prozent. Da wir aber in den Landkreisen mit deutlich mehr Einfamilienhäusern als im Stadtgebiet rechnen können, vermute ich, dass wir die Zahl um fast die Hälfte reduzieren.«

Das Ergebnis erstaunte sie alle erneut, denn es war sogar mehr als die Hälfte. 11.805.

Sie grübelten noch darüber, wie sie mit diesem Resultat umgehen sollten, als das Telefon klingelte.

Braake nahm den Hörer ab. »Ja? … Die sind alle bei mir und helfen, den möglichen Tatort zu finden … Na ja, gemeinsam konnten wir es schon ganz schön eingrenzen, aber es sind immer noch ziemlich viele …« Alle starrten gebannt auf den telefonierenden Braake, der nicht im Traum daran dachte, den Lautsprecher anzustellen. »Ach was, das ist ja mal eine tolle Neuigkeit. Vielleicht können wir uns die ganze Suche ja sparen, wenn es DNA gibt. Okay, ich erzähl's den anderen.« Er legte auf.

Alle blickten ihn wartend an, und Braake genoss es, ausnahmsweise mal etwas mehr als andere zu wissen. Er ließ sich Zeit.

Jutta Beltermann trat einen Schritt näher und nahm eine drohende Haltung an. »Wenn du nicht sofort …« Sie ließ den Rest in der Luft hängen, aber die Drohung reichte aus.

»Gut, gut, Gregor hat mich gerade darüber informiert, dass die Rechtsmedizin auf der Leiche ein graues Haar gefunden hat. Wir hoffen deshalb, dass wir nun DNA haben und dem Täter endlich auf der Spur sind.«

Irina sah ihn entgeistert an. »Und da schlägst du vor, unsere Suche zu beenden? Bist du wahnsinnig?«

»Warum?«

»Was ist, wenn die DNA keinen Treffer ergibt, weil es von unserem Täter noch keine Vergleichsprobe gibt? Dann brauchen wir doch erst recht eine Liste von Personen, die infrage kommen.«

»Sie hat recht«, sprang Jenny Irina zur Seite, »und ich habe auch schon eine Idee, wie wir die Liste noch weiter einschränken können.«

»Raus damit, ich stimme dir ja zu«, gab Braake klein bei.

»Ein graues Haar deutet doch darauf hin, dass der Täter eher älter ist, nicht wahr? Warum grenzen wir die Liste nicht auch nach unten ab, altersmäßig meine ich?«

»Ja«, stimmte Jutta zu, »nimm doch bitte mal alle raus, die, sagen wir mal, jünger als 40 sind.«

»Ich weiß nicht, es gibt doch auch schon 40-Jährige, die graue Haare haben«, dämpfte Irina die allgemeine Euphorie.

»Stimmt.« Braake überlegte einen kurzen Moment. »Ich schränke es mal auf älter als 35 ein. Erweitern können wir es immer noch, wenn wir so nicht weiterkommen. Einverstanden?«

Als alle nickten, drehte Schmuddel sich wieder zu seinem Rechner und bearbeitete fieberhaft die Tastatur.

Nur zwei Minuten später war das Ergebnis da: 6.512.

»Offensichtlich sind mehr junge Leute Besitzer eines Eigenheimes, als ich dachte«, bemerkte Braake lakonisch. »Das ist zwar immer noch eine ganze Menge, aber wenn wir uns die Liste aufteilen, bekommen wir eine überschaubare Zahl für jeden und können die Namen überprüfen. Da finden sich bestimmt noch Kriterien, nach denen jemand als Täter ausscheidet.«

»Kannst du die Liste der Namen mal ausdrucken, dann können wir sie leichter aufteilen?«, fragte Mutti.

Ohne zu antworten, drückte Braake eine Taste, und der Laserdrucker nahm summend seine Tätigkeit auf.

»Okay«, begann er, während der Drucker Blatt um Blatt auswarf, »das Alphabet hat 26 Buchstaben und wir sind zu viert. Das heißt, jeder nimmt sechs oder sieben Buchstaben. Ich nehme freiwillig die ersten sechs, also A bis F.«

Irina lachte laut auf. »So clever, wie du glaubst zu sein, sind wir schon lange, du Oberschlaumeier. Der Unterschied in der Anzahl der Namen mit verschiedenen Anfangsbuchstaben ist gewaltig. Ich bin sicher, dass du mit A bis F weit weniger bekommst als zum Beispiel derjenige, der den Buchstaben S hat.«

Klaus Braake fühlte sich ertappt und sagte lieber nichts.

»Ich mache folgenden Vorschlag«, fuhr Irina fort, »wir warten mal, wie viele Seiten der Ausdruck hat, und die teilen wir dann einfach durch vier.«

Der Drucker hatte inzwischen seine Arbeit beendet, und Braake stellte fest, dass es insgesamt 83 Seiten mit jeweils 80 Namen und Adressen pro Seite waren.

Irina trat vor und fing an, die ersten Blätter abzuheben. »Ich nehme freiwillig die ersten 21 Seiten.«

Sie nahm die Blätter an sich und betrachtete die letzte Seite. »Na, was hab ich gesagt. Die letzte Seite meines Stapels endet mit J.« Sie blätterte einige Seiten zurück. »Schau, schau, unser Schlaumeier hätte nur 16 Seiten bis F bekommen. Kein schlechter Versuch.«

Sie legte die letzten Blätter wieder der Reihe nach auf ihren Stapel zurück. J, I, H, G … Sie stockte. Sie hatte die Namen nicht wirklich gelesen, dazu waren es zu viele, aber ein Name war ihr ins Auge gefallen, weil er über die angrenzenden hinausragte. Eisige Schauer liefen ihr über den Rücken, und die feinen Härchen auf ihren Armen stellten sich auf.

»Leute«, sagte sie fassungslos, »ich bin platt. Ihr werdet nicht glauben, wen ich hier auf unserer Liste gefunden habe.« Sie schüttelte noch immer ungläubig den Kopf.

»Was hast du denn?«, fragte Schmuddel. »Ist es jemand den wir kennen?«

»Das will ich meinen«, antwortete Irina und hielt ihm das Blatt hin. Braake warf einen Blick darauf und riss die Augen auf. »Das gibt's doch nicht.«

»Dürfte man erfahren, um wen es sich handelt?«, fragte Jutta Beltermann und drängelte sich zwischen die beiden. Sie blickte auf das Blatt und zog scharf die Luft ein. »Grothebaum! Doch wohl nicht unser Grothebaum? Da steht doch ein anderer Vorname. Kann es sein, dass er noch bei seinen Eltern wohnt? Schmuddel, überprüf das bitte mal.«

»Das kannst du dir sparen«, sagte Irina. Sie hatte die Adresse gesehen und sofort wiedererkannt. »Es ist ›unser‹ Grothebaum. Ich kenne die Adresse.«

»Woher kennst du die Adresse von Grothebaum?«, wollte Jutta wissen. »Warst du schon mal dort?«

Braake bemerkte, wie Irina und Jenny sich seltsame Blicke zuwarfen. Was war da für ein Geheimnis zwischen den beiden?

Jutta Beltermann meldete sich erneut zu Wort: »Also mal langsam, ihr wollt doch nicht ernsthaft in Erwägung ziehen, dass Grothebaum etwas mit den Morden zu tun hat?« Sie blickte fragend von einem zum anderen.

Braake fiel siedend heiß ein, was er über Grothebaum herausgefunden hatte, wovon, wie er glaubte, außer Jenny bisher noch niemand wusste.

Musste er jetzt mit seinem Wissen herausrücken? Obwohl er mit sich rang, konnte er zu keiner Entscheidung kommen. In seinen Überlegungen wurde er dadurch beeinflusst, dass ein Großteil seiner Recherchen illegal gewesen und mit erheblichen Strafandrohungen belegt waren.

So eine verdammte Scheiße, was kann ich denn nun tun, ohne mir mein eigenes Grab zu schaufeln?

33

Irina hatte sich entschieden, während Schmuddel für jeden sichtbar mit sich rang. Ihr lagen die Informationen von Jenny vor, und sie wusste, dass die sie von Braake bekommen hatte. Sie wiederum hatte Jenny von dem Ergebnis ihrer Observation berichtet, aber das wusste Schmuddel noch nicht. Jutta Beltermann und Dieter Alsmann hatten von dem gesamten Sachverhalt um Grothebaum noch gar keine Ahnung, aber die meisten Sorgen machte sie sich selbstverständlich über die Reaktion von Gregor Mandelbaum. Hatte sie durch ihr unbedachtes Handeln die Chance verspielt, jemals bei der Mordkommission zu landen?

Auf der anderen Seite war sie sich einer Sache absolut gewiss: Wenn in einem Team einzelne Mitglieder Wissen für sich behielten, das für die Aufklärung eines Falles nützlich sein konnte, war das nicht nur das Aus für eine Tätigkeit in der MK. Sie persönlich würde solche Beamte aus dem ermittelnden Dienst entfernen. Also fiel ihr die Entscheidung für das kleinere Übel nicht schwer. »Leute, ich weiß, es mag euch schwerfallen, aber wir müssen unsere Erkenntnisse austauschen, egal was das für den Einzelnen bedeutet.«

Braake sah sie entsetzt an, und ihm brach der Schweiß aus.

Jenny setzte einen nachdenklichen Blick auf und nickte nach wenigen Augenblicken zustimmend.

Lediglich Jutta Beltermann hatte keine Ahnung, worum es ging, und blickte fragend von einem zum anderen. »Kann mir jemand erklären, was los ist?«

Braake schüttelte bettelnd den Kopf und wollte Irina ganz offensichtlich durch seine flehenden Blicke signalisieren, doch bitte still zu sein.

Sie ignorierte ihn und sah Jenny an. »Willst du?«

»Nein, nein, du hast eh das Wichtigste herausgefunden, also erzähl du es Mutti.« An Jutta gerichtet ergänzte sie: »Aber ich nehme die Schuld auf mich, Irina kann nichts dafür, sie ist ja noch nicht mal ein festes Teammitglied.«

»Seid ihr bescheuert«, ereiferte sich Braake mit hochrotem Kopf, »das kostet mich den Job, verdammt!«

Jenny legte ihm beruhigend eine Hand auf den Arm. »Mach mal halblang, so schlimm wird's schon nicht werden.«

Ärgerlich schüttelte er ihre Hand ab und setzte sich wieder hin. »Tut, was ihr nicht lassen könnt.« Er ergab sich in sein Schicksal und stierte nur noch stumpfsinnig auf die vor ihm liegenden Ausdrucke.

»Also«, begann Irina zu Mutti gewandt, »wir haben Erkenntnisse, die wir nun unbedingt mit allen teilen müssen, sonst besteht die Gefahr, dass uns ein Zeitvorteil verloren geht. Immerhin stehen hier Leben auf dem Spiel«, ergänzte sie an Braake gerichtet. »Und du solltest auch aufpassen, denn es haben sich Dinge ergeben, die selbst dir noch nicht bekannt sind.«

Klaus Braake sah mit gerunzelter Stirn auf und schien nun doch zumindest ein wenig interessiert zu sein.

»Darf ich jetzt endlich mal erfahren, um was es hier eigentlich geht?«, fragte Jutta in einem etwas harscheren Ton, und Irina merkte ihr an, dass sie langsam am Ende ihrer Geduld angekommen war.

Sie hatte ein Einsehen und begann, Mutti in alle Erkenntnisse einzuweihen. Sie begann mit dem gegen Grothebaum durchgeführten Disziplinarverfahren wegen seines Betruges bei Spesenabrechnungen, das zu seiner Degradierung geführt hatte. Dabei ließ sie aus, dass Braake diese Information erlangt hatte, weshalb es sich so anhörte, als ob ihr der Sachverhalt schon früher bekannt gewesen wäre. Dann erläuterte sie alles, was Braake über Grothebaums Konto in Luxemburg und die Zahlungseingänge darauf herausgefunden hatte, vor allem über die zeitlichen Zusammenhänge mit Razzien der Sitte. Die Rückschlüsse aus diesen Informationen überließ sie Jutta Beltermann. Sie erwähnte nicht, welche Methoden Braake angewandt hatte, um an diese Informationen zu kommen. Danach wurde es auch für diesen interessant, da sie berichtete, wie sie Grothebaum observiert hatte, bis hin zu dem Moment, als sie die Übergabe eines Umschlages durch Wolle Wollweber im

Hauptbahnhof beobachtet hatte. Auch hierbei versuchte sie, alle Mutmaßungen und Annahmen aus ihrer Schilderung herauszuhalten.

Bereits in der Mitte von Irinas Berichterstattung hatte Jutta sich schwer auf einen Stuhl fallen lassen und nur noch ab und zu ungläubig den Kopf geschüttelt, ohne Zwischenfragen zu stellen.

»Das war's eigentlich«, beendete Irina ihre Ausführungen. »Jetzt wisst ihr auch, warum ich die Adresse kenne und weiß, dass es sich um Grothebaums Haus handelt.«

Ihr fiel nichts mehr ein, was sie noch hätte berichten können, und deshalb blieb ihr nur übrig, Jutta abwartend anzusehen und auf das hoffentlich nicht vernichtende Urteil zu warten.

Allerdings wurde ihre Geduld und auch die der anderen zwei auf eine sehr harte Probe gestellt. Jutta saß nur schweigend da, setzte ein paarmal zu sprechen an, verstummte dann aber immer wieder, schüttelte den Kopf und schien erneut zu überlegen.

Jenny musste Klaus Braake zweimal bremsen, als er es nicht mehr auszuhalten schien und nachfragen wollte.

Schließlich kam wieder Leben in Jutta. Sie erhob sich, seufzte schwer und begann, wobei sie abwechselnd von einem zum andern sah: »Okay, ich muss ehrlicherweise sagen, dass mir noch nicht ganz klar ist«, sie machte eine Pause und Irina hatte den Eindruck, dass sie kochte vor Wut, »ob ich euch für das, was ihr herausgefunden habt, bewundern oder ob ich euch an die Haie verfüttern soll. Verdammt, wie konntet ihr so lange hinterm Berg halten mit diesen Ergebnissen?« Sie schüttelte wieder den Kopf. »Auf jeden Fall müssen wir eine Besprechung einberufen und Gregor so schnell wie möglich unterrichten.«

»Was wird dann passieren?«, fragte Jenny und man spürte ihre Angst.

»Puh«, Jutta zuckte mit den Schultern, »was weiß ich. Ich kann Gregor immer noch nicht gut genug einschätzen, um seine Reaktion vorauszusagen. Aber du wirst es schneller erfahren, als dir vielleicht lieb ist.« Sie griff zum Telefon.

34

Zwei Stunden später saß die gesamte Truppe – bis auf Grothebaum natürlich – in der Einsatzzentrale und Jutta Beltermann beendete die Berichterstattung.

Braake, Jenny und Irina machten einen äußerst geknickten Eindruck.

Alsmann bekam den Mund nicht mehr zu. Hatte er anfänglich noch das eine oder andere Mal aufbegehrt, mit Äußerungen wie »Das darf ja wohl nicht wahr sein!« oder »Habt ihr sie denn noch alle, ihr Anfänger?«, so saß er inzwischen nur noch fassungslos da.

Mutti hatte bei einzelnen Sachverhalten die jeweiligen Akteure selbst berichten lassen: Braake über seine Entdeckungen und Irina über den Ablauf ihrer Observation.

Gregor hatte wortlos über eine Stunde lang konzentriert zugehört und die Informationen in sich aufgesogen. Er wusste, dass es wenig Sinn ergab, zu unterbrechen. Geduld war eine seiner hervorstechendsten Tugenden. Gleichzeitig hatte er bereits angefangen nachzudenken. Gab es Indizien? Gab es Beweise? Und … reichte die Gesamtmenge von Indizien und Beweisen für weitere Maßnahmen aus? Er war sich sicher, dass es so war, und überlegte schon, welche nächsten Schritte den meisten Erfolg versprachen.

So saß er mindestens noch fünf Minuten schweigend und in sich gekehrt da, in Gedanken darüber versunken, welche zusätzlichen Ermittlungen den Verdacht verdichten konnten.

»Worüber denkst du nach?«, fragte Alsmann. Er war der Einzige, der sich traute, etwas zu fragen.

Die anderen waren viel zu eingeschüchtert und beschäftigten sich mehr mit den drohenden Konsequenzen als mit Überlegungen zum Fall oder dem weiteren Vorgehen.

Es entsprach Gregors Verhaltensmuster, dass er den Sachverhalt nüchtern und logisch betrachtete. Selbstverständlich war ihm klar, dass Schmuddel gegen einige Dienstvorschriften verstoßen hatte und dass es dumm und waghalsig von Irina gewesen war, Grothebaum allein zu observieren. Wichtig waren allerdings die Ergebnisse, die dadurch erbracht worden waren. Er verschwendete keinen Gedanken mehr an Konsequenzen, denn für ihn zählte das Resultat mehr als vorschriftsmäßiges Verhalten. Es hätte anders ausgesehen, wenn Personen zu Schaden gekommen wären – die Folterung eines Verdächtigen hätte er, gleich welches Ergebnis dadurch gewonnen worden wäre, nicht hinnehmen können. In diesem speziellen Fall vertrat er aber eher die Position: Der Erfolg heiligt die Mittel. Ein Lob konnte er natürlich nicht aussprechen, aber das hätte er ja sogar bei absolut konformem Verhalten kaum getan. Also sagte er gar nichts und ging nicht den Weg der Vorwürfe.

Er schwieg einfach.

»Können wir ermitteln, wie lange diese Verbindung zwischen Grothebaum und Wollweber schon besteht?«, fragte er schließlich in die Runde.

Er sah die großen Augen von Irina und Schmuddel, wobei ihre Mikroausdrücke Erstaunen und Erleichterung signalisierten.

Als keiner direkt antwortete, fuhr er fort: »Wir müssen versuchen herauszufinden, ob Grothebaum Russisch spricht. Parallel dazu sollten wir versuchen, die Erkenntnisse zu den Überweisungen gerichtsverwertbar zu machen, damit wir einen Durchsuchungsbeschluss für das Haus bekommen. Gefahr im Verzug können wir nicht geltend machen, da nach unserem Kenntnisstand aktuell keine Frau vermisst wird, deren Leben in direkter Gefahr ist. Woher hat er übrigens das Haus?«

Endlich eine Frage, auf die Braake eine Antwort geben konnte. »Es ist sein Elternhaus. Seine Mutter ist vor knapp einem Jahr gestorben, sein Vater letztes Jahr. Seit dieser Zeit lebt er dort vermutlich allein. Laut Einwohnermeldeamt wohnt sonst niemand dort.«

»Gut. Also hätte er die Möglichkeit, dort ungestört aktiv zu sein.«

»Vielleicht wird Grothebaum von Wollweber erpresst«, warf Jutta Beltermann in die Diskussion ein, »und er will sich ihn so vom Leib schaffen oder sich an ihm rächen.« Auch ihr war die Erleichterung über den offenbar glimpflichen Ausgang der Eskapaden und Verstöße ihrer jüngeren Kollegen deutlich anzumerken.

In diesem Augenblick klingelte Gregors Handy. Sonja. Dass sie ihn zu dieser Zeit anrief, deutete darauf hin, dass es neue Erkenntnisse gab. Also hob er die Hand, um den anderen Ruhe zu gebieten, und nahm das Gespräch an. »Sonja, Schatz, was gibt es Neues?«

»Du wirst nicht glauben, was ich für Neuigkeiten habe. Das Ergebnis der DNA-Untersuchung des Haares ist gekommen … äh … also des Haares, das wir auf der Leiche gefunden haben. Dreimal darfst du raten, von wem es stammt.«

»Ich denke, einmal genügt«, erwiderte Gregor, »Grothebaum, nicht wahr?«

Am anderen Ende der Leitung herrschte Totenstille, die nicht enden wollte.

Die Teammitglieder in der Zentrale hatten aufgehorcht, als Grothebaums Name gefallen war. Die Fragezeichen in allen Augen sprachen Bände, aber Gregor ignorierte sie geflissentlich.

»Hallo, bist du noch dran?«, fragte er stattdessen ins Handy.

»Ja, ja … natürlich.« Sonja schien ihre Verblüffung zu überwinden. »Wie bist du darauf gekommen?«

»Das würde jetzt zu weit führen und zu lange dauern. Ich erkläre es dir später. Aber wie konntet ihr …«, Gregor unterbrach sich. Natürlich, dachte er, als ihm die Erleuchtung kam. Die Datenbank enthielt die DNA der meisten Ermittler, damit die von ihnen versehentlich an Tatorten hinterlassenen Spuren schnell zugeordnet werden konnten und nicht in eine falsche Richtung wiesen. Deshalb lautete seine nächste Frage: »Hat Grothebaum zu irgendeiner Zeit Zugang zu der Leiche gehabt? Am Tatort war er ja definitiv nicht … zumindest nicht mit uns«, ergänzte er unnötigerweise. Sollte Grothebaum tatsächlich der gesuchte Serienmörder sein, war er natürlich am Tatort gewesen, aber eben wesentlich früher und nur zusammen mit dem Opfer. Nun musste aber sichergestellt werden, dass er nicht zu irgendeiner Zeit im Institut für Rechtsmedizin gewesen war.

Sonja hatte nicht nur verstanden, warum er diese Frage stellte, sondern ihr war auch klar, dass Gregor von selbst darauf gekommen war, wie man das Haar hatte zuordnen können. »Ich werde gleich die Zugangskontrolldaten überprüfen. Sowie ich ein Ergebnis habe, melde ich mich wieder bei dir.«

»Danke«, sagte Gregor und beendete das Telefonat.

Dann saß er schweigend da und überdachte die nächsten Maßnahmen. Als er das erste Mal aufsah, bemerkte er, wie gespannt ihn alle anschauten.

Mutti nahm sich als Erste ein Herz und sagte: »Bitte, Gregor, spann uns nicht so auf die Folter. Erzähl!«

»Ach so, ja natürlich.« Er räusperte sich. »Sonja hat mir gerade mitgeteilt, dass das Haar auf der Leiche zugeordnet werden konnte. Es handelt sich um ein Haar von Frank Grothebaum.«

Seiner Mitteilung folgten große Augen, das scharfe Einziehen von Luft, ungläubiges Kopfschütteln und Stille.

Bevor jemand sich sammeln konnte, fuhr Gregor fort: »Wir haben nun einige dringliche Aufgaben. Erstens – Überprüfung mit allen zur Verfügung stehenden Mitteln, ob Grothebaum ein Fahrzeug zur Verfügung steht, wie es an den Tatorten gesehen wurde. Es kann geliehen, unbemerkt ausgeborgt oder vielleicht sogar in seinem Besitz sein. Zweitens – Überprüfung seiner jeweiligen Aufenthaltsorte zu den Tatzeiten, also den Zeiten, zu denen die

Frauen entführt, die Leichen abgelegt wurden und so weiter. Dazu brauchen wir ein möglichst lückenloses Profil der Bewegungsdaten seines Handys, Zeugenaussagen von Kollegen et cetera. Drittens – Beantragung eines Durchsuchungsbefehls für sein Haus, sein Büro und alle Räumlichkeiten, von denen wir noch herausfinden können, dass er auf sie Zugriff hatte. Teilt euch bitte die Arbeit nach eigenem Gutdünken auf, ich habe zu tun.«

Mit diesem abschließenden Satz erhob er sich, steckte sein Handy ein und verließ den Raum. Ihn plagte das nagende Gefühl, etwas übersehen zu haben. Normalerweise gab er nichts auf Gefühle, er war Logiker, aber diesmal bedrückte ihn etwas, das er nicht greifen konnte. Das ihm hinterhergerufene »Aber …« und »Warte doch …« nahm er schon nicht mehr wahr.

35

Am frühen Nachmittag war die gesamte Truppe beschäftigt.

Jutta Beltermann hatte das Gefühl gehabt, dass es dem Team guttun würde, wenn man sich gemeinsam an die Verteilung der Aufgaben machte. Sie hatte um eine weitere Besprechung gebeten, nachdem Gregor den Raum so plötzlich verlassen hatte. In ihrer um Ausgleich bemühten Art war sie der Meinung, dass man sich wieder zusammenraufen musste und keine »bösen Gedanken« übereinander zulassen durfte. Also waren nach einer kurzen Aussprache die Aufgaben aufgeteilt worden, sodass jeder einen Part übernahm, der seinen Neigungen und Fähigkeiten am besten entsprach.

Nachdem Dieter Alsmann sich bereits zuvor mit der Suche nach dem gesichteten Pkw beschäftigt hatte, war es klar, dass er sich darum kümmern wollte, herauszufinden, ob Grothebaum Zugriff auf ein solches Auto hatte.

Das Erlangen des Handy-Bewegungsprofils hatte Klaus Braake als seine Aufgabe definiert. Hier war er in seinem Metier, und keiner im Team konnte ihm in der Nutzung der technischen Möglichkeiten das Wasser reichen.

Die Frage danach, wer die Begründung für einen Durchsuchungsbeschluss formulieren und diese bei der Staatsanwaltschaft einreichen sollte, war ebenfalls schnell geklärt. Die Liebe zu »Bürokram und Geschreibsel« war bei den meisten Ermittlern nicht gerade stark ausgeprägt. Die Einzige, die sich bei der schriftlichen Formulierung von Verdachtsmomenten wohlfühlte und beim Ausfüllen von Formularen oder Verfassen von Berichten nicht zu fluchen anfing … war Jutta Beltermann.

Somit waren noch Jenny und Irina übrig geblieben. Sie hatten beschlossen, die restlichen Aufgaben gemeinsam anzugehen: das unauffällige Befragen von Kollegen aus Grothebaums Umfeld und die Suche nach weiteren Orten, an denen Grothebaum seine Opfer unterbringen konnte.

Bevor sie auseinandergegangen waren, hatten sie noch diskutiert, ob man den Verdächtigen bereits zu diesem Zeitpunkt zur Fahndung ausschreiben und sogar einen Haftbefehl beantragen sollte. Nach Abwägung des Für und Wider hatten sie beschlossen – mit einer Gegenstimme von Dieter Alsmann –, dass sie die Ergebnisse der anstehenden Recherchen abwarten wollten, bevor sie in Richtung Festnahme gingen.

Alsmann hatte für eine möglichst schnelle Festnahme plädiert. »Wir müssen dieses Schwein so bald wie möglich aus dem Verkehr ziehen. Ich verstehe gar nicht, warum ihr noch zögert. Was sollen wir denn noch herausfinden? Was wir haben, reicht doch längst, und so besteht nur die Gefahr, dass er sich noch ein Mädchen schnappt.«

Jutta Beltermann konnte ihn verstehen. Sie wusste als eine von wenigen, dass Alsmann eine Tochter aus seiner bereits früh gescheiterten Ehe hatte, die nur unwesentlich älter als die drei Opfer war. Alsmann war von den Geschehnissen in einem höheren und persönlicheren Maß betroffen als alle anderen.

Sie hatte ihn schließlich davon überzeugen können, dass es besser war, wenn man eine Festnahme mit mehr Beweisen durchführte, und so sicher davon ausgehen konnte, dass die Staatsanwaltschaft einen Haftbefehl beantragte, der Aussicht auf Bestand bei einem Haftprüfungstermin hatte.

Er hatte sich widerstrebend der Mehrheit gebeugt und war grummelnd von dannen gezogen, um mit seinen Ermittlungen zu dem Auto fortzufahren.

36

Er fühlte sich müde. So geschafft wie schon lange nicht mehr. In letzter Zeit spürte Dieter Alsmann erstmals, dass er auf die 60 zuging. Vieles fiel ihm schwerer als früher, seine Motivation hatte nachgelassen und der Biss, der ihn einmal ausgezeichnet hatte, war so gut wie weg.

Er hasste dieses Gefühl, in Gleichgültigkeit zu verfallen.

Als er die Zulassungsstelle verließ, war ihm klar, dass er wieder einmal nur Negatives zu vermelden hatte. Abgesehen davon, war es ihm peinlich gewesen, wie ihn die Angestellte hinter dem Schalter angesehen hatte. Dann hatte sie auch noch die Bemerkung losgelassen: »Das hätten Sie aber selbst bei ZEVIS abfragen können. Wussten Sie das nicht?«

Da war ihm der Gaul durchgegangen. »Ich hatte gedacht, es sei etwas persönlicher, wenn ich Sie hier besuche. Wenn ich natürlich gewusst hätte«, fügte er bissig und mit Verachtung in der Stimme hinzu, »dass ich Ihre wertvolle Arbeitszeit stehle, hätte ich mich an diesen Scheißkasten gesetzt und die Anfrage selbst eingetippt.«

Sie war beleidigt gewesen, hatte mit verkniffenem Mund die Abfrage für ihn durchgeführt und ihm dann genüsslich den negativen Bescheid gegeben.

Er hatte sich bewusst nicht bei ihr bedankt und war abgezogen.

Alsmann hatte sehr wohl bemerkt, dass Gregor Schmuddel schon am ersten Tag davon abgehalten hatte, die Ermittlungen zu dem Fahrzeug zu übernehmen.

Ihm war klar, dass die heutige Technik einen Besuch der Zulassungsstelle überflüssig machte, aber er war halt noch von der alten Schule. Der persönliche Kontakt mit zuständigen Mitarbeitern einer Behörde erbrachte manchmal Erkenntnisse, die nicht in irgendwelchen Computersystemen abgespeichert waren. Er hatte auch gerne mit Menschen zu tun, und die Technik, die Schmuddel so begeistert und vor allem erfolgreich einsetzte, war ihm größtenteils fremd – und suspekt.

Schon vor einem Jahr hatte er begonnen, sich auf seine Pensionierung zu freuen.

Endlich würde er über die Zeit verfügen, seine Tochter in Hamburg mal länger zu besuchen und die drei Enkelkinder besser kennenzulernen. Seine Exfrau war damals nach der Scheidung, vor über 20 Jahren, mit ihr weggezogen. Der Polizeiberuf war keine gute Basis für eine harmonische Beziehung – lange Arbeitszeiten, ruinierte Wochenenden, geplatzte Termine und Einladungen, alles nur, weil wieder irgendein Mord passiert war. Inzwischen hatte seine Tochter selbst drei Jungs im Alter von drei bis sechs, die er leider viel zu selten zu Gesicht bekam.

Aber gerade der Gedanke an seine Tochter war es, der ihn in diesem speziellen Fall bisweilen auf die Palme brachte. Zeitweise spürte er wieder die alte Verbissenheit, den unstillbaren Hunger und das Bedürfnis, die Klärung mit aller Macht voranzutreiben. Manchmal dachte er, es wäre die geeignete Krönung seines Arbeitslebens, wenn er entscheidend zur Auflösung dieses Falles beitragen könnte. Leider würde das wohl eher nicht passieren. Er hatte nur ein ums andere Mal voll in die braune Masse gegriffen.

So kann das nicht weitergehen. Ich muss einfach aktiver am Geschehen teilnehmen. Ich werde mit Gregor reden, dass er mich tiefer einbindet und mehr ins Zentrum der Ermittlungen holt.

Von diesem Gedanken mit neuem Mut erfüllt, machte er sich auf den Rückweg ins Polizeipräsidium.

37

Klaus Braake konzentrierte sich auf die Aufgabe. Obwohl er erleichtert darüber war, wie Gregor mit ihren Alleingängen umging, saß im Hintergrund seines Bewusstseins noch immer die Angst. Davor, dass Gregors Vorgesetzte Wind von der Sache bekommen würden oder die Dienstaufsicht oder jemand, der es jemandem aus der Behördenleitung steckte. Er musste sich zwingen, diese Gedanken beiseitezuschieben. Er hatte einen Auftrag, und den wollte er so gut und so schnell wie möglich erledigen.

Er verschaffte sich Zugang zu den Daten des Mobilfunkproviders. Es fiel im gar nicht auf, dass er sich trotz seiner Angst vor seinen Chefs automatisch der gleichen illegalen Zugänge bediente, wie bereits bei Erhebung der Bankdaten. Um die Bewegungsdaten eines Handys zu bekommen, bedurfte es eines richterlichen Beschlusses, der dann beim Provider eingereicht werden musste. Erst danach gaben die Mobilfunkgesellschaften die erforderlichen Daten heraus. Insgesamt eine sehr bürokratische

Angelegenheit, aber vor allem eine, die oft zu viel Zeit brauchte. Schmuddel redete sich ein, dass sie diese Zeit nicht hatten, also ging er den direkten Weg.

Mit der ihm bekannten Mobilfunknummer von Grothebaum fragte er dessen Verbindungsnachweise ab und wann und wo sich das Handy in den vergangenen zehn Tagen mit einem Funkmast verbunden hatte. Das Ergebnis war nach wenigen Minuten da: eine Tabelle mit Hunderten von Zeitstempeln und Koordinaten. Er lud diese Liste auf seinen lokalen Rechner herunter und trennte jede Verbindung zum Mobilfunkprovider.

Nach der NSA-Affäre und immer wieder auftauchenden Meldungen, dass Unternehmen die Bewegungsdaten ihrer Kunden sogar verkauften, hielt sich Schmuddels Unrechtsbewusstsein sehr in Grenzen. Schließlich dienten seine Handlungen der Aufklärung eines Verbrechens und nicht dem Versuch, aus dem Wissen um die Aufenthaltsorte von Kunden irgendwie Profit zu schlagen.

Mit einem anderen Programm setzte er die Daten der Tabelle in eine mit Google Maps vergleichbare Landkarte ein. Dort entstand eine Anzahl von Linien, die kreuz und quer durch Frankfurt führten. Setzte er die Maus an irgendeiner Stelle auf eine Linie, erhielt er in einer Einblendung die jeweiligen Koordinaten und die sekundengenaue Angabe, wann sich das Handy dort in eine Funkzelle eingeloggt hatte.

Bereits auf den ersten Blick sah er, was er eigentlich nicht hatte sehen wollen.

Keine der vielen Linien führte zu einem der drei Fundorte.

»Verdammt!«, entfuhr es ihm. Er war zwar allein vor seinem Computer, aber er musste sich Luft machen. Lautlos fluchen brachte leider gar nichts.

Es kann ja sein, dass er jedes Mal, bevor er zu einem der Fundorte ist, das Handy ausgeschaltet hat, dachte er nach kurzem Überlegen. Also überprüfte er die gesamte Zeitschiene, ob sich darin Lücken befanden, die der Beweis für ein Ausschalten des Handys gewesen wären.

»Verdammte Scheiße!« Die Überprüfung zeigte, dass Grothebaums Mobiltelefon zu keiner Zeit ausgeschaltet gewesen war.

Der nächste zu überprüfende Punkt war, wo das Handy sich zu den Zeiten befunden hatte, zu denen der Täter ihres Wissens an einem bestimmten Ort war. Das waren zum einen die Zeiträume, in denen die Leichen in den Parks deponiert worden waren, zum anderen die Entführungszeiten. Also gab er einmal den Zeitraum ein, an dem Vera Raditschenko am Straßenstrich in das Auto gestiegen war, und danach den ungefähren Zeitraum, in dem Amanda Chekova aus ihrer Wohnung entführt worden war.

Fünf Minuten später war Schmuddel so frustriert, dass er die Tastatur anhob und mit einem lauten Krachen auf den Tisch schmetterte. »So eine gottverdammte Scheiße!« Er war normalerweise nicht so leicht aus der Fassung zu bringen, aber diesmal war das Maß überschritten, das er ertragen konnte. Die Aufzeichnungen bewiesen, dass sich das Handy zu allen relevanten Zeiten in Grothebaums Haus in Rödelheim befunden hatte. Das aber war kein Beweis. Schmuddel ging davon aus, dass Grothebaum sein Handy immer dann zu Hause gelassen hatte, wenn er seine Taten beging. Also eine absolute Sackgasse, die niemandem weiterhalf.

Er wollte gerade den ganzen Kram hinschmeißen und in die Kantine gehen, um etwas zu essen, als er das kleine Symbol sah, das ihm eine neue Mail signalisierte. Die Neugier siegte, und er nahm sich vor, noch diese eine Mail zu lesen und erst dann essen zu gehen. Nur wenige Sekunden später war sein Hunger vergessen. Es handelte sich um ein Ergebnis seiner Anfragen zu Fällen, die auch nur entfernt Ähnlichkeit mit ihren Serienmorden an Prostituierten hatten. Einer der Mitarbeiter der Aktenhaltung, auf dessen Erfolg er keinen Cent gesetzt hätte, hatte ihm in einer Mail den Sachverhalt der Tötung einer Prostituierten im Jahr 1966 in Frankfurt geschickt. Es handelte sich nicht um einen Mord, sondern einen Vorfall, der strafrechtlich überhaupt nicht verfolgt worden war, da der »Täter« minderjährig gewesen war. Selbst wenn der Junge älter gewesen wäre, wäre der Fall vermutlich als Notwehr bewertet worden. Die Übereinstimmungen waren jedoch so frappierend, dass Schmuddel keine Sekunde lang an einem Zusammenhang zweifelte.

Die Frau war eine Prostituierte aus der Ukraine gewesen, 26 Jahre alt, und war von ihrem Sohn, der zu dieser Zeit gerade mal acht Jahre alt gewesen war, getötet worden. Er hatte sich nach schwersten Misshandlungen und auch umfangreichen Verletzungen gewehrt und sie mit einem Küchenmesser erstochen. Schmuddel erschauderte, als er las, dass die Frau mit dem Messer quasi auf den Boden genagelt worden war. Das grausamste Detail, das aber den größten Bezug zu ihren heutigen Fällen aufzeigte, war, dass der Kleine seiner Peinigerin nach deren Tod mit einem Fleischklopfer aus Metall die Zehen zertrümmert hatte. Er hatte sie so zerschlagen, dass es einer Amputation sehr nahe kam.

Schmuddel überschlug die Daten kurz. Wenn der Kleine 1966 neun Jahre alt gewesen war, also zum Geburtsjahrgang 1957 gehörte, so war er heute 57 Jahre alt – wie Grothebaum. Er war sich sofort sicher, dass er hier auf Öl gestoßen war und sie nun den Auslöser für die Taten kannten.

Allerdings hatte die Sache einen Haken: Die Unterlagen nannten den ukrainischen Namen der Mutter und den Vornamen des Jungen ... Vladimir. Aber in der Mail stand auch, dass der Junge der Fürsorge übergeben worden und der Name nie wieder aufgetaucht war. Dem Kollegen, der den Sachverhalt ausgegraben hatte, war kein Zugang zu den Akten des Jugendamtes gewährt worden. Was konnte man jetzt noch tun? Schmuddel war ratlos und tat das Einzige, was ihm in dieser Situation einfiel: Er griff zum Telefon und rief Jutta Beltermann an.

38

Irina und Jenny hatten ihre Ermittlungen bei der Sitte begonnen. Dort hatte Grothebaum ein Büro und nahm seine Aufträge in Angriff. Somit waren die Kolleginnen und Kollegen der Sitte die erste Wahl, wenn es darum ging, seinen Tagesablauf nachzuvollziehen. Alle Mitarbeiter der Sitte kannten Irina zumindest vom Sehen, trotz des Umstandes, dass sie erst seit wenigen Wochen dabei war. Deshalb übernahm sie es, die Fragen zu stellen.

Sie fühlte sich nicht wohl, da alle wussten, dass sie Grothebaums Partnerin war. Partner schnüffelten sich nicht hinterher. Aber ihr war klar, dass sie den Kollegen reinen Wein einschenken musste. Also machte sie keinen Hehl daraus, dass es darum ging, einen Verdacht aus der Welt zu schaffen oder zu bestätigen. Irina verschwieg den Zusammenhang mit den Mordermittlungen und auch, dass die Mordkommission keine großen Zweifel an Grothebaums Täterschaft hatte. Sie gab an, der Dienstaufsicht zuvorkommen zu wollen, bevor die ihrem Kollegen etwas anhängte, das er vielleicht nicht getan hatte.

Allerdings musste sie schnell feststellen, dass Grothebaum bei allen in seiner unmittelbaren Umgebung mindestens genauso unbeliebt war, wie im Team der Mordkommission.

»Als würde mich interessieren, was das alte chauvinistische Arschloch so treibt, pah. Ich bin froh, wenn ich ihn nicht zu Gesicht bekomme«, war die unmissverständliche Aussage der ersten Kollegin, die sie befragten. Bei den Äußerungen der anderen Kolleginnen handelte es sich im Wesentlichen um Variationen der gleichen Feststellung.

»Ich gehe ihm, so gut es geht, aus dem Weg«, war die freundlichste Auskunft, die sie bekommen konnten.

Die männlichen Kollegen drückten sich teilweise wesentlich drastischer aus.

»Woher soll ich wissen, wo die faule Sau sich rumtreibt? Das ist ein Einzelgänger, oder warum glaubst du, haben sie dich ihm zugeteilt?«, fragte einer Irina. »Sie haben wohl gedacht, dass eine junge Russin noch am ehesten mit ihm umgehen kann. Vielleicht haben sie gehofft, dass er scharf auf dich ist und sich deshalb mal ein bisschen mit seinen Sprüchen zurückhält.«

Alles in allem hörten sie eine Menge über den Menschen Grothebaum, allerdings kaum etwas Gutes. Über seine Aufenthaltsorte zu bestimmten Zeiten erfuhren sie nicht das Geringste. Auf die Frage, ob jemand etwas darüber wüsste, dass Grothebaum eventuell der russischen Sprache mächtig sei, ernteten sie lediglich Gelächter.

In seinem Büro sahen sie sich nur oberflächlich um, da sie noch nicht über einen Durchsuchungsbeschluss verfügten. Beim Verlassen des Raumes klingelte Jennys Handy und Schmuddel informierte sie im Auftrag von Mutti über seine neuen Erkenntnisse.

»Lass uns noch mal in Grothebaums Büro nachschauen, ob wir auf den ersten Blick etwas finden, was für eine Adoption spricht«, schlug Irina vor, nachdem Jenny wiedergegeben hatte, was ihr von Schmuddel erzählt worden war.

Sie gingen zurück in das Büro und versuchten, alles, was es zu sehen gab, aus einem neuen Blickwinkel zu betrachten.

Wir müssen uns ein neues Bild machen, dachte Irina, und dabei fiel ihr Blick auf eine Wand mit Fotografien. An einer Pinnwand hing ein buntes Sammelsurium von Bildern. Kleine und größere, schwarz-weiß und in Farbe, teilweise überdeckten sich die Fotos in den Ecken. Irina trat näher heran und betrachtete die Bilder. Da die Fotografien offensichtlich einen Zeitraum von über einem halben Jahrhundert abdeckten, war es ihr möglich, die Veränderung im Aussehen von Grothebaum rückzuvollziehen und ihn so auch auf sehr alten Bildern zu erkennen. Grothebaum als junger Uniformierter, Grothebaum mit anderen Kollegen verschiedener Einheiten über mehrere Jahre, Grothebaum bei einer Grillfete des Präsidiums, in einem Urlaub am Strand, auf einem Motorrad, beim Kegeln, im Garten seines Hauses bei der Gartenarbeit und mit seinen Eltern.

Sie nahm das Bild mit seinen Eltern von der Pinnwand und betrachtete es eingehender. Es war nur wenige Jahre alt und zeigte zwei sehr alte, gebrechlich wirkende Leute. Sie suchte die Bilderflut ab und fand, fast vollständig von anderen verdeckt, ein uraltes Schwarz-Weiß-Foto vor demselben Haus. Das Pärchen war wohl in den Zwanzigern und stand hinter einem kleinen Jungen, der auf Krücken und mit einem Gipsbein unsicher in die Kamera blickte. Der Junge mochte etwa acht oder neun Jahre alt sein.

»Jenny«, machte sie die Kollegin aufmerksam, »schau doch mal, meinst du, das kann uns irgendwie weiterhelfen?« Sie zeigte ihr das Foto. »Kannst du noch mal genau erzählen, was Schmuddel über diesen alten Fall rausgefunden hat?«

Jenny besah sich die Fotografie und runzelte die Stirn. »Wenn ich das noch richtig zusammenbekomme, dann hat ein neunjähriger Junge seine Mutter erstochen, als sie ihn übelst misshandelt und schwer verletzt hat.«

Irina überlegte. »Kann es sein, dass das Ehepaar Grothebaum den kleinen Jungen adoptiert hat? So richtig ähnlich sehen die Grothebaums unserem Kollegen ja nicht, oder?«

Sie suchten gemeinsam die Bilderwand ab und fanden insgesamt noch drei weitere Fotos, auf denen das Ehepaar Grothebaum in verschiedenen Lebensabschnitten abgebildet war.

»Also ich kann keine Familienähnlichkeit entdecken«, stellte Jenny schließlich fest. »Was machen wir nun mit den Bildern?«

»Ich finde, wir sollten jemanden anrufen und unsere Entdeckung diesmal so schnell wie möglich weitergeben«, bemerkte Irina mit einem fragenden Blick.

Jenny nickte und holte ihr Handy aus der Tasche. Sie wählte eine Nummer, hielt das Gerät ans Ohr und wartete.

»Hallo, Mutti«, begann sie, als auf der Gegenseite abgenommen wurde. »Wo bist du gerade?«

Irina sah, wie sich Jennys Augen auf einmal vor Überraschung weiteten. »Wow, kannst du hellsehen? … Nee, nee, wir haben hier im Büro von Grothebaum etwas gefunden, das es wert ist, es zu überprüfen. Pass auf, ich erzähl dir alles.« Dann begann sie zu berichten. Noch bevor sie zu Ende war, kam ihr ein Gedanke. »Warte, ich mache noch schnell mit dem Handy ein paar Fotos von den Bildern und schicke sie dir.«

39

Den Antrag auf Erstellung einer Durchsuchungsanordnung hatte Jutta Beltermann gerade per Mail an die Staatsanwaltschaft geschickt. Sie hatte ihn mit einem Vermerk zur Eilbedürftigkeit versehen und war der Hoffnung, dass sie noch heute einen Beschluss zugesandt bekam. Da das Elektronikzeitalter auch bei der Staatsanwaltschaft Einzug gehalten hatte, würde die Mordkommission den Beschluss nicht nur auf Papier erhalten, sondern auch ins Mail-Postfach der MK 2 und auf die Handys und Notepads der eingetragenen Mitglieder. Sie wollte gerade aufstehen und sich einen Kaffee ziehen, als ihr Telefon klingelte.

In den folgenden Minuten gab Braake ihr eine Zusammenfassung der Erkenntnisse, die er soeben erlangt hatte. Sie merkte ihm an, dass er ratlos war und ihre Hilfe bei der Entscheidung über die weitere Vorgehensweise suchte.

»Okay, ich nehme mich der Sache an. Mal sehen, ob ich meine Kontakte beim Jugendamt spielen lassen und dort was rausfinden kann«, erwiderte sie ohne Zögern. »Aber ruf du bitte die anderen an und erzähle ihnen das Gleiche, was du mir gerade gesagt hast.«

Sie zögerte nicht lange und entschloss sich, sofort das Jugend- und Sozialamt aufzusuchen, das in der Eschersheimer Landstraße, lediglich 100 Meter schräg gegenüber dem Polizeipräsidium angesiedelt war. Also zog sie ihren Wintermantel über und machte sich auf den kurzen Fußweg.

15 Minuten später saß sie zusammen mit einer alten Bekannten aus dem Bereich der Sozialfürsorge in der Cafeteria des Sozialamtes. Sie hatte sie auf einen Kaffee eingeladen, ohne ihr zu verheimlichen, dass sie ihre Hilfe brauchte.

»Schön, dass du Zeit für mich hast, Ingrid. Wir haben uns ja lange nicht mehr gesehen«, begann sie vorsichtig. »Pass auf, wir sind gerade einem Serienmörder auf der Spur. Du hast sicherlich von den ermordeten Prostituierten gelesen.« Sie ignorierte das Entsetzen im Blick der Mittfünfzigerin und fuhr fort: »Und jetzt sind wir an einem Ermittlungsstand angelangt, wo wir kurz vor einem Durchbruch stehen, aber auf fremde Hilfe angewiesen sind.« An dieser Stelle machte sie aus dramaturgischen Gründen eine kleine Pause und stellte befriedigt fest, dass Ingrid sie mit aufgerissenen Augen anstarrte und mit dem Kopf nickte. Jetzt war es an der Zeit, die Katze aus dem Sack zu lassen. »Wir brauchen Zugang zu den Akten einer Adoption von vor ungefähr 50 Jahren oder zumindest die wichtigsten Informationen daraus – und es eilt wirklich.«

Ihre Bekannte hatte bei den Worten »Akten« und »Adoption« die Backen aufgeblasen und stieß nun die Luft aus. »Du, Jutta, sei mer net bös, abber des mit Akte von Adoptione, ei, des is werklich schwer. Da brauchste doch normalerweis immer en richterliche Beschluss, des waaste doch, odder?«

»Ja, na klar«, bestätigte Mutti, »deshalb komme ich ja zu dir. Wir haben die Zeit nicht, um einen Beschluss zu erwirken. Hier stehen Leben auf dem Spiel«, übertrieb sie ein wenig, was die Dringlichkeit anging. »Du kennst doch sicher jemanden bei der Adoptionsstelle, der das Ganze inoffiziell, sozusagen auf dem kleinen Dienstweg, ermöglichen kann. Den Beschluss werden wir selbstverständlich nachträglich noch beantragen, sodass niemand Probleme kriegt«, beeilte sie sich noch hinzuzufügen. Sie setzte einen bittenden Blick auf. »Ingrid, ich will nicht, dass noch mehr Frauen ermordet werden. Wir müssen das Schwein fassen. Aber dazu brauchen wir eine Auskunft.«

Ingrid war anzumerken, dass sie mit sich kämpfte. Schließlich gab sie sich einen Ruck. »Ei, ich kann ja ma gucke. Hmmm, ich kenn da en Kolleschin, die könnt vielleicht helfe.«

Wiederum zehn Minuten später standen sie in einem mit Akten fast vollständig zugemüllten Büro, wo eine pummelige Brünette hinter einem kleinen Monitor saß und eifrig die Tastatur ihres Computers bearbeitete. Sie begrüßte die eintretende Ingrid mit einem freundlichen Lächeln, betrachtete aber die hinter ihr folgende Jutta Beltermann etwas argwöhnisch.

»Guude, Silvia, du … äh … mir hätte da gern emal e Problem«, begrüßte Ingrid ihre Bekannte, nahm sich unaufgefordert einen Stuhl und platzierte sich nur eine Armeslänge entfernt von der nun etwas überrascht wirkenden Silvia.

Dann schilderte sie das eben von Mutti Erfahrene in den schillerndsten Farben und mit zahlreichen Details, die Jutta Beltermann ihr nicht gegeben hatte und die auch gar nicht zutrafen. Dennoch hütete Jutta sich, in die Konversation der beiden Frauen einzugreifen. Auf keinen Fall wollte sie die Atmosphäre der Vertrautheit zwischen den beiden durch kleinliche Richtigstellungen stören. Was für sie zählte, war ausschließlich der Erfolg der Maßnahme. Würde es Ingrid gelingen, Silvia dazu zu bewegen, abseits der Vorschriften einen Zugang zu Akten zu ermöglichen?

Die etwas überfordert wirkende Frau zögerte merklich, eine positive Antwort zu geben. Aber Ingrid plapperte sie in einem nicht enden wollenden Strom von Ausschmückungen an die Wand und ihr Widerstand wurde zusehends geringer. Ingrid schilderte die möglichen Folgen, wenn man nicht sofort etwas unternahm, das Leid der bedauernswerten Opfer und die Schuld, die sie alle auf sich laden würden, wenn sie nichts taten.

»Okay, okay, du hast mich überzeugt«, Silvia hielt die Hand hoch, um Ingrids Redeschwall zu stoppen. »Sagt mir, wie ich euch helfen kann, und ich will sehen, was machbar ist.«

Nun war es an Ingrid, Jutta anzusehen und stolz zu bemerken: »Ei, siehste, isch hab der doch gesaacht, die

Silvia, die kann uns helfe. Jedzd musste nur noch saache, wasse für disch machen kann.«

Jutta erkannte, dass nun der Weg für sie geebnet war. »Also«, sie räusperte sich kurz, »wir sind auf der Suche nach Adoptionsunterlagen. Dabei interessiert uns, wer im Jahr 1966 oder wenige Jahre danach einen etwa acht- bis zehnjährigen Jungen namens Vladimir Klevanko adoptiert hat. Alternativ können wir auch untersuchen, ob das Ehepaar Anna und Siegfried Grothebaum in dieser Zeit einen Jungen adoptiert hat.« Erwartungsvoll sah sie die Dame von der Adoptionsstelle an und wartete auf eine Antwort.

»Oje, das tut mir aber leid.«

Juttas Hoffnungen sanken bei dieser Aussage der ehrlich enttäuscht aussehenden Dame in den Keller. Scheiße, dachte sie und überlegte schon, wie man auf andere Weise an die Informationen kommen könnte.

»Die Daten aus den 60er-Jahren sind noch nicht im Computer. Wir haben erst angefangen, sie rückwirkend einzugeben«, fuhr die Adoptionsmitarbeiterin fort und zeigte auf die Stapel von Akten, die in ihrem Büro herumlagen, »wir sind jetzt gerade mal bei 1982 angelangt.« Sie zuckte entschuldigend mit den Schultern. »Das ist wirklich eine Schweinearbeit.«

Neue Hoffnung machte sich in Mutti breit. »Aber die Akten an sich, die gibt es noch, oder?«, fragte sie vorsichtig.

»Ja, ja, natürlich. Die liegen nur alle im Keller.«

»O toll, das ist ja wunderbar, könnten Sie denn …«

»Nee, nee, nee, das kann ich jetzt wirklich nicht machen. Erstens hab ich eine Stauballergie, ich bin schon gestraft genug mit dem Kram hier, und zweitens sind die Sachen nicht richtig sortiert, die stecken alle in Kisten, die kreuz und quer durcheinanderstehen. Da wäre ich tagelang am

Suchen. Die Zeit könnte ich gar nicht aufbringen, selbst wenn es mir gesundheitlich möglich wäre.«

»Könnte denn irgendjemand anderes …«, startete Jutta einen letzten Versuch, wobei sie ihre Bekannte Ingrid ansah.

»Ei, guck net misch an, isch krisch in soem Dreck die Krätz«, wehrte die allerdings sofort lautstark ab.

Silvia ergänzte mit einem bedauernden Ton: »Leider haben wir auch keinen Archivar mehr, wie es früher welche gab. Mit der Einführung der Computer hat man den abgeschafft.«

Jutta erkannte, dass ihr nichts anderes übrig bleiben würde, als selbst in den sauren Apfel zu beißen. Zur Sicherheit fragte sie aber noch nach: »Darf ich denn selbst im Keller nach den Unterlagen suchen?«

Die Erleichterung war beiden Frauen deutlich anzusehen.

»Aber natürlich, gerne!«

»Ei, klar doch. Des kannste mache. Des is aber vill Abbeit, gell, des weisste doch, odder?«

Jutta schnaubte kurz. Selbstverständlich wusste sie das, aber es war nicht das erste Mal, dass sie sich in verstaubten Kellern durch Berge von alten Akten wühlen musste. Sie kannte das. Aber immer, wenn es zu einem Erfolg geführt hatte, war ihr im Nachhinein klar geworden, dass sich die unsägliche Mühe letztendlich doch gelohnt hatte. »Na dann zeig mir doch mal jemand, wo ich den ganzen alten Krempel finde, dann kann ich mich gleich an die Arbeit machen.«

Silvia von der Adoptionsstelle erhob sich ächzend und ging voraus zur Tür. »Mir nach, ich zeig's Ihnen.«

40

Gregor überlegte, warum er ein schlechtes Gefühl hatte und sich des Gedankens nicht erwehren konnte, etwas übersehen zu haben. Es war sonst nicht seine Art, Gefühle in Bezug auf Fälle zu entwickeln. Er dachte und handelte ausschließlich nach logischen Aspekten. Gefühle spielten lediglich in seinem Verhältnis zu Sonja eine Rolle, ansonsten waren sie ihm unbekannt. Was war das, was ihn so unsicher machte? War es der Zweifel daran, alles bedacht zu haben? Fehlte ihm eine Information, und sein Unterbewusstsein machte ihn darauf aufmerksam?

Sein Handy klingelte und er sah, dass Sonja ihn anrief. »Ja Schatz, was hast du herausgefunden?«

»Also«, begann Sonja, »ich habe alles Mögliche versucht, und es ist immer dasselbe herausgekommen. Den Aufzeichnungen des Pförtners am Einlass und den Aussagen aller infrage kommender Mitarbeiter zufolge hat Grothebaum seit Einlieferung der ersten Leiche keinen Fuß in die Rechtsmedizin gesetzt – ich habe allen Befragten übrigens ein Foto von ihm gezeigt. Zur Sicherheit habe ich von einem Mitarbeiter, der Grothebaum persönlich kennt, alle Videoüberwachungsbänder des Eingangsbereichs durchsehen lassen – negativ. Also können wir mit relativ hoher Sicherheit davon ausgehen, dass das Haar im Zusammenhang mit der Tat auf die Leiche gekommen ist.«

Gregor nickte, bis ihm einfiel, dass Sonja das nicht sehen konnte. »Ja, gut gemacht, aber eigentlich habe ich das schon als die wahrscheinlichste Möglichkeit angesehen.«

Einen Moment lang hatte er einen flüchtigen Gedanken im Hinterkopf, der sich aber nicht fassen lassen wollte.

Da war etwas, was er übersehen hatte, dessen war er sich sicher, aber erstmals in seiner Laufbahn konnte er die Idee nicht halten. Es beängstigte ihn, machte ihn unsicher, was ein ihm bisher unbekanntes Gefühl war.

»Gregor? Schatz, bist du noch dran?«

»Ja, sorry, mir kommt es so vor, als hätte ich etwas übersehen, aber ich kann den Gedanken nicht fassen. Ich fühle mich unwohl.« Er war nicht in der Lage, sich auf das Telefonat zu konzentrieren. »Ich werde das Team zusammenrufen, allerdings erst morgen früh, jetzt ist es bereits 18:30 Uhr, und es sind auch nicht alle im Haus. Es war doch ein langer Tag.«

Er spürte selbst, dass die Müdigkeit ihn immer wieder überfiel, immerhin war er seit kurz nach 3:00 Uhr auf den Beinen. Vielleicht ist das der Grund, warum ich keinen wirklich klaren Gedanken fassen kann. Eventuell finde ich morgen das fehlende Puzzleteil.

Er verschickte noch eine Sammel-SMS an die Teammitglieder, in der er den Termin für die morgige Besprechung mitteilte, schob alle weiteren Gedanken beiseite, packte seine Sachen zusammen und machte sich auf den Weg nach Hause.

Sie sind mir auf der Spur! Also kann es nicht mehr lange dauern.

Er wusste nicht, ob er Angst haben, erleichtert sein oder einfach nur indifferent auf den Ausgang des Ganzen warten sollte. Grundsätzlich war ihm von Anfang an bewusst gewesen, dass er seine Handlungen nicht bis in alle Ewigkeit würde fortsetzen können.

Er hatte schon vor langer Zeit einen Trojaner in das Computersystem des Polizeipräsidiums eingeschleust, der ihn immer auf einem aktuellen Stand bezüglich laufender Ermittlungen hielt. Also wusste er um die Abfragen von Klaus Braake zu den alten Fallakten aus seiner Jugend und auch um die Ermittlungen nach dem Tatort. Er musste dem jungen Mann zugestehen, dass er schlauer war, als er es für möglich gehalten hatte. Er würde aber früh genug wissen, was als Nächstes passieren würde, um Gegenmaßnahmen oder im Notfall auch die Flucht ergreifen zu können.

Als Erstes musste er sich darum kümmern, dass man in seinem Keller keine Beweise für den vorübergehenden Aufenthalt der Prostituierten finden würde. Er hatte alles Menschenmögliche unternommen, um keine Spuren auf den Frauen zu hinterlassen. Wenn es ihm nun auch noch gelang, die Spuren in seinem Keller restlos zu beseitigen, würde die Beweislage gegen ihn sehr, sehr schlecht aussehen. Ohne Beweise würde es ihnen schwerfallen, einen echten Fall gegen ihn aufzubauen.

TAG 9

41

Gregor hatte das Meeting in der Zentrale auf einen sehr frühen Zeitpunkt gelegt, weshalb die Ersten mit müden Augen gegen 7:00 Uhr eintrafen. Jutta Beltermann war die Letzte, als sie zehn Minuten nach sieben ankam. Gregor sah ihr an, dass sie eine vermutlich sehr kurze Nacht hinter sich hatte. Ihre Haltung signalisierte ihm, dass sie Rückenschmerzen hatte. Gleichzeitig fragte er sich, was ihr wiederholtes Husten wohl zu bedeuten haben mochte.

Neben ihm saß Sonja, die ebenfalls bei den Hustenanfällen von Jutta die Stirn in Falten legte und ein sorgenvolles Gesicht machte.

Jenny hatte Irina über die Sammel-SMS ans Team informiert und mitgebracht. Gregor fiel auf, dass beide einen überaus glücklichen und zufriedenen Eindruck machten.

Als sich schließlich alle gesetzt hatten, eröffnete Gregor die Besprechung. »Obwohl die meisten sicherlich schon die Erkenntnisse der anderen kennen, möchte ich doch bitten, dass jeder einzelne in chronologischer Abfolge der Geschehnisse seinen Teil zum Gesamtbild vorträgt. Wenn ich richtig informiert bin, müsste Schmuddel den Anfang machen.« Er blickte Schmuddel auffordernd an.

Dieser berichtete in kurzen Worten, wie sie die Eingrenzung des möglichen Tatortes vorgenommen hatten und dass Irina die Adresse von Grothebaum erkannt hatte.

Danach ging er auf die neuesten Erkenntnisse ein. »Ich habe bei der Recherche nach vergleichbaren Fällen eine Anfrage per Mail an alle Kollegen des Präsidiums verschickt, ob sich vielleicht jemand an einen solchen Fall erinnert. Überraschenderweise habe ich eine Antwort von einem älteren Mitarbeiter der Aktenhaltung bekommen, der mir auch die entsprechende Akte herausgesucht und zugeschickt hat. Demnach hat 1966 ein damals Neunjähriger seine Mutter – eine ukrainische Prostituierte – in Notwehr erstochen.« Er projizierte die von ihm eingescannten und relativ verblassten Fotos vom Tatort auf die Medienwand.

Gregor hatte die Fotos bereits gesehen, aber auch diesmal erinnerte ihn die abgebildete Tote sofort an einen aufgespießten Schmetterling.

Die abgebildete Frau lag mit gespreizten Armen und Beinen auf dem Rücken, und aus der Mitte des Unterbauches ragte der Griff eines großen Fleischermessers hervor. Das bunt bedruckte Nachthemd lag an ihren Seiten auf dem Boden ausgebreitet, was den Eindruck eines Schmetterlings noch verstärkte.

Das nächste Bild zeigte eine grobkörnige Nahaufnahme der Zehen des Opfers.

»Die Tatortaufnahme hat erbracht«, fuhr Schmuddel fort, »dass der Junge seiner bereits toten Mutter mit einem Fleischklopfer die Zehen zu Brei geschlagen hat.«

Gregor sah, wie die Frauen erschauderten, als sie sich den Tathergang vorstellten.

»Zu den Hintergründen der Tat geben die Akten nicht das Geringste her. Der Junge war noch strafunmündig, also gab es keinen Prozess, und aufgrund seiner eigenen Verletzungen wäre die Tat sowieso als Notwehrhandlung angesehen worden. Da die Akte keinen Verweis auf irgendwelche lebenden Verwandten des Kleinen hergibt, gehe ich davon aus, dass er der Fürsorge anvertraut und irgendwann von irgendwem adoptiert oder in Pflege genommen wurde.« Er machte eine kurze Pause. »Tja, und da kommt Mutti ins Spiel.«

Er nickte Jutta zu und sie übernahm die Berichterstattung. »Ich habe gestern noch angefangen …«, begann sie mit heiserer Stimme und wurde von einem überraschenden Hustenanfall geschüttelt. Nachdem sie ihn überwunden hatte, fuhr sie nach ausgiebigem Räuspern fort. »Entschuldigt bitte, aber ihr macht euch kein Bild davon, wie staubig es im Keller der Adoptionsbehörde ist. Ich denke, ich habe eine Stauballergie oder meine Bronchien sind so voll von dem Dreck, dass ich erst alles abhusten muss.« Sie hustete erneut, bevor sie weiterreden konnte. »Also, ich habe mich gestern zur Adoptionsbehörde aufgemacht und durch alte Kontakte die Erlaubnis erlangt, in den alten, im Keller gelagerten Unterlagen herumzusuchen. Leider liegen die Akten in Bergen von Kartons völlig unsortiert herum, und ich habe noch nicht mal ein Drittel geschafft. Wie ihr euch sicher denken könnt, habe ich noch nichts gefunden. Also werde ich heute weitermachen, auch wenn es mir schwerfällt.«

Gregor mischte sich in ihren Bericht ein. »Ich schlage vor, dass du dir eine professionelle Atemschutzmaske besorgst, bevor du dich das nächste Mal in diesen Keller begibst. Kannst du Hilfe gebrauchen?«

Juttas dankbarer Blick reichte aus, damit Gregor die Frage in die Runde stellte: »Wer könnte ihr heute helfen? Ich denke, es ist in unser aller Interesse, dass diese Suche so schnell wie möglich zu einem Ergebnis führt.«

Alsmanns Hand war die erste, die nach einem allgemeinen Umherblicken, ob sich nicht ein anderer melden würde, nach oben ging. »Okay, ich helfe ihr. Ich habe bisher nur Misserfolge produziert, vielleicht kann ich diesmal ja endlich mal was Positives beitragen.«

Als Nächstes berichtete Jenny von den gemeinsam mit Irina durchgeführten Ermittlungen beim Sittenkommissariat. Dabei überraschte es niemanden, dass Frank Grothebaum offensichtlich der unbeliebteste Kollege war, von dem man jemals gehört hatte. »Am interessantesten«, fuhr Jenny fort, »dürften allerdings die Bilder sein, die wir an seiner Pinnwand gefunden haben. Einige zeigen einen jungen Grothebaum zusammen mit seinen Eltern – und ich will mich mal so weit aus dem Fenster lehnen, dass darauf keine wirkliche Familienähnlichkeit erkennbar ist. Von daher kann ich nicht ausschließen, dass er der adoptierte Junge ist.« Sie sah zu Irina, die ihre Aussagen durch kräftiges Nicken bestätigte. »Es käme auch altersmäßig hin.«

Gregor nickte zustimmend, obwohl sich im Hintergrund seines Bewusstseins noch immer der nagende Zweifel regte, ob er auch alle Eventualitäten bedacht hatte. »Sonja, hast du noch etwas beizusteuern?«

»Nun ja, eigentlich nichts Weltbewegendes. Ich möchte mich ungern mit fremden Federn schmücken, deshalb will ich noch erwähnen, dass nicht ich das Haar gefunden habe, sondern mein Chef, Professor Bücking. Im Nachhinein bin ich froh, dass ich ihn zur Sicherheit hinzugezogen habe. Ansonsten«, sie überlegte einen Moment lang, »ist eigentlich nur noch interessant, dass ich aufgrund der von mir in der Rechtsmedizin eingeleiteten Befragungen und Überprüfungen ausschließen kann, dass Grothebaum zu einem Zeitpunkt nach der Einlieferung der Leiche in den Räumlichkeiten war. Somit scheidet die Möglichkeit aus, dass das Haar dort auf die Tote gekommen ist.«

»Na also«, ließ Alsmann hören, »dann sollten wir doch endlich genug Beweise haben, um das Schwein festzunehmen, oder?«

Gregor musste ihm zustimmen. Aber er wollte keinen Hehl aus seinen Bedenken machen. »Ich stimme dir zu, Dieter. Ich sollte aber erwähnen, dass ich ein ungutes Gefühl habe, was die Beweislage angeht. Ich weiß«, wehrte er den beginnenden Protest von Alsmann ab, »ich weiß, das ist nicht relevant und auch gar nicht meine Art. Ich kann es auch nicht erklären, aber ich habe den Eindruck, etwas übersehen zu haben.« Er gab sich einen Ruck. »Aber letztendlich stimme ich zu, dass wir unverzüglich Grothebaum festnehmen und zeitgleich sein Haus durchsuchen sollten.«

»Na endlich.« In Schmuddels Stimme war die Erleichterung über diese Entwicklung zu hören, und auch Dieter Alsmann wirkte zufrieden.

»Ist der richterliche Durchsuchungsbeschluss für das Haus von Grothebaum inzwischen eingetroffen?«, fragte Gregor in die Richtung von Jutta Beltermann.

Die versuchte zu antworten, bekam erneut einen Hustenanfall und nickte stattdessen heftig. Nach einigem Räuspern gelang es ihr, mit rauer Stimme zu ergänzen: »Gestern spät abends. Hab ich vergessen, sorry.«

»Kein Problem. Schone bitte deine Stimme. Ich schlage vor, dass du noch ein wenig wartest, bis du erneut in die Katakomben der Adoptionsstelle gehst. Das gibt Dieter auch die Möglichkeit, mich zur Durchsuchung des Hauses zu begleiten, bevor er dich unterstützt. Zeitgleich«, er warf einen Blick auf seine Armbanduhr, »am besten um 9:00 Uhr, sollten Jenny und Frau Petrowska Grothebaum in seinem Büro festnehmen und in den Vernehmungsraum bringen. Dort soll er bleiben, bis wir erste Ergebnisse der Durchsuchung seines Hauses haben. Hat jemand Einwände gegen diese Einteilung?«

»Was, bitte schön, mach ich in der Zeit?«, war die etwas erstaunte Frage von Schmuddel.

»O ja«, meinte Gregor. Vor wenigen Sekunden war ihm die Erleuchtung gekommen, was ihn seit gestern so beschäftigte und woher er das unangenehme Gefühl hatte, etwas vergessen zu haben. »Für dich habe ich einen Sonderauftrag. Wir treffen uns in einer Viertelstunde bei mir im Büro.« Er ignorierte die verwunderten Blicke der Anwesenden, erhob sich und verließ wieder einmal ohne ein weiteres Wort die Einsatzzentrale.

Zurück blieben fünf verblüffte Ermittler, die fragend auf Sonja schauten, die aber nichts anderes tun konnte, als mit den Schultern zu zucken und den Kopf zu schütteln.

42

Es war ein seltsames Gefühl, in einen Arbeitsbereich zu kommen, dem man angehörte, wenn man gerade an einen anderen »ausgeliehen« war. Alle kannten einen und beäugten einen misstrauisch, wenn man in der neuen Funktion auftauchte, von der keiner genau wusste, worin sie eigentlich bestand. Irina war sich der Blicke bewusst, die die Kolleginnen und Kollegen ihr und Jenny zuwarfen, als sie im Sittenkommissariat auftauchten und sich zielstrebig in Richtung des Büros der Kommissariatsleiterin bewegten.

Gregor hatte unmissverständlich das Vorgehen vorgegeben – Grothebaums Chefin war unmittelbar vor der Festnahme über die Hintergründe zu informieren. Nicht längere Zeit vorher, aber auch nicht erst nach der Aktion. Also klopfte Jenny um 8:55 Uhr an der Tür von Kriminalrätin Dr. Bär.

Helena Bär war eine gestandene Polizeibeamtin in den Mittvierzigern, vor der Irina den allergrößten Respekt hatte. Mehr noch – sie mochte sie und war deshalb froh darüber, dass es Jenny war, die ihr die bisherigen Erkenntnisse darlegte und offenbarte, dass sie beide nun den Auftrag hatten, Grothebaum vorläufig festzunehmen.

»Das ist nicht euer Ernst, Kinder. Ich fass es nicht.« Die Erschütterung war der leicht fülligen Kriminalbeamtin ins Gesicht geschrieben. »Ich weiß, Grothebaum ist ein Stinkstiefel, und jede Frau mit auch nur ein wenig Selbstachtung muss ihn abscheulich finden, aber so was …« Sie ließen den Rest ihrer Anmerkung in der Luft hängen, und weder Jenny noch Irina sahen eine Notwendigkeit, dem noch etwas hinzuzufügen.

Frau Dr. Bär schüttelte noch einige Male den Kopf und versuchte, zu sich zu finden. Schließlich hatte sie sich so weit gefasst, dass sie wieder zu ihrer gewohnten Professionalität fand. »Okay, Mädels, ich setze mal voraus, dass die Mordkommission eine solche Anschuldigung nicht aus der Luft greift und die Beweise für die Maßnahme ausreichend sind.« Nach einer kurzen Überlegung gestand sie, mehr sich selbst als den beiden jungen Kolleginnen gegenüber, ein: »Natürlich sind die Beweise ausreichend, sonst hätte kein Richter einen Durchsuchungsbeschluss für das

Haus eines Kriminalbeamten unterzeichnet. Entschuldigt meine kurzfristige Verwirrung.«

Mit dieser Bemerkung stand sie hinter ihrem Schreibtisch auf, öffnete die oberste Schublade und nahm ihre Waffe daraus hervor. »Ihr habt sicherlich nichts dagegen, dass ich euch begleite?«, stellte sie in einem Ton fest, der keinen Widerspruch zuließ.

»Nein, selbstverständlich nicht«, beeilte Jenny sich zu sagen.

Und Irina, die sich bisher bewusst im Hintergrund gehalten hatte, nickte und bemerkte: »Na klar doch, Chefin. Kein Problem.«

Die Kommissariatsleiterin steckte die Waffe mit dem Klemmholster hinter dem Rücken in die Hose ihres praktischen Businessoutfits. »Na dann mal los. Ich bin gespannt, wie er sich angesichts vereinter Frauenpower verhält.«

Irina konnte sich ein Grinsen nicht verkneifen, zumal es für ihre Vorgesetzte keine unangenehme Pflicht zu sein schien, an der Festnahme dieses speziellen Mitarbeiters beteiligt zu sein.

Gemeinsam gingen sie zu Grothebaums Büro, wobei Frau Dr. Bär ohne zu fragen die Führung übernommen hatte. Ohne anzuklopfen betrat sie das Büro und blieb abrupt stehen. Sofort danach drehte sie sich auf dem Absatz um, trat an den beiden erstaunt blickenden Kolleginnen vorbei zwei Schritte in den Flur hinaus und brüllte mit einer Lautstärke, die man ihr nicht zugetraut hätte: »Hat jemand Grothebaum gesehen?«

Mehrere Bürotüren öffneten sich und Mitarbeiter schauten auf den Flur.

»Weiß jemand, wo sich Grothebaum herumtreibt?«, fragte Frau Dr. Bär nun noch einmal mit etwas geringerer

Lautstärke. Die einzige Reaktion war allgemeines Kopfschütteln.

»Hmmm.« Irina hatte den Eindruck, dass ihre Chefin gerne einen Kraftausdruck gebraucht hätte, sich aber in Anwesenheit so vieler Mitarbeiter zurückhielt. »Okay, dann schauen wir mal in seinem Büro nach dem Rechten.«

Gemeinsam betraten sie wieder das Büro und begannen sich umzusehen. Das Erste, was ins Auge stach, war die offen stehende oberste Schublade des Schreibtisches. Als sie näher herantraten, sahen sie, dass das verschließbare Waffenfach darin geöffnet war und der kleine Sicherheitsschlüssel steckte.

»Er hat seine Waffe aus dem Fach genommen«, stellte Jenny fest. »Ist er vielleicht in einem Einsatz?«

»Davon wüsste ich als seine Vorgesetzte. Er ist zu 100 Prozent zu Ihrer Mordkommission abgeordnet. Wenn Sie keinen Einsatz für ihn hatten, dann muss es eine andere Erklärung geben.«

Irina hatte sich weiter im Büro umgesehen. Irgendwas ist mir schon beim Reinkommen aufgefallen, was war das? Verdammt.

Sie ließ noch einmal den Blick durchs ganze Büro schweifen – und dann sah sie es.

»Die Bilder sind weg!«, rief sie den anderen zu.

»Bitte? Was ist?« Frau Dr. Bär schaute ein wenig verwirrt vom Schreibtisch auf, wo sie Papiere durchgesehen hatte.

»Hier«, wies Irina mit einer Hand auf die Pinnwand. »Jenny, erinnerst du dich an die Kinder- und Jugendfotos von Grothebaum zusammen mit seinen Eltern? Sie sind weg.«

Tatsächlich klafften an der Korktafel einige Lücken, und als Jenny näher herantrat, sah sie es auch.

»Du hast recht, hier fehlen mindestens vier oder fünf Fotos. Was hat das zu bedeuten?«

»Scheiße!« Irinas eigentliche Chefin ließ sich nun doch zum Fluchen hinreißen. »Wenn ich private Fotos von meiner Pinnwand nehme, habe ich eigentlich nur einen Grund dazu: Sie sind mir wichtig und ich habe nicht vor, noch einmal wiederzukommen. Er ist abgehauen, da hab ich keine großen Zweifel.«

»Was machen wir nun?«, fragte Jenny.

»Ich würde vorschlagen, Sie informieren Ihren Chef, und dann haben Sie ja auch noch die Option, Grothebaum zur Fahndung auszuschreiben, oder?«

»Ja, natürlich. Blöd von mir. Ich war wohl zu überrascht. Mit allem hätte ich gerechnet, aber nicht mit einer Flucht.« Noch während sie sprach, hatte Jenny ihr Smartphone aus der Tasche gezogen und angefangen, die Nummer von Gregor zu wählen.

Zur gleichen Zeit ging die Tür zum Büro auf und ein Kollege schaute herein. »Frau Dr. Bär, ich habe gehört, Sie suchen Grothebaum?«

»Ja, warum?« Alle drei Frauen schauten interessiert auf den Neuankömmling, der von so viel Aufmerksamkeit etwas überrascht war.

»Äh, ich meine, ich hatte noch keine Zeit Ihnen Bescheid zu sagen … und ich wusste auch nicht, ob es Sie überhaupt interessiert … äh …«

»Na was denn? Rücken Sie endlich mit der Sprache raus, Schmidt.« Die Kommissariatsleiterin wirkte nun doch ein wenig ungehalten.

»Ja, also, Grothebaum hat heute früh, so gegen 8:00 Uhr bei mir angerufen und sich krankgemeldet. Ist das denn wichtig?«

»Na prima, schön, dass ich das auch noch erfahre.«

Mit einem halblaut gemurmelten »Sorry, hatte viel zu tun« schlich sich der Kollege wie ein geprügelter Hund aus dem Büro.

Frau Dr. Bär wandte sich Jenny zu. »Jetzt rufen Sie schon Ihren Chef an, und danach schreiben wir den Schweinehund zur Fahndung aus. Ich denke, die Sachlage ist eindeutig.«

43

Pünktlich um 8:50 Uhr stand der zivile Dienstwagen von Gregor und Dieter Alsmann nur 200 Meter von Grothebaums Haus. Gerade fuhr der Wagen eines Schlüsseldienstes an, den Gregor an genau diesen Punkt bestellt hatte, und hielt direkt hinter ihnen. Zwei Straßenblocks weiter warteten die Leute von der Spurensicherung in einem Van auf die Benachrichtigung, dass sie an die bekannte Adresse kommen konnten. Sich unauffällig einem Anwesen in einer Wohnsiedlung mit einem Aufgebot von drei Fahrzeugen zu nähern war eine Aufgabe, die einer guten Koordinierung und Vorbereitung bedurfte.

Gregor hatte sich von Irina sowohl das Haus als auch die Umgebung ausführlich schildern lassen. Die Informationen waren unauslöschlich in seinem fotografischen Gedächtnis verankert, und er hatte Alsmann langsam an dem Gebäude vorbeifahren lassen, das er sofort erkannt hatte. Es war eines der wenigen freistehenden Einfamilienhäuser im Lixfelder Weg am südwestlichen Rand des Stadtteils Rödelheim. Die meisten Gebäude waren Doppelhaushälften oder kleinere Mehrfamilienhäuser. Gregor hatte registriert, dass das Haus über eine Garage verfügte und dass auf der Straße keine Fahrzeuge parkten.

Um 8:55 Uhr verließen Alsmann und Gregor den Wagen und machten sich zu Fuß auf den kurzen Weg zu dem Gebäude. Dem Mitarbeiter des Schlüsseldienstes signalisierte Gregor, ihnen in angemessener Entfernung zu folgen.

Er hatte mit dem Mann telefoniert und wusste, dass er eine solche Aktion nicht das erste Mal mitmachte. Also war ihm bekannt, worauf es ankam, und er würde sich so lange zurückhalten, bis seine Dienste erforderlich waren.

Gregor ging ohne zu zögern voran und durchschritt das sich mit einem deutlich vernehmbaren Quietschen öffnende Vorgartentürchen. An der Haustür angekommen, sah er das Klingelschild mit der Aufschrift »GROTHEBAUM« und klingelte zweimal. Er erwartete nicht, dass jemand öffnen würde, da die Eltern von Frank Grothebaum verstorben waren und er nach allen bisher vorliegenden Erkenntnissen allein hier lebte. Eine halbe Minute nach dem ersten Klingeln betätigte er den Knopf ein weiteres Mal, und als wieder keine Reaktion erfolgte, winkte er den auf dem Gehweg wartenden Schlüsseldienstmann herbei.

Der noch sehr junge, in einen Blaumann gekleidete Handwerker kam heran, stellte seinen Werkzeugkasten auf der Matte vor der Haustür ab und entnahm seine Utensilien. Es dauerte nicht einmal 15 Sekunden, bis er mit einem Set von Dietrichen das altertümliche Schloss geöffnet hatte. »Des hädde Se aber och selbst offgekrischt«, bemerkte er mit ein wenig Enttäuschung in der Stimme, weil seine Dienste keine größeren Fertigkeiten erfordert hatten.

»Danke«, antwortete Gregor. »Warten Sie bitte noch einen Augenblick hier, vielleicht finden wir drinnen ja etwas, bei dem Sie Ihr Können tatsächlich unter Beweis stellen können.«

Mit einem Grinsen und eifrig nickend bestätigte der junge Mann diese Anweisung. »Dann hol isch abber noch en warm Jack aus em Audo, gell? Des is nämlisch arschkalt hier drausse.«

Gregor nickte und beachtete ihn nicht weiter. Stattdessen öffnete er langsam die Tür und trat in den überschaubaren Hausflur. Direkt linker Hand stand die Tür zu einer kleinen Küche offen, auf der rechten Seite ging eine Treppe in das Obergeschoss, in deren Unterbau sich eine Holztür mit einer alten eisernen Klinke befand. Geradeaus sah er einen Lichtschein durch eine altmodische Glastür mit gelbem, geriffeltem Glas fallen. Er vermutete dahinter den Wohnbereich. Gemeinsam mit Alsmann näherte er sich langsam der Tür. Beide hatten ihre Dienstwaffen umgeschnallt, jedoch noch im bereits geöffneten Holster, sodass sie sie jederzeit ziehen konnten. Bisher schien es dafür jedoch keine Notwendigkeit zu geben.

Gregor öffnete langsam die Tür und sah seine Vermutung bestätigt – dahinter befand sich das Wohnzimmer. Ein breites Fenster über einem kleinen Podest mit Pflanzentöpfen gestattete den Blick in einen verwilderten Garten. Vor dem Podest befand sich eine Heizung, der Raum war total überheizt. Die Pflanzen waren vertrocknet, und in dem Zimmer roch es unangenehm. Das Mobiliar war sehr altbacken und entsprach offensichtlich dem Geschmack der verstorbenen Eltern Grothebaums.

»Hier ist aber auch schon lange nicht mehr sauber gemacht worden«, bemerkte Alsmann, nachdem er seinen Blick hatte schweifen lassen. »Ich denke nicht, dass das der Raum ist, in dem sich Grothebaum überwiegend aufhält.« Er fuhr mit dem Finger über ein Sideboard und hielt ihn wie zur Bestätigung hoch, schwarze Staubflocken klebten daran.

Gregors Smartphone vibrierte und er holte es aus der Tasche. Die Ablenkung erleichterte ihn, denn er war unsicher, welche Bemerkung bezüglich des Hauses und des Zustandes, in dem es sich befand, angebracht wäre. Für ihn war das Bild, das sich ihnen bot, nur logisch angesichts dessen, wie er Grothebaum kennengelernt und seinen Charakter und seine Lebenseinstellung eingeschätzt hatte. Ein Single in Grothebaums Alter war nicht der Typ, der eine Wohnung penibel sauber hielt, speziell dann nicht, wenn er kurz zuvor noch bei seinen Eltern gelebt hatte.

Er nahm den Anruf entgegen. »Ja, Jenny?« Dann hörte er zu, ohne Kommentare abzugeben, außer einem gelegentlichen »Hmmm«, »Interessant« und »Okay«. »Ja, tu das«, sagte er zum Schluss des Gesprächs, legte auf und steckte das Telefon zurück in die Tasche. Dann zog er seine Waffe aus dem Holster.

Als er Alsmanns verwunderten Blick bemerkte, sah er sich zu einer Erklärung genötigt. »Wir haben eine neue Sachlage.«

Er war mehr als zufrieden mit sich. Den Kellerraum hatte er inzwischen so weit gereinigt, dass er sicher sein konnte, dass hier keinerlei Spuren der Mädchen mehr zu finden waren. Es war ein gutes Stück Arbeit gewesen, die biologischen Hinterlassenschaften der Frauen zu beseitigen. Er hatte ihnen zwar Eimer zur Verrichtung ihrer Notdurft bereitgestellt, aber er konnte nicht mit Gewissheit davon ausgehen, dass keine auf die Erde uriniert hatte. Also hatte er in einer aufwendigen Aktion einige Zentimeter des aus gestampftem Erdreich bestehenden Bodens abgetragen und diesen mit neuem Belag aus grobem Sand überdeckt. Die Verankerungen der Ketten hatte er aus den Wänden entfernt, wobei ihm die Schallisolierung zugutegekommen war, denn dafür hatte er schweres Werkzeug benötigt.

Zur Sicherheit hatte er noch ein großes Regal vor die Löcher in der Wand gestellt, das er mit Trödel aus einem anderen Kellerraum befüllt hatte.

Besonders stolz war er auf den Rückbau der ehemals mit Eisenbeschlägen verstärkten Tür. Inzwischen hing an den schmiedeeisernen Angeln ein altersschwaches Lattengestell, ohne Schloss und so verwittert, dass man Angst haben musste, es würde jeden Moment auseinanderfallen. Nachdem er dann noch die Schallisolierung von den kleinen Fenstern genommen hatte, die früher als Zugang zu den Rutschen für die Kohlen und später die Kartoffeln gedient hatten, war er zufrieden. Nun würde es niemand für möglich halten, dass in diesem Raum jemand gefangen gehalten werden konnte.

Seine Gedanken kehrten zu dem Ereignis vor einem Jahr zurück, das er als Auslöser aller Handlungen der letzten Wochen erkannt hatte.

Seine Eltern waren in einem Abstand von nicht einmal einem Jahr vor nicht allzu langer Zeit gestorben. Damit hatte eine Einsamkeit für ihn begonnen, die er bis dahin nicht gekannt hatte. Auf der Arbeit hatte er keine wirklichen Freunde und privat schon gar nicht. Dafür hatte die Pflege seiner gebrechlichen Adoptiveltern einfach zu viel Zeit erfordert. Als sie plötzlich so kurz hintereinander gestorben waren, war er in ein tiefes emotionales Loch gefallen und hatte keine Ahnung gehabt, wie er die entstandene Lücke in seinem Leben füllen konnte.

Und dann hatte er etwas getan, was er nie für möglich gehalten hätte. Seit seinem traumatischen Kindheitserlebnis hatte er Prostituierte stets verachtet, ja sogar gehasst.

Nun aber war er in einer Situation gewesen, die ihn hatte zweifeln lassen. Er war ein Mann – und er hatte Bedürfnisse. Also hatte er sich durchgerungen und den weiten Weg bis nach München auf sich genommen, um dort ein Bordell zu besuchen. Er hatte es nicht gewagt, in Frankfurt ein solches Etablissement aufzusuchen, zu groß war die Gefahr, dass ihn dort jemand erkannt hätte.

Noch heute erschauderte er, wenn er daran zurückdachte, wie sein von Verzweiflung diktierter Versuch, weibliche Zuwendung zu erfahren, aus dem Ruder gelaufen war. Dabei war es nur eine Kleinigkeit gewesen, die zu dem Desaster geführt hatte.

Nachdem der ICE in München angekommen war, hatte er sich von einem Taxi zu dem, laut Internet hochklassigen, Edelbordell mit »gepflegten Damen internationaler Herkunft« bringen lassen. In einem Katalog suchte er sich im Aufenthaltsraum bei einem Glas Champagner die »rassige Chantal« aus. Danach wurde er von einer halbnackten Frau im Kostüm eines Zimmermädchens einen Stock höher in einen mit rotem Samt ausgeschlagenen Flur geführt, wo sie an einer Tür klopfte. Nach einem halblauten Ja aus dem Zimmer, öffnete sie die Tür, und er konnte eintreten.

Der Raum stellte sich ihm anders dar, als er ihn sich vorgestellt hatte. Er war düster, spärlich eingerichtet und wurde von einem großen Bett beherrscht, das in der Mitte des Zimmers stand. Aber weder die vielen Spiegel an den Wänden und der Decke noch der seltsame Geruch, den er nicht einordnen konnte, fesselten seine Aufmerksamkeit.

Auf dem Rand des Bettes saß »Chantal«. Abgesehen davon, dass das Bild in der Mappe, aus der er sie ausgesucht hatte, vermutlich zehn Jahre und 15 Kilo früher gemacht worden war, tat sie etwas, was ihm sofort Unbehagen verursachte.

Sie lackierte sich die Fußnägel!

Unangenehme Erinnerungen stürzten auf ihn ein wie eine Tsunami-Welle.

Sie sah kurz zu ihm auf und bemerkte: »Ähne Segunde Dickärschen, ich bin gläch so weid.«

Auch ihr breiter, sächsischer Dialekt war nicht dazu angetan, seine negativen Gefühle abzuschwächen. Das sollte also eine der »internationalen Schönheiten« sein? Die beleidigende Ansprache registrierte er in diesem Moment kaum. Er stand wie angegossen immer noch dicht hinter der Tür und wusste nicht, wie er reagieren sollte.

Sie war schließlich fertig mit der Pflege ihrer Füße und sah ihn auffordernd an. »Nuu, gomm doch zu miar, Gleener. Wennsde da rumstähn duust, is des ziemlisch nutzlos, oder?«

In dem Augenblick, als sie das Wort »nutzlos« verwendete, hatte etwas in seinem Kopf ausgesetzt.

Er konnte sich später nicht mehr genau erinnern, was er getan hatte, musste aber auf sie eingeschlagen haben. Er war Stunden später in einer Seitenstraße neben dem Bordell zusammengeschlagen und ohne Papiere in einem Rinnstein aufgewacht.

Er führte seine Taten der letzten Wochen auf dieses Ereignis zurück, aber ihm war klar, dass es keine Entschuldigung für sein Verhalten war. Er konnte immer noch zwischen Recht und Unrecht unterscheiden, aber das reichte nicht aus, um ihn daran zu hindern zu tun, was er tun musste.

Während er sich noch einmal in dem Kellerraum umsah, hörte er das Klingeln an der Haustür.

Sind sie das? Haben sie tatsächlich mit der Suche Erfolg gehabt? Was mache ich jetzt?

44

»Grothebaum befindet sich offensichtlich auf der Flucht«, schilderte Gregor den Inhalt des Telefonates mit Jenny. »Deshalb ist nicht auszuschließen, dass er doch hier im Haus ist, weshalb wir extrem vorsichtig sein sollten. Laut Jennys Aussage ist auch seine Waffe aus dem Büro verschwunden.«

Alsmann hatte inzwischen seine Pistole gezogen und sah sich unsicher um. Die neue Situation war nicht das, was er sich vorgestellt hatte. Er wollte so kurz vor seiner Pensionierung eigentlich kein vermeidbares Risiko mehr eingehen.

»Wie gehen wir weiter vor?«, fragte er Gregor und versuchte dabei, die Unsicherheit aus seiner Stimme zu halten.

»Bleib du bitte in der Nähe der Haustür, während ich das Obergeschoss durchsuche«, antwortete Gregor zu seiner Erleichterung. Dann begab er sich auf die Treppe und stieg vorsichtig und leise die Stufen hinauf.

Alsmann beschloss, sich derweil noch ein wenig im Erdgeschoss umzusehen. Nach einer kurzen Inspektion der kleinen Küche, des Wohnzimmers und einer mit Gerümpel angefüllten Abstellkammer, die allesamt keine neuen Informationen erbrachten, begab er sich wieder in den Flur.

Sein Blick fiel auf die unauffällige Holztür in dem Treppenunterbau. Er streckte die Hand aus und drückte die altertümliche Klinke herunter.

Verschlossen!

Ob hier der Abgang in den Keller ist? Wenn ja, ist es vielleicht keine schlechte Idee, den Mann vom Schlüsseldienst diese Tür öffnen zu lassen, dachte er und entschloss sich, den Handwerker ein wenig zu beschäftigen.

Gerade als er die Haustüre öffnen wollte, riss der junge Mann sie von der anderen Seite auf und kam ihm entgegengestürzt.

»Hey, gucke Se ma schnell, da fährt einer mit em Audo fott!« Er wies auf die neben dem Haus befindliche Garage, deren Rolltor sich nun oben befand.

Als Alsmann nach draußen stürmte, fuhr gerade ein klappriger und mindestens 20 Jahre alter Citroën daraus hervor. Hinter dem Steuer erkannte Alsmann auf Anhieb Frank Grothebaum, der ihm einen gehetzten Blick zuwarf und dann mit quietschenden Reifen auf die Straße einbog.

Verdammt! Was mach ich denn jetzt? Ich muss mich schnell entscheiden.

Seine Gedanken rasten, er brauchte nur Bruchteile von Sekunden, um eine Entscheidung zu treffen. Er drehte sich zu dem Mann vom Schlüsseldienst um und rief ihm zu: »Sagen Sie meinem Kollegen, dass der Gesuchte mit einem Citroën geflohen ist und ich ihn im Dienstwagen verfolge! Ich melde mich bei ihm!«

Bei den letzten Worten war er bereits losgelaufen und eilte, so schnell er konnte, zu der Stelle, an der er den Dienstwagen abgestellt hatte.

Er hatte nur einen flüchtigen Blick auf das Fahrzeug werfen können, aber ihm kam entgegen, dass der Wagen von einer hellblauen Farbe war, aufgrund derer er ihn auch über eine größere Entfernung entdecken konnte.

Auf dem Weg zum Dienstwagen hatte er noch sehen können, wie Grothebaum rechts um die nächste Ecke gefahren war, und ohne lange zu überlegen, ließ er den Wagen an und nahm die Verfolgung auf. Gerade als er selbst um die Ecke fuhr, sah er noch das hellblaue Heck bei der nächsten Kreuzung links abbiegend um die Ecke verschwinden.

Alsmann überlegte einen Moment, ob er das Blaulicht mit der Magnethalterung aufs Wagendach setzen und den Versuch unternehmen sollte, Grothebaum zu stellen. Aber wie hätte er ihn allein zum Anhalten zwingen sollen? Vernünftiger war, dass er ihn unauffällig verfolgte und dann sein Ziel den Kollegen meldete.

Er griff zum Funkgerät und schaltete es ein. »Frank von«, er musste kurz auf das Funkgerät schauen, um die Funkrufkennung des Fahrzeuges abzulesen, »Frank 22–5, kommen.«

»Frank hört«, kam sofort die Bestätigung der Funkzentrale.

»Frank 22–5 ist bei der Verfolgung eines flüchtigen Tat-verdächtigen. Der Verdächtige fährt einen hellblauen Cit-roën älteren Baujahrs und bewegt sich derzeit in Richtung Osten. Bitte verständigen Sie die Mitglieder der MK 2 über meinen aktuellen Standort und die Erkenntnisse. Ende.«

Er wartete noch die Antwort ab, die unmittelbar erfolgte. »Frank verstanden, Ende.«

Dann konzentrierte er sich wieder voll und ganz auf die Verfolgung.

In der Funkzentrale saßen Profis. Sie wussten, dass er jetzt keine Zeit für eine umfangreiche Kommunikation hatte, und er war sich sicher, dass sie sofort alle Teammit-glieder informieren würde. In der Leitstelle wurde außer-dem die vom Fahrzeug über GPS ermittelte Position auf einer Karte angezeigt, sodass sie die anderen darüber in Kenntnis setzen konnten, wo er sich zu jeder Zeit befand. Es gab also keinen Grund mehr, ihnen ständig seinen Weg oder einen aktuellen Standort zu melden.

Alsmann hielt einen angemessenen Abstand, angepasst an den zu dieser Zeit dichten Verkehr in der Frankfurter Innenstadt, der ihm zum einen ermöglichte, den blauen Citroën nicht aus den Augen zu verlieren, zum anderen aber die Wahrscheinlichkeit hoch hielt, dass Grothebaum ihn nicht als Verfolger bemerkte. Bislang hatte es noch keinen Grund gegeben, das Blaulicht zu montieren. Rela-tiv schnell war als grobe Zielrichtung das Stadtzentrum erkennbar, denn Grothebaum hatte bereits zwei Auffahr-ten auf die Autobahn ignoriert.

Alsmann hatte eine Vermutung, wohin die Fahrt gehen würde. Sein Verdacht erhärtete sich, als der Wagen der Ausschilderung zum Bahnhof folgte.

Will er ins Rotlichtviertel? Vermutlich ja, und dann lag der Gedanke nahe, dass das Ziel irgendetwas mit Wollweber zu tun hatte. Aber was? War Wollweber in die Morde verstrickt? War er der Auftraggeber, oder sollten die Morde ihn treffen? Es war nicht abwegig, dass Grothebaum sich an dem Mann rächen wollte, der ihn in ein Geflecht aus Bestechung und Verrat von Dienstgeheimnissen verstrickt hatte. Vielleicht war aber auch nicht Rache das Motiv, sondern der Versuch, Wollweber eine Tat anzuhängen, die er gar nicht begangen hatte.

Alsmann stellte die Spekulationen für den Moment zurück, denn ihm fehlten noch zu viele Informationen, und die Möglichkeiten waren einfach zu zahlreich. 100 Meter voraus sah er, wie Grothebaum in der Taunusstraße rechts ranfuhr und den Wagen in zweiter Reihe anhielt. Er verließ das Fahrzeug, ließ es einfach stehen und ging zu Fuß weiter.

Natürlich, der Wagen ist ihm egal, schoss es Alsmann durch den Kopf. Er weiß, dass der längst zur Fahndung ausgeschrieben ist und ihm nicht mehr nützlich sein kann.

Er konnte im Vorbeifahren beobachten, wie Grothebaum unweit der Stelle, an der er den Wagen zurückgelassen hatte, zielstrebig in einen Hauseingang ging, über dem ein weithin lesbares Schild mit der Aufschrift »Eros-Center« prangte.

Also doch, er will zu Wollweber. Aber was will er von ihm? Hilfe und Unterstützung oder seinen Plan beenden?

Fragen über Fragen, auf die er keine Antwort fand.

Er griff erneut zum Funkgerät. »Frank 22–5 an Frank. Ich verlasse jetzt das Dienstfahrzeug und folge dem Verdächtigen in das Anwesen Taunusstraße 23, das Eros-Center. Ende.«

Er wartete keine Antwort ab, zog den Zündschlüssel, ließ den Wagen ebenfalls in zweiter Reihe stehen und folgte Grothebaum in das Gebäude.

45

Nachdem die Festnahme im Sittendezernat gescheitert war, hatte Irina vorgeschlagen, sich zum Haus des Flüchtigen auf den Weg zu machen und die beiden Kollegen zu unterstützen. Vielleicht gab es dort Anhaltspunkte für den Aufenthaltsort oder das Ziel von Grothebaum.

Jenny hatte ihren Wagen gerade vom Hof des Polizeipräsidiums gelenkt, als die Information der Funkzentrale mit der Mitteilung von Alsmann kam. Gleichzeitig wurden die Standortdaten des Dienstwagens mitgeteilt und die Richtung, in die er fuhr.

Zufrieden stelle Irina fest, dass Jenny die gleichen Gedankengänge wie sie selbst zu haben schien, als die sich zu ihr wandte und meinte: »Nichts wie hin, oder? Hast du eine Vorstellung oder Ahnung, wo Grothebaum hinwollen könnte?«

Sie überlegte einen kurzen Moment und entschloss sich dann, ihrem Gefühl zu folgen. Sie hatte eine starke Vermutung und äußerte sie: »Ich kenne dort in der Nähe eines der

Luxusbordelle, die unserem Zuhälterfreund gehören. Da habe ich schon mal ein paar Mädchen rausgeholt. Da hält sich Wollweber auch ziemlich oft auf. Das könnte doch das Ziel von Grothebaum sein, oder?« Sie hielt beide Hände hoch, um die Unverbindlichkeit ihrer Aussage anzuzeigen. »Aber ich kann mich irren. Wer weiß schon, was in so einem kranken Gehirn vorgeht.«

Jenny nickte und stimmte ihr zu. »Wir werden sehen. Es kann auf keinen Fall schaden, wenn wir uns mal in die allgemeine Richtung bewegen und dann näher am Geschehen sind, wenn sich was entscheidet.« Sie wies auf die Halterung an der Mittelkonsole. »Sei so gut und setz das Blaulicht raus.«

Irina ließ die rechte Seitenscheibe runter und befestigte die mobile Warnleuchte mit der Magnethalterung auf dem Dach. Die Zeiten der durch das Fenster in den Fahrzeuginnenraum führenden Kabel waren vorbei. Inzwischen wurden Blaulichter über Funk gesteuert.

Irina startete die Sirene und gleichzeitig begann die Rundumleuchte ihre Tätigkeit.

Im gleichen Moment beschleunigte Jenny auf eine Geschwindigkeit, die Irina ein wenig Angst machte. Trotz Martinshorn und Blaulicht war es in der Stadt nicht ungefährlich, Verkehrsregeln zu missachten. Es passierten regelmäßig Unfälle, in die Polizeifahrzeuge, Krankenwagen oder Löschzüge der Feuerwehr verwickelt waren. Aber sie musste anerkennend feststellen, dass Jenny diese Fahrweise gut im Griff zu haben schien. Sie fuhr nicht einfach blind und mit hoher Geschwindigkeit über rote Ampeln, verlangsamte immer dann, wenn die Gefahr einer Kollision aufgrund unachtsamer Verkehrsteilnehmer bestand, und beschleunigte wieder dort, wo sie eine freie Bahn erkannte.

Sie hatten gerade die Hälfte der Strecke in die Innenstadt zurückgelegt, als die Meldung der Funkzentrale hereinkam, dass Alsmann seine letzte Position gemeldet, den Wagen verlassen hatte und nun zu Fuß unterwegs war.

»Das ist ganz in der Nähe dieses Luxusbordells von Wollweber, von dem ich eben gesprochen habe«, merkte Irina an.

»Und es sind höchstens 1,5 Kilometer bis dorthin«, ergänzte Jenny. »Ich denke, spätestens 500 Meter vor dem Ziel sollten wir die Sirene ausschalten, sonst melden wir uns an, und«, sie lächelte in Richtung Irina, »wir wollen unsere Freunde doch überraschen, nicht wahr?«

Irina grinste zurück und sie musste sich schwer zusammenreißen, um nicht ihre Hand auf Jennys Oberschenkel zu legen. Jetzt war nun wirklich nicht der richtige Zeitpunkt für den Austausch von Zärtlichkeiten, und seien sie noch so klein.

Sie näherten sich schnell ihrem Ziel, dem Ort, an dem Alsmann den Dienstwagen verlassen hatte. Irina hatte zwischenzeitlich das Blaulicht wieder nach innen geholt, und bereits vorher hatte Jenny durch das Umlegen eines Schalters die Sirene abgestellt.

Bevor Irina fragen konnte, wie sie nun weiter vorgehen könnten, machte Jenny einen Vorschlag. »Ich möchte den Wagen irgendwo zwischen Dieters Dienstwagen und diesem Edelbordell abstellen. Wir können zwar nicht sicher sein, ob das der Ort ist, an den Grothebaum geflüchtet ist, aber es ist die beste Vermutung. Wenn wir recht haben, dann sparen wir Zeit. Weist du mich bitte ein?«

Zwei Minuten später standen sie ebenfalls in zweiter Reihe unweit des Eros-Centers, hinter dem sich das Luxusbordell verbarg, das Irina bekannt war. Mit eiligen Schritten machten sie sich auf den Weg.

Irina übernahm ab hier wie selbstverständlich die Führung. Das war eine Gegend, in der sie sich auskannte, und viele der Mitarbeiter in den Bordellen, wie zum Beispiel die Hausmütter oder die Beschützer, waren ihr bekannt, und sie kannten Irina. Das konnte ein unschätzbarer Vorteil sein. Jenny folgte dicht hinter ihr.

Direkt hinter dem Eingang des Eros-Centers saß auf einem nach hinten gekippten Holzstuhl, dessen Lehne an der Wand ruhte, ein gelangweilt wirkender, muskelbepackter Typ in einer Jogginghose aus Ballonseide und mit einem weißen Muskelshirt, das den Blick auf seine stark tätowierten, prallen Oberarme zuließ. Im Mundwinkel hing eine rauchende Zigarette, und erst, als er die beiden Frauen hereineilen sah, gingen seine Augenbrauen überrascht nach oben.

»Allo, Boris, w dome chosjain?« *(Hallo, Boris, ist der Chef im Haus?)*

Seine Begegnungen mit der deutschen Obrigkeit waren offensichtlich ausreichend häufig gewesen – er erkannte sofort, dass es keinen Sinn hatte, sich dumm oder widerspenstig zu stellen. Er kippte den Stuhl nach vorne und wies mit dem Daumen in den hinteren Teil des Etablissements.

Er wollte sich gerade wieder mit dem Stuhl nach hinten lehnen, als er mit einem Mal aufsprang und mit weit aufgerissenen Augen nach hinten sah. Auch die beiden Frauen waren zusammengezuckt, denn bei dem lauten Knall hatte es sich ohne Zweifel um einen Schuss gehandelt.

46

Alsmann hatte nur wenige Sekunden nach Grothebaum das Bordell betreten. Dem im Eingangsbereich sitzenden Aufpasser hielt er seinen Dienstausweis vor die Nase und bedeutete ihm dann mit auf die Lippen gelegtem Zeigefinger, leise zu sein. Der zuckte nur mit den Schultern und widmete sich wieder der ausgiebigen Inspektion seiner Fingernägel, als ginge ihn das alles nichts an.

Alsmann setzte dennoch als sicher voraus, dass der Mann, sobald er außer Sichtweite war, auf irgendeine Weise ein Signal geben würde, dass das Haus ungebetenen Besuch bekam. Es war ihm egal. Vorsichtig ging er weiter, in den hinteren Bereich. Links führte eine schmale Treppe in den nächsten Stock, und er wollte gerade daran vorbei, als er von oben Geschrei und Tumult vernahm. Er meinte, die relativ hohe Stimme von Grothebaum zu erkennen, war sich aber nicht sicher. Vorsichtig und mit gezogener Waffe schlich er die Treppe hinauf. Dabei kam er den Geräuschen immer näher und war dann auch in der Lage, einzelne Worte zu verstehen.

»Du hast es mir aber versprochen, du elender Lügner!« Diese Stimme gehörte Grothebaum, dessen war er sich inzwischen sicher.

»Nix hab ich dir versprochen, Drecksbulle. Ich hab dich für deine Tipps fürstlich bezahlt, aber wenn du in Schwierigkeiten bist, am Ende noch deine eigenen Kollegen hinter dir her sind, dann kann ich dir nicht helfen.« Das musste Wollweber sein.

Alsmann näherte sich weiter einer offen stehenden Tür.

Von drinnen hörte man die Schritte eines ruhelos hin und her laufenden Mannes.

»Du musst mir helfen!«, schrie Grothebaum. »Wenn nicht, häng ich dich hin, das verspreche ich dir.« Seine Stimme nahm einen süffisanten Klang an. »Ich weiß genug über deine Geschäfte, dass du für Jahre hinter Gittern landest. Also überleg dir gut, was du tust. Wenn ich falle, fällst du mit mir, ist das klar?«

»Du nimmst den Mund ganz schön voll, Dicker. Was soll mich dran hindern, dich kaltzumachen?«

Ein paar Sekunden war Ruhe, dann entgegnete Grothebaum: »Vielleicht liefer ich dich auch den Bullen aus, als gesetzestreuer Bürger, der ich bin … wer weiß.«

Alsmann konnte Wollwebers schmieriges Grinsen förmlich hören. »Die werden alles, was du denen erzählst, für Rache an mir halten. Klingt doch logisch, oder?«

»Du … du …«, stammelte Grothebaum.

Alsmann hatte genug gehört. Er wollte verhindern, dass der Streit zwischen den beiden eskalierte. Seine oberste Priorität war die Festnahme dieses perversen Mörders, und nichts sollte ihm jetzt noch dazwischenkommen.

Mit gezogener Waffe schob er die Tür ganz auf und richtete die Pistole auf Grothebaum. »Frank Grothebaum, ich nehme Sie wegen des dringenden Tatverdachts des dreifachen Mordes vorläufig fest.«

Grothebaum starrte Alsmann mit aufgerissenen Augen und offenem Mund an. Zweimal versuchte er, etwas zu sagen, aber sein Mund klappte nur lautlos auf und zu. Wollweber stand etwas abseits und kicherte leise vor sich hin.

Grothebaum sah erst überrascht und dann zunehmend verärgerter zwischen Dieter Alsmann, der ihn weiterhin mit seiner Waffe bedrohte, und dem alternden Zuhälter, der sich immer noch köstlich amüsierte, hin und her. Dann explodierte er. »Bist du irre, Mann? Ich hab doch die Nutten nicht ermordet. Ich doch nicht!« Er schüttelte den Kopf, eher verwundert als verneinend. »Ich … ich dachte, ihr seid wegen der Schmiergelder hinter mir her. Was soll das denn alles? Wie kommt ihr auf diese Schnapsidee?«

Auf Alsmann wirkte die Entrüstung so echt, so ehrlich, dass er ein wenig unsicher wurde. Mehr um seine Handlungen zu verteidigen als um Grothebaum zu beeindrucken, sagte er: »Wir haben ein Haar von Ihnen auf der Leiche des letzten Opfers gefunden – und es kann nur während der Zeit ihrer Entführung kurz vor ihrem Tod dort hingekommen sein.«

»Waaas?« Grothebaum machte zwei Schritte auf Alsmann zu. Er ignorierte die Waffe, als würde der andere mit einem Kugelschreiber auf ihn zeigen. »Ihr wollt mir das anhängen!«, schrie er mit sich überschlagender Stimme. »Das kann gar nicht sein! Ich war das nicht! Ich … war … das … nicht!«

Er war wieder zwei Schritte auf Alsmann zugegangen, der im Gegenzug einen Schritt zurückgewichen war. Seine Gedanken überschlugen sich. Er hatte keine Ahnung, wie er weiter vorgehen sollte. Irgendwie glaubte er Grothebaum, aber da waren noch die Beweise.

Was soll ich tun?

Die Entscheidung wurde ihm abgenommen, als eine Stimme von der Seite sagte: »So, und nun legen wir mal ganz schnell die Knarre auf den Boden, Bulle.«

Wollweber! Den hatte er irgendwie vergessen und sah ihn nun direkt neben sich stehen und mit einem großkalibrigen Revolver auf seinen Kopf zielen. Scheiße.

»Na los, Bulle, ich wiederhol mich nicht gerne. Schmeiß deine Knarre auf den Boden, sonst muss ich dich abknallen.«

Alsmann überlegte fieberhaft, was er tun sollte … was er tun konnte. Ihm wollte nichts einfallen.

»Sag mal, hast du sie noch alle?«, schaltete sich in diesem Moment Grothebaum mit ungläubigem Entsetzen ein. »Du kannst doch nicht einen Polizisten erschießen. Was meinst du, was dann los ist? Mal ganz davon abgesehen, dass ich nicht tatenlos zusehen werde, wie du einen Kollegen umlegst.«

»Meine Fresse, stell dich nicht so an. Der wollte dich grad festnehmen. Hast du 'ne bessere Idee?«

Alsmann sah, wie Grothebaum langsam auf Wollweber zuging. »Komm, Wolle, lass das sein. Wir finden eine andere Lösung.«

Wenn die beiden sich in die Haare kriegen, habe ich vielleicht eine Chance, beide festzunehmen, ging ihm ein Gedanke durch den Kopf, mit dem er sich anfreunden konnte. Ein krönender Abschluss meiner Laufbahn. Ein Serienkiller und ein berüchtigter Zuhälter, ganz allein von mir festgenommen.

Er konnte nicht verhindern, dass Bilder vor seinem geistigen Auge erschienen: Zeitungsartikel, Bilder einer Ehrung durch den hessischen Ministerpräsidenten vor Tausenden Kollegen, das Bundesverdienstkreuz.

Er hatte sich so in diesen Tagtraum verloren, dass ihm der Beginn des Kampfes tatsächlich entgangen war, aber nun sah er, wie Grothebaum und Wolle um die Waffe in der Hand des Zuhälters rangen. Dabei wälzten sie sich auf dem Boden und stießen Grunzer und Ächzer aus.

Als er noch überlegte, in welcher Weise er in den Kampf

eingreifen könnte, sah er einen Blitz aus dem Lauf der Waffe kommen. Bruchteile einer Sekunde später hörte er einen lauten Knall und im selben Augenblick hatte er das Gefühl, als hätte ihn jemand am Rückenteil seines Jacketts gepackt und mit einem Ruck nach hinten gerissen.

Er prallte hart auf den Boden, aber überraschenderweise spürte er keinen Schmerz. Vermutlich war auch der Aufprall die Ursache, dass es ihm mit einem Mal erstaunlich schwerfiel, Atem zu holen.

47

»Wo kam der Schuss her?«, rief Jenny erschrocken aus und sah sich gehetzt um. Sie blickte zu Irina, die lediglich den Kopf schüttelte und mit den Schultern zuckte. Die Hilflosigkeit ergriff sie mit einer Macht, die sie lähmte.

Boris dagegen hatte seine Überraschung erstaunlich schnell überwunden. Er zeigte mit einer Hand in Richtung einer Treppe im Gang weiter hinten, während er mit der anderen Hand ein kleines Fach in der Wand öffnete und eine Waffe daraus hervorzog. »Obben«, sagte er in schlechtem Deutsch mit starkem russischen Akzent. »Chef obben.«

Jenny starrte abwechselnd ihn und die Waffe in seiner Hand an, war aber nicht in der Lage, sich zu rühren. Ihr Atem ging in kurzen Schüben.

Erst als Irina sie bei den Schultern packte und sie ansprach, löste sich ihre Lähmung. »Jenny, komm zu dir. Schnell, wir müssen nachsehen, was passiert ist.«

Sie erwachte wie aus einem Traum, schüttelte sich und war wieder voll da. »Sorry, natürlich ... los, nach oben.« Noch während sie lossprintete, rief sie Irina zu: »Sag dem Russen, er soll hier unten bleiben und die Kollegen anrufen. Dann vergessen wir, dass er eine Waffe hat!«

Sie stürmte die Treppe hinauf und verlangsamte ihren Lauf erst, als sie sich einer Tür näherte, hinter der sie Stimmen hörte.

»Was hast du getan, du Irrer. Du hast ihn erschossen. O Gott, das darf nicht wahr sein.«

Das war Grothebaum, die Stimme erkannte Jenny sofort. Unmittelbar danach hörte sie Wollweber kreischen: »Wieso ich? Du blöder Sack wolltest mir die Knarre doch abnehmen! Ich sollte dich abknallen! Du bist an dem ganzen Schlamassel schuld!«

Vorsichtig und die Waffe mit beiden Händen haltend blickte Jenny um die Ecke und spähte in den Raum. Das Bild, das sich ihr bot, ließ sie in einem Schock verharren. Sie war weder fähig ein Wort zu sagen noch einen Muskel zu bewegen. Allerdings zitterte die Waffe in ihren Händen, als hätte sie einen Fieberanfall.

Nicht weit von ihr entfernt lag Dieter Alsmann auf dem Rücken und unter ihm breitete sich eine Blutlache aus. Zwei Meter weiter saßen Grothebaum und Wollweber auf dem Boden und starrten abwechselnd auf den blutenden Polizisten und die in der Tür stehende Jenny.

Grothebaum war der Erste, der wieder so weit zu sich fand, dass er etwas sagen konnte. »Er war's«, rief er aufgeregt und wies auf den Zuhälter, der die Waffe noch in der Hand hielt, »er hat auf ihn geschossen. Ich hab nichts gemacht. Im Gegenteil, ich wollte ihm die Waffe abnehmen.«

Es war dieser verzweifelte Versuch, sich zu rechtfertigen, der Jenny in die Realität zurückholte. »Irina!«, kreischte sie mit gellender Stimme, »schnell, einen Krankenwagen! Dieter ist angeschossen!« Dann kniete sie sich neben Alsmann und versuchte festzustellen, wo er getroffen war.

Irina erschien in der Tür, ihr Handy in der Hand; sie gab die Ortsdaten für den Notarztwagen durch.

Jenny hatte weder Augen für die beiden Kriminellen noch war sie in der Lage, Irina weitere Anweisungen zu geben. Auf Alsmanns Brust war ein großer roter Fleck, in dessen Mitte ein kleines schwarzes Loch zu sehen war. Der Einschuss lag rechts unterhalb des Brustbeins, weshalb Jenny vermutete, dass es sich nicht um einen Herzschuss handelte.

Er hat noch eine Chance. Hoffentlich kommt der Rettungswagen schnell. Laut sagte sie: »Dieter, was machst du nur für Sachen? Warum hast du nicht auf uns gewartet? Egal, Hauptsache du schaffst es. Du darfst nicht aufgeben, verstehst du? Dieter, bleib wach, bitte, der Krankenwagen ist gleich da. Nicht einschlafen, hörst du, nicht einschlafen. Du musst wach bleiben.«

Sie redete ohne Unterlass, bis sie merkte, dass Alsmann etwas sagen wollte.

»Was willst du sagen? Du sollst dich nicht anstrengen. Spar dir den Atem für später.« Aber sie sah, dass er ihr verzweifelt etwas mitteilen wollte. Also beugte sie sich näher zu ihm hinunter und hielt ihr Ohr dicht über seinen Mund. »Was ist so wichtig?«

»Ich ... ich hab ...«, Alsmann hustete schwach, »ich hab sie ... erwischt, oder?«

»Ja, natürlich«, Jenny musste lächeln, »ja, Dieter, du hast sie erwischt. Ganz allein.«

Sie sah ihm ins Gesicht. Aus seinem Mundwinkel floss ein dünner Faden Blut, und auf seinen Lippen befanden sich blutige Bläschen. Sie sah in seine Augen und sah ... nichts! Sein Blick war starr, trüb und er blinzelte nicht.

Mein Gott, er bewegt die Augen nicht mehr ... bitte, nein ... nein!

»Dieter! Nein ... tu uns das nicht an, bitte nicht!«

Sie packte ihn an den Oberarmen und schüttelte ihn, ungeachtet des Umstandes, dass sein Kopf kraftlos hin und her rollte. Dabei blickten seine Augen starr in die Richtung, in der sich sein Kopf gerade bewegte.

Jenny spürte, wie sich eine Hand auf ihre Schulter legte. Es war ihr in diesem Moment egal, wer es war und was er von ihr wollte. Die Tränen rannen ihr in Bächen die Wangen hinunter.

Wie durch einen Nebel hörte sie Irinas Stimme. »Er ist tot, Jenny. Du kannst nichts mehr für ihn tun. Es tut mir so leid.«

»Nein – er darf nicht tot sein, doch nicht Dieter. Der Rettungswagen kommt gleich. Die retten ihn, die müssen ihn retten.«

Dennoch sah sie auf und erblickte durch den Tränenschleier, wie Irina sich abwandte und auf die beiden Männer zuging. Obwohl es ihr im Moment völlig egal war, was als Nächstes passieren würde, konnte sie den Blick nicht von dem Geschehen wenden.

Irina näherte sich den beiden langsam, die sich inzwischen vom Boden erhoben hatten und mit sehr unterschiedlichen Gesichtsausdrücken auf Alsmann sahen. Grothebaum wirkte entsetzt, während Wollweber den Mund zu einer verächtlichen Grimasse verzogen hatte.

»Ich nehme Sie beide vorläufig fest, wegen der Tötung des Polizeibeamten Dieter Alsmann. Alles Weitere klären wir auf dem Präsidium. Legen Sie die Waffe weg und knien Sie sich beide hin«, erklärte Irina mit fester Stimme. Sie hatte ihre Waffe wieder weggesteckt und stand breitbeinig vor den beiden Männern.

»Ich habe nichts getan«, verteidigte sich Grothebaum mit seiner hellen und momentan quäkenden Stimme. »Das war er.«

»Ha«, meldete sich Wolle zu Wort, »du blödes Weichei. Willst du dich wirklich festnehmen lassen? Ich fass es nicht.« Er kümmerte sich nicht mehr um Grothebaum, sondern wandte sich Irina zu. »Und du, Kleine? Glaubst du ernsthaft, du könntest mich festnehmen? Siehst du die Waffe in meiner Hand? Was willst du tun?« Er lachte erneut und sah Irina fragend und mit schief gelegtem Kopf an.

Grothebaum wich einen Schritt nach dem anderen von den beiden zurück, während Irina sich ausschließlich auf den Zuhälter mit der Waffe zu konzentrieren schien. »Was willst *du* tun, du Schwein? Noch einen Polizisten erschießen? Bei Alsmann könntest du noch einen Unfall daraus bauen, aber wenn du jetzt abdrückst, sitzt du lebenslänglich wegen Mord. Das ist dir doch klar, oder?« Während sie sprach, ging sie langsam immer weiter auf ihn zu.

»Bleib stehen, du blöde Schnalle, oder ich knall dich ab!« Wollwebers Stimme klang trotz seiner gewagten Worte nicht besonders selbstbewusst.

Jenny beobachtet die Vorgänge gefesselt, trotz ihres desolaten Zustandes und der Trauer. Sie konnte den Blick nicht abwenden, und sie merkte, wie langsam Angst um Irina in ihr hochstieg.

Die war immer näher an Wollweber herangetreten, bis die Mündung seines Revolvers auf ihrer Brust ruhte. Sie sah nicht nach der Waffe, sondern starrte Wolle in die Augen, während sie mit eiskalter Stimme sagte: »Na los, schieß. Man wird dich rund um den Globus jagen, und es wird keinen Ort geben, an dem du dich verstecken kannst. Jedes Land der Welt wird dich wegen Polizistenmordes ausliefern. Und dann wirst du lebenslänglich in den Knast gehen.«

Während sie sprach, war sie weiter gegen den Druck der Waffe nach vorne gegangen. Jenny sah, dass Wollweber nicht dagegenhielt. In seinen Augen war ein unsicheres Flackern zu sehen, und langsam wich er vor der zu allem entschlossenen Frau zurück.

Ansatzlos drehte sich Irina um ihre eigene Achse. Der Nachteil einer auf einen Körper aufgesetzten Waffe war, dass bei dessen Drehung die Mündung mit zur Seite genommen wurde. Es war fast unmöglich, in diesem Augenblick so schnell abzudrücken, dass mehr entstand als ein Streifschuss. Aber Irina ließ es nicht bei dieser Drehung bewenden. Mit einer Hand schlug sie den Arm mit der Waffe zur Seite. Als sie mit dem Rücken zu dem Zuhälter stand, ging sie leicht in die Knie und setzte von unten zu einem Sidekick an, der Wollweber mit voller Kraft in die Rippen traf. Selbst Jenny hörte von ihrer mehrere Meter entfernten Position das knirschende Krachen, als mehrere Rippen brachen.

Mit einem Aufschrei brach der so malträtierte zusammen und ließ dabei die Waffe fallen. Irina stand in Kampfstellung vor ihm und war offensichtlich bereit, ihm einen weiteren Tritt zu versetzen, sollte dies erforderlich sein.

Aber Wollweber wand sich unter Schmerzen auf dem Boden, und nachdem Irina die Waffe zur Seite und damit aus seiner Reichweite gekickt hatte, stellte er keine Gefahr mehr dar.

In der Ferne hörte Jenny das Heulen sich nähernder Sirenen, und sie widmete ihre Aufmerksamkeit wieder der Person, die das leider nicht mehr merkte. Sie weinte um ihren Freund, Lehrmeister und Kollegen.

TAG 10

48

Alle saßen auf ihren angestammten Plätzen, und keiner konnte verhindern, immer wieder auf den leeren Stuhl zu schauen, den Dieter Alsmann stets besetzt hatte.

Sonja hatte ihn im vergangenen halben Jahr so gut kennengelernt, dass sie um ihn trauerte wie um einen guten Freund. Aber der Tod war berufsbedingt ein ständiger Begleiter, der bei ihr zu einer anderen Art der Trauer führte.

Jutta Beltermann und Jenny saßen mit rot verheulten Augen und gesenktem Blick auf ihren Plätzen.

Irina war anzusehen, dass sie sich die ganze Nacht um Jenny gekümmert hatte. Dunkle Augenränder sprachen eine deutliche Sprache.

Selbst Klaus Braake war so betroffen, wie sie ihn noch nie erlebt hatte. Keine flapsigen Sprüche, keine Aufmunterungsversuche, nichts. Er saß schweigend auf seinem Platz und ließ selbst sein geliebtes Notepad ungenutzt vor sich liegen.

Um wen sie sich allerdings an diesem Morgen um 9:00 Uhr in der Einsatzzentrale der MK 2 am meisten Sorgen machte, war Gregor. Die halbe Nacht hatte sie damit verbracht, auszuloten, wie er mit diesem überraschenden Verlust umging.

Gregor war nicht in der Lage, beim Tod eines Freundes oder Mitarbeiters zu trauern wie die meisten Menschen. Sie hatte versucht, ihm klarzumachen, dass seine rationale und nüchterne Umgangsweise mit dem Tod auf die meisten Menschen herzlos und kalt wirken würde. Deren Unverständnis war vorprogrammiert.

Sie hatte sich außerdem die größte Mühe gegeben, ihn auf die starken Emotionen seiner Mitarbeiter vorzubereiten – und ihm zu erklären, wie er damit umgehen konnte und sollte. Irgendwie musste sie ihm aber recht geben, wenn er die Trauer als eine Form des Selbstmitleides ansah. Der Tod eines geliebten und geachteten Menschen wurde nicht umsonst gemeinhin als Verlust bezeichnet, und Verlust bezog sich stets auf denjenigen, der etwas verloren hatte.

Auf ihr Argument hin, dass es doch auch um das Mitleid mit dem Verstorbenen ging, hatte er den römischen Philosophen Lucius Annaeus Seneca zitiert, der in den Jahren unmittelbar nach Christi Geburt gelebt hatte und als Berater und Erzieher von Kaiser Nero in die Geschichte eingegangen war: »Der Tod ist die Befreiung und das Ende von allen Übeln, über ihn gehen unsere Leiden nicht hinaus, er versetzt uns in jene Ruhe zurück, in der wir lagen, ehe wir geboren wurden. Wer die Toten bedauert, der müsste auch die Ungeborenen bedauern.«

Was hätte sie dem entgegenhalten können?

Gregor war lediglich durch Geburt und Herkunft Jude. Er hatte ihr einmal erklärt, dass er zwar an eine höhere Macht glaube und sich aufgrund seines Berufes mit dem Tod und der Frage nach dem »Danach« beschäftige, aber als Logiker tendierte er eher zu einer nüchternen Betrachtungsweise: Was nicht beweisbar war, war es nicht wert, näher beleuchtet zu werden.

In der vergangenen Nacht hatten sie besprochen, wie er seinen Mitarbeitern am nächsten Morgen begegnen sollte: Umarmungen zulassen, tröstende Worte, aber auch und vor allem überlegen, wie es weitergehen sollte.

Sonja wurde aus ihren Erinnerungen gerissen, als Gregor gerade diesen Punkt ansprach: »Ungeachtet aller Trauer müssen wir uns Gedanken machen, wie wir die nächsten Schritte in unseren Ermittlungen gestalten.«

Lediglich Klaus Braake und Irina blickten ihn interessiert an. Jutta Beltermann und Jenny starrten weiterhin vor sich auf den Tisch. Aber Sonja war sich sicher, dass die beiden Frauen dennoch Gregors Ausführungen folgten.

»Nachdem Grothebaum im Zuge der Überwältigung von Wollweber fliehen konnte, müssen wir uns nun auf ihn, seine Ergreifung und den Nachweis seiner Schuld konzentrieren. Ich möchte noch einmal ausdrücklich betonen, dass niemand im PP einem der Anwesenden einen Vorwurf macht, dass er fliehen konnte.«

Erstmals war eine Reaktion bei Jenny zu sehen, die aufblickte und Gregor dankbar zunickte.

»Ich möchte aber auch nicht unerwähnt lassen«, fuhr er fort, »dass ich aus den Berichten von Jenny und Irina herausgehört habe, dass Grothebaum sowohl gegenüber Wollweber als auch gegenüber Irina vehement seine Täterschaft bestritten hat. Ich habe ja bereits gestern erwähnt, dass ich trotz der Beweislage noch immer ein ungutes Gefühl habe, was die Täterschaft angeht.«

Er räusperte sich und kam nun auf einen Punkt, den er vielleicht schon gestern hätte ansprechen sollen – zumindest war das Sonjas Meinung.

»Der Sonderauftrag, den ich Schmuddel gestern gegeben habe, hat damit zu tun, dass noch immer die Frage geklärt werden muss, ob nicht jemand aus der Rechtsmedizin das Haar auf der Leiche platziert haben könnte.«

Erstmals meldete sich Jutta zu Wort und bewies dadurch, dass sie sehr wohl zugehört hatte. »Du meinst also, dass uns jemand einen Sündenbock auf dem Silbertablett serviert hat? In der Absicht, uns in die Irre und von sich weg zu führen?«

»Genau das halte ich für möglich.«

»Und was hatte Schmuddel diesbezüglich zu ermitteln?«, warf Irina ein.

Gregor sah Braake an. »Möchtest du selbst berichten?«

»Ja, natürlich.« Man merkte ihm an, dass er noch nicht zu seinem normalen Selbst zurückgefunden hatte. Er erzählte nüchtern und ohne Ausschmückungen. »Ich habe mir die gesamte Personalliste des rechtsmedizinischen Instituts besorgt und dann nach bestimmten Kriterien gefiltert. Also zum einen – wer war zu der infrage kommenden Zeit in Urlaub oder krank, wer hat Vorstrafen oder sonstige Auffälligkeiten, wer hatte Zugang zu den Sektionsräumen und so weiter. So habe ich die Liste aller theoretisch infrage kommender Personen auf 46 reduzieren können. Von denen haben 18 eine oder mehrere Vorstrafen; ganz unterschiedliche Straftaten, aber nichts wirklich Gravierendes. Das könnte vielleicht bei der weiteren Eingrenzung der 46 als Indiz nützlich sein. Mehr habe ich leider nicht.« Schmuddel beendete seinen Vortrag und senkte den Blick wieder.

Sonja gab Gregor einen leichten Stoß mit dem Ellenbogen, um ihm zu signalisieren, möglichst schnell fortzufahren.

»Geht es in Ordnung«, nahm der den Faden wieder auf, »wenn du mit Irina zusammen die Ermittlungen in der Rechtsmedizin übernimmst?« Er sah Sonja fragend an.

»Selbstverständlich, kein Problem. Wir machen uns gleich auf den Weg, nicht wahr Irina?«

»Ja, klar.«

Sonja merkte Irina die Erleichterung an, etwas Sinnvolles tun zu können.

»Dann hatte ich mir vorgestellt, dass Schmuddel heute Mutti bei der Suche nach den Adoptionsunterlagen unterstützt. Ist das für euch okay?«

Sonja kannte Klaus Braake inzwischen gut genug, um seine sofortige und bereitwillige Zustimmung als sehr ungewöhnlich einstufen zu können.

Der Tod von Alsmann hat ihn mehr mitgenommen, als man ihm anmerken soll. Er versucht mit allen Mitteln, niemanden merken zu lassen, wie sehr er den lebensälteren Kollegen bewundert hat und nun vermisst. Das hätte Sonja so nicht vermutet. Die zwei hatten sich immer derart gefrotzelt, dass sie Missstimmungen zwischen ihnen angenommen hatte.

So kann man sich täuschen. Sie nahm sich vor, Gregor nach seinem Kenntnisstand zu der persönlichen Beziehung der beiden zu befragen.

»Jenny«, schloss Gregor seine Einteilung ab, »du bleibst bitte hier zu meiner Verfügung.«

Von Jenny erfolgten weder ein Widerspruch noch irgendwelche Einwände. Sie nickte einfach wortlos.

Sonja konnte sich vorstellen, dass sie ganz besonders betroffen war, da Alsmann in ihren Armen gestorben war.

Noch bevor Gregor die Versammlung auflösen konnte, klingelte sein Handy und er nahm den Anruf an.

Das Telefonat zog sich in die Länge, aber bis auf ein gelegentliches »Hmmm« oder »Wo?« und ein überraschtes »Wie bitte?« machte er keine Anmerkungen, sodass sie weder auf den Anrufer noch auf den Inhalt des Gesprächs schließen konnte. Als er den Anruf schließlich beendete, sah Sonja etwas an ihm, das sie noch nie zuvor gesehen hatte: Fassungslosigkeit.

Er saß still da und schüttelte verwundert ein ums andere Mal den Kopf, während er nachzudenken schien.

Schließlich hielt Sonja es nicht mehr aus. »Verdammt, Gregor, was um Himmels willen ist passiert?«

Er schien wie aus einem Traum aufzuwachen und blickte verwundert auf. »Ach so ... ja ... natürlich. Entschuldigt bitte. Grothebaum!«

Lennox tollte über die schneebedeckten Felder und Wiesen, als wäre er noch ein junger Hund.

Die Sonne tut ihm gut, dachte sein Besitzer, der den neun Jahre alten Entlebucher Sennenhund schon lange nicht mehr so ausgelassen erlebt hatte. Der Feldweg zwischen Zeilsheim und Hofheim, parallel zur L 3018, bot die richtige Abwechslung zwischen bewaldeten Stücken und offenen Äckern.

Obwohl keine 15 Kilometer Luftlinie vom Zentrum der Metropole Frankfurt entfernt, hätte man hier in der freien Natur meinen können, man sei Lichtjahre weit weg von dem Trubel und der Geschäftigkeit der Großstadt. Henning Buhr genoss die langen Spaziergänge, die er seit seiner Verrentung vor einem Jahr gemeinsam mit seinem Hund unternahm. An einem sonnigen Tag wie heute war es besonders schön, und er freute sich, dass Lennox so gut drauf war.

Sie hatten gerade das Gelände einer Baumschule passiert, als er bemerkte, dass Lennox sich seltsam verhielt.

Der Hund stand mit gesenktem Kopf auf dem befestigten Feldweg, auf dessen Schneedecke Reifenspuren zu sehen waren. Ein tiefes, grollendes Knurren kam aus seiner Kehle und machte Henning klar, dass Lennox etwas Ungewöhnliches witterte.

Hoffentlich kein krankes Tier oder so was, war sein erster Gedanke.

Bevor er auf Lennox einreden oder ihn beruhigen konnte, spurtete der laut bellend los.

»Lennox, hier. Hier!«, rief Buhr ihm hinterher. Vergeblich. Erst als er, dem Tier folgend, um eine leichte Kurve hinter der Baumschule eilte, sah er, wohin sein Hund, noch immer laut bellend, rannte.

Von dem links abbiegenden Feldweg führte eine Reifenspur in fast gerader Linie auf den Acker, und in etwa 300 Metern Entfernung sah er mitten auf dem Feld ein Auto stehen.

Lennox hatte das Fahrzeug inzwischen erreicht. Er stand davor und steigerte sich immer mehr in ein aufgeregtes, heiseres Gebell hinein, wie Henning es von ihm gar nicht gewohnt war. Dabei stieß er sich mit den Vorderbeinen vom Boden ab, sodass er kurz aufstieg wie ein scheuendes Pferd.

Verdammt. Was hat er nur? Was ist denn da los, und weshalb steht der Wagen mitten auf dem Acker?

Langsam näherte er sich dem Fahrzeug, wobei er immer wieder rief: »Lennox, aus, Lennox, is gut jetzt!«

Aus 100 Metern Entfernung erkannte er, dass es sich um einen alten hellblauen Citroën handelte, ähnlich dem, den er vor vielen Jahren selbst einmal besessen hatte. Der Motor lief nicht und von Weitem konnte er seltsamerweise nicht erkennen, ob sich jemand im Innenraum befand. Die Scheiben waren merkwürdig undurchsichtig.

Als er sich der Fahrerseite näherte, sah er, dass die Scheibe voller rötlicher Punkte war.

Was ist das denn?

Als er noch zehn Meter entfernt war, kam ihm erstmals der Gedanke, dass es sich um Blut handeln könnte.

O Gott, da hat sich einer im Auto erschossen!

Er hatte schon öfter in amerikanischen Krimis gesehen, wie Leute sich im Wagen in den Kopf geschossen hatten und dann die Scheibe voller Blutspritzer war. Einen Moment lang überlegte er, ob er gleich die Polizei rufen sollte, aber dann entschied er, sich erst mal Gewissheit zu verschaffen. Er wollte sich nicht lächerlich machen. Seine Neugier siegte über die Vorsicht, und er trat noch näher an die Fahrerseite des Wagens heran.

Die Scheibe war so stark mit den roten Spritzern übersät, dass er selbst aus einem Meter Entfernung nicht erkennen konnte, was da im Inneren los war. Aber das Autofenster stand wenige Zentimeter weit offen, und er entschloss sich, durch den schmalen Spalt in das Innere zu schauen. Vorsichtig und darauf bedacht, ja nichts zu berühren, näherte sich sein Gesicht dem Schlitz.

Im Fahrzeug war es dunkel, und das Erste, was er sah, war, dass das rote Zeug auch auf der Frontscheibe und der Scheibe der Beifahrerseite war.

Neugierig ging er noch näher heran.

Was er bei genauerem Hinschauen sah, konnte er im ersten Moment gar nicht identifizieren, dann ließ es ihm aber das Blut in den Adern gefrieren. Eiskalte Schauer liefen seinen Rücken hinunter, und mit einem erschrockenen Aufschrei machte er so hastig zwei Schritte rückwärts, dass er stolperte und sich in den Schnee setzte. Ihm wurde schlecht, und er konnte nur mit Mühe verhindern, dass ihm das Frühstück aus dem Gesicht fiel.

Was er gesehen hatte, toppte die schlimmsten Horrorfilme, die er sich zusammen mit seinem 14-jährigen Enkel hatte ansehen müssen.

Auf der Fahrerseite saß jemand ... etwas ... er wusste nicht, wie er darüber denken sollte. Eine Leiche. Dass die Person tot war, dessen war er sich 1.000-prozentig sicher, nicht nur wegen des vielen Blutes an den Innenseiten der Scheiben. Das, was er erblickt hatte, hatte sich unauslöschlich in sein Gehirn eingebrannt: Auf dem Fahrersitz befand sich ein Körper – ohne Kopf.

Das allein war ein Anblick, den er sich gerne erspart hätte, viel schlimmer war aber, dass er auf dem Beifahrersitz den abgetrennten Kopf entdeckt hatte, der ihn aus leeren Augen anstarrte.

Noch immer im Schnee sitzend fummelte er sein Handy aus der Innentasche seiner Ski-Jacke. Erst beim dritten Versuch gelang es ihm, mit zitternden Fingern die 110 zu wählen.

49

Sie diskutierten während der gesamten Fahrt vom PP zur Rechtsmedizin. Irina war zum ersten Mal mit Sonja allein unterwegs und stellte schon nach wenigen Sätzen fest, wie

besonnen und intelligent diese Frau war. Aber ihre Überlegungen zu Sonjas Intelligenz und ihrer Schönheit traten
hinter dem Entsetzen zurück, das alle Anwesenden im
Besprechungsraum ergriffen hatte, als Gregor ihnen von
dem Telefonat erzählte.

»Das waren die Kollegen von der Kriminalinspektion
in Hofheim«, hatte er begonnen, »man hat Grothebaum
gefunden.«

Mehrere von ihnen hatten die Stirn gerunzelt, weil ihnen
nicht klar war, was daran Gregor so fassungslos gemacht
hatte. Aber sie mussten nicht lange warten, bis auch sie
das Grauen beschlich.

»Ein Spaziergänger hat seinen Citroën mitten auf einem
Acker stehen sehen, ist herangetreten und hat darin die
Leiche unseres Hauptverdächtigen gefunden.«

»Die Leiche?«, hatte Jenny gefragt und war erstmals aus
ihrer Lethargie erwacht.

»Ja, die Leiche. Aber die Auffindesituation stellt uns
vor größere Probleme und Fragen, als ihr euch vermutlich
vorstellen könnt. Grothebaum saß auf dem Fahrersitz«, er
hatte eine kleine Pause gemacht und alle Anwesenden der
Reihe nach angesehen, »und sein Kopf lag neben ihm.«

»Was!«

»Ja, aber …!«

»O Gott!«

Alle hatten durcheinandergesprochen, und es dauerte
mehrere Minuten, bis Gregor wieder so weit Ruhe hatte
herstellen können, dass eine geordnete Diskussion möglich war.

»Es gab noch ein paar interessante Informationen«,
hatte er seine bisherigen Ausführungen ergänzt, »nämlich, dass keine Spuren vom Fahrzeug wegführen – bei der

derzeitigen Schneelage wären sie auf einem offenen Feld wohl kaum zu übersehen gewesen. Im Fahrzeug wurde aber kein Tatwerkzeug gefunden, womit wir vor folgender Frage stehen: Hat sich hier ein Täter selbst gerichtet oder wurde unser Tatverdächtiger vom wirklichen Täter getötet?«

Alle hatten sich fassungslos angesehen und jeder war so mit seinen Überlegungen beschäftigt gewesen, dass keiner etwas hatte sagen wollen.

Nach einigen Sekunden war Gregor fortgefahren: »Egal, welche der beiden Möglichkeiten wir in Betracht ziehen, es stellt sich bei beiden die Frage: Wie hat er das gemacht? Ich muss zugeben, dass ich völlig ratlos bin und im Moment kaum noch einen klaren Gedanken fassen kann.« Dafür hatten sich seine bisherigen Bemerkungen allerdings sehr strukturiert und wohlüberlegt angehört.

Seit diesem Moment diskutierten alle Mitglieder der MK 2, natürlich auch Sonja und Irina, über nichts anderes mehr. Was war Grothebaum nun wirklich? Selbstmörder oder ein weiteres Opfer? Und niemand hatte bisher auch nur eine Idee, wie eine solche Tat hätte vonstattengehen können.

Sonja sagte zu Irina: »Egal was dahintersteckt, wir müssen auf jeden Fall davon ausgehen, dass es doch einen anderen Täter gibt und der in der Rechtsmedizin zu suchen ist. Also sind unsere Ermittlungen auf jeden Fall sinnvoll. Die Kripo Hofheim wird die Leiche von Grothebaum in die Rechtsmedizin bringen lassen, und vielleicht gelingt es mir ja nachher bei der Obduktion, Hinweise darauf zu finden, was wirklich passiert ist.«

Irina war gespannt, welche Erkenntnisse sie gewinnen würden und ob die Ermittlungsarbeit zu einem anderen

Täter oder die Obduktion von Grothebaum zum Erfolg führen würde. Sie hatte im Moment noch keine Vorstellung, wie das alles weitergehen sollte. Aber zumindest schüttelte sie langsam die Lähmung ab, von der sie nach dem Tod Alsmanns ergriffen worden war. Immer wieder hatte sie sich gefragt, ob sie nicht eine Teilschuld an dem Geschehen trug.

Aber sowohl Jenny als auch Gregor hatten ihr versichert, dass sie vorbildlich gehandelt hatte. Schließlich habe sie Wollweber überwältigt und ein weiteres Eskalieren der Situation verhindert.

Als Sonja auf den Mitarbeiterparkplatz des rechtsmedizinischen Instituts einbog, scheuchte Irina die Gedanken beiseite und versuchte, sich wieder auf das zu konzentrieren, was vor ihnen lag.

»Wie gehen wir vor, Sonja?«, fragte sie die Rechtsmedizinerin, die ihr schon am ersten Tag das Du angeboten hatte.

»Ich bin der Meinung, dass es das Beste ist, wenn wir uns zuerst mit dem Leiter des Instituts, Professor Bücking, in Verbindung setzen. Ich möchte ihm die Liste vorlegen und seine Meinung dazu hören. Außerdem hätte ich ihn gerne bei der Obduktion von Grothebaums Überresten dabei. Bei einem so mysteriösen Fall bin ich bereit, jede Hilfe anzunehmen, die ich bekommen kann.«

Zehn Minuten später saßen sie in Bückings riesigem Büro in einer Sitzgruppe, und jeder hatte einen Pott Kaffee in der Hand.

In den letzten fünf Minuten hatte Sonja ihren Chef in einer Kurzfassung über die Ereignisse der vergangenen 24 Stunden in Kenntnis gesetzt.

Der Professor war nicht weniger schockiert und entsetzt als jeder andere, der Alsmann gekannt hatte. Seine

Betroffenheit wich unverhohlener Neugier, als die Rede auf den Fund der Leiche von Grothebaum und die seltsamen Umstände seines Todes kam.

»Das klingt nach einer wirklichen Herausforderung«, bemerkte er nach kurzer Überlegung. »Und Sie haben kein Tatwerkzeug im Fahrzeug gefunden, wirklich?«

»Ja genau«, bestätigte Sonja, »und es wurden auch keine Spuren gefunden, die von dem Fahrzeug wegführten. Als die Polizei eintraf, gab es lediglich die Spuren eines Hundes und seines Besitzers, die zu dem Auto hinführten.«

»Na dann bleibt als logische Erklärung eigentlich nur, dass Grothebaum wie einst Störtebeker nach seiner Enthauptung weitergefahren ist, oder?«

Irina wusste nicht, ob sie lachen oder weinen sollte. War das eine spezielle Art von Humor oder wollte Bücking sich über sie lustig machen? Sonja lachte zwar kurz auf, aber es wirkte auf Irina ziemlich gekünstelt. Sie schätzte Sonja so ein, dass sie ebenfalls nicht begeistert war von dieser Bemerkung.

»Herr Professor, was denken Sie, wie wir mit der Liste umgehen sollen, die wir mitgebracht haben? Sehen Sie eine Möglichkeit, wie wir diese Gruppe möglicher Kandidaten eingrenzen könnten? Ich persönlich sehe in den Vorstrafen einiger Personen keinen ausreichenden Grund, sie stärker zu verdächtigen als alle anderen.«

»Da gebe ich Ihnen recht, meine Beste, Ihnen ist doch sicherlich auch schon aufgefallen, dass ich ebenfalls auf dieser Liste stehe.«

Sonja schien peinlich berührt. »Bitte entschuldigen Sie, Professor, aber unser Kollege hat lediglich alle Personen aufgeführt, die nicht krank oder in Urlaub waren und somit rein theoretisch infrage kommen. Also … nichts für ungut, Sie sind selbstverständlich nicht die Nummer eins meiner Verdächtigen.«

Bücking lachte laut auf. »Mädchen, machen Sie sich doch keine Gedanken. Ich habe kein Problem damit, auf dieser Liste zu stehen. Ich finde es sogar lustig, welche Probleme Sie damit zu haben scheinen.« Er sah noch einmal auf das Blatt, nagte kurz an seiner Unterlippe und nahm dann den Faden wieder auf. »Ich schlage vor, dass wir zuerst die Kameraüberwachungen verschiedener Zonen des Instituts auswerten, zudem die Zeitdaten der durch Zutrittskarten gesicherten Bereiche und die Aussagen, wer mit wem wann und wo zusammengearbeitet hat. Wenden Sie sich bitte an unseren Sicherheitschef, Rainer Gatter, der wird das organisieren. Ich rufe ihn gleich an und bereite ihn auf Ihren Besuch vor.«

Er reichte Irina die Liste zurück, und sie kam nicht umhin, seine logische Denkweise zu bewundern. Ein beachtlicher Mann.

»Darf ich Sie anrufen, Professor, wenn die Überreste unseres mysteriösen Todesfalls eintreffen?«, fragte Sonja.

»Ich bestehe darauf, Kleines, so einen interessanten Fall lasse ich mir doch nicht entgehen. Also, ich erwarte Ihren Anruf, sobald die beiden Teile hier eingetroffen sind.«

Diesmal musste Irina sogar lächeln, denn der seltsame Humor des Professors schien seine Art zu sein, mit schlimmen Ereignissen umzugehen.

Rainer Gatter war ein Hüne von fast zwei Metern, dabei aber so dürr, dass Irina befürchtete, seine Knochen würden klappern, wenn sie ihm die Hand zu sehr schüttelte. Sein Gesicht glich dem eines Raubvogels, dominiert von einer großen, scharfrückigen Hakennase und kleinen, stechenden Augen, mit denen er die beiden Frauen anstarrte.

Er schien begierig darauf zu sein, den Damen zu gefallen. Nach der Vorwarnung durch Professor Bücking hatte er bereits die ersten Schritte unternommen und schilderte nun Irina und Sonja mit einer brummigen Bassstimme, was er alles zu tun gedachte. »Sie werden sehen, dass ich Ihnen sehr schnell ein Ergebnis liefern kann. Ich war auch mal bei der Polizei, müssen Sie wissen.«

Irina wollte nicht wissen, warum er zum Sicherheitsdienst einer öffentlichen Einrichtung gewechselt hatte. Wegen des Geldes ganz bestimmt nicht, dann wäre er eher in die freie Wirtschaft gegangen.

»Vielen Dank, Herr Gatter«, beeilte sich Sonja zu sagen, ehe der Sicherheitschef noch mehr persönliche Dinge aus seiner Vergangenheit erzählen konnte. »Wir machen uns dann mal auf den Weg. Ich habe noch eine Autopsie durchzuführen, und die Kollegin Petrowska soll mich dabei unterstützen.«

Irina musste sich ein Grinsen verkneifen. Erstens war die Leiche von Grothebaum noch nicht da und zweitens hätte sie nicht gewusst, wie sie Sonja bei einer Autopsie unterstützen sollte. Ihre Aufgabe dabei war höchstens, zuzusehen und aus den gefundenen Erkenntnissen Rückschlüsse zu ziehen.

Eilig verließen sie das Büro. Sie waren noch nicht ganz aus der Tür, als Sonjas Handy vernehmlich piepste. Sie las die eingegangene SMS und atmete erleichtert auf. »Na also, die sterblichen Überreste deines ehemaligen Kollegen sind soeben in den Sektionsraum II geliefert worden. Also hab ich unseren Freund Sicherheitsmensch eben noch nicht mal belogen.«

Im Sektionsraum angekommen verständigte Sonja als Erstes den Professor und bat ihn, sich auf den Weg zu ihnen zu machen.

Auf dem hintersten von drei Tischen lag ein abgedeckter Körper, bei dem es sich um Grothebaum handeln musste, da sich derzeit keine weitere Leiche in dem Raum befand. Sonja trat heran und schlug ohne langes Federlesen das helle Leinentuch, das im oberen Bereich blutdurchtränkt war, mit einem Ruck zurück.

Irina hatte kaum Zeit, sich auf den Anblick vorzubereiten. Sie hatte einen Augenblick überlegt, ob sie nicht wegschauen sollte. Sie hatte noch nicht an vielen Obduktionen teilgenommen, und es war ihr jedes Mal ziemlich übel geworden. Allein ihr Anspruch, vor teilnehmenden männlichen Kollegen oder einem Rechtsmediziner nicht als schwache Frau dazustehen, hatte ihr die Kraft gegeben, ihre Übelkeit niederzukämpfen und die Prozedur mit Anstand zu überstehen.

Was sie jetzt sah, hielt sich aber noch in Grenzen. Der Körper war vollständig bekleidet, wobei es schwer zu erkennen war, um was es sich bei der blutüberströmten Oberbekleidung genau handelte. Erst unterhalb der Knie war die Hose nur mit einzelnen Spritzern bedeckt. Das herausragende Merkmal war jedoch, dass der Kopf wenige Zentimeter oberhalb des Halsendes lag, gerade so weit, dass man auf den ersten Blick sah – diese beiden Teile hatten einmal zusammengehört, waren aber nun getrennt.

Während Sonja mit einem digitalen Fotoapparat die Bekleidung von allen Seiten fotografierte, übermannte Irina die Neugier, und sie trat vorsichtig näher an den oberen Bereich der Leiche heran. Der Kopf war direkt unterhalb des Kinns völlig glatt abgetrennt. Sie konnte sich nicht vorstellen, mit welchem Instrument das hatte bewerkstelligt werden können. Ein Messer hätte Schnittspuren hinterlassen, also war die Enthauptung wohl eher mit einem Schwert oder Beil in einem einzigen Schlag durchgeführt worden.

Aber wie sollte das in einem Auto gehen? Die Spurenlage im Fahrzeug wies zweifelsfrei darauf hin, dass es im Wagen passiert war – die Spritzer an den Innenseiten der Scheibe sprachen eine deutliche Sprache. Auch war der Oberkörper vollgeblutet und lediglich der im Auto geschützte Bereich unterhalb der Knie, hatte nicht ganz so viel abbekommen. Es war Irina ein Rätsel, wie das geschehen war.

Ihre ergebnislosen Überlegungen wurden unterbrochen, als sie hinter sich ein leichtes »Tock-Tock« vernahm. Als sie sich umdrehte, sah sie Professor Bücking mit seinem Gehstock auf den Sektionstisch zugehen.

»Na, meine Damen, dann wollen wir doch mal sehen, was wir hier haben«, bemerkte er fröhlich, als er näher an den Tisch herantrat. »Na ja, zumindest nach der Todesursache müssen wir nicht lange suchen, oder? Er hat noch gelebt, als der Kopf abgetrennt wurde, sonst wäre das Blut nicht in der hier eindeutig zu erkennenden Form aus der Wunde gespritzt.« Er näherte sich weiter dem abgetrennten Kopf und ging mit seinem Gesicht sehr nahe heran. »Hmmm … interessant … scharf … aber wie?«, sprach er mehr mit sich selbst als zu den beiden Frauen.

»Ladys«, begann er, nachdem er sich von der Leiche abgewandt und zu den gespannt wartenden Frauen umgedreht hatte, »das wird eine Herausforderung, so viel kann ich jetzt schon sagen. Hier sind intensive Untersuchungen, aber auch logische Überlegungen gefragt. Ich freue mich schon darauf, was wir herausfinden werden.«

Es schien ihn nicht im Geringsten zu berühren, dass es hier um den Tod eines Menschen ging. Für ihn war es ein interessanter Fall, mehr nicht.

Er wollte gerade noch etwas anfügen, als er mit einem Mal zusammenzuckte und dann seiner Hosentasche sein vibrierendes Smartphone entnahm. »Oh, Sie entschuldigen mich einen Moment, ich habe eine dringende Mail bekommen.«

Mit dem Handy in der Hand begab er sich in eine Ecke des Raumes und studierte das Display.

Sonja wollte gerade mit dem Entkleiden der Leiche beginnen, nachdem sie alle erforderlichen Fotos gemacht hatte, als ihr Handy ebenfalls klingelte. Sie nahm das Gespräch entgegen, und aus ihrem Gesichtsausdruck und dem freudigen »Hallo, Schatz« schloss Irina, dass es sich bei dem Anrufer um Gregor Mandelbaum handeln musste. War Sonja zu Beginn des Gesprächs noch ein paar Schritte gegangen, so blieb sie plötzlich stehen, als sei sie gegen eine Wand gelaufen.

Irina, die ihr Gesicht sehen konnte, erkannte, wie sich Sonjas Augen entsetzt weiteten und ihr Mund weit offen stand.

»O nein, bitte nicht!«, war das, was Irina fast von ihren Lippen ablesen musste, so leise hatte Sonja es ausgesprochen.

50

Als Erstes bekam Klaus Braake einen Hustenanfall, als er den Kellerraum betrat. Von der Decke baumelte eine armselige nackte Glühbirne, die gelbliches Licht spendete. Die Luft war erfüllt mit Staubpartikeln, die teilweise als größere Flocken, aber auch als mikroskopisch kleine Partikel die Luft erfüllten. Sie waren allein durch das Öffnen der Tür aufgewirbelt worden.

Hastig setzte er die Atemschutzmaske auf. »So schlimm habe ich mir das nun wirklich nicht vorgestellt.« Er warf einen Blick auf Jutta Beltermann, die dicht hinter ihm mit bereits angelegter Maske den Raum betrat. »Nun kann ich deine Hustenanfälle verstehen. Das ist ja widerlich.«

»Jetzt kannst du dir hoffentlich denken, was ich gestern hier mitgemacht habe«, drang ihre gedämpfte Stimme hinter der Schutzmaske hervor.

»Ja, kann ich. Und wie gehen wir nun vor?« Braake stand immer noch kurz hinter der Eingangstür und blickte verzweifelt auf die in mehreren Reihen an den Wänden gestapelten Umzugskartons.

Du großer Gott, wo soll man denn hier anfangen?, fragte er sich angesichts der Aufgabe, die sie gemeinsam bewältigen sollten.

»Ich habe festgestellt, dass in einem Karton immer Akten eines Jahrgangs sind. Natürlich gibt es für jedes Jahr eine ganze Reihe von Kartons. Aber es reicht, wenn wir einen öffnen, eine Akte daraus ansehen, und wenn es ein Jahrgang vor 1966 oder nach 1972 ist, den Karton wieder verschließen und wegstellen.«

Jutta deutete auf einige Kartons an einer Wand, die sie zuerst mühsam freigepackt hatte, um dann dort die bereits überprüften Kisten stapeln zu können.

»Was?«, fragte Braake entsetzt, »mehr hast du noch nicht geschafft? Da sind wir ja noch in einer Woche dran.«

»Nur, wenn die Akte, die wir suchen, sich in der letzten Kiste befindet. Aber man kann doch auch mal Glück haben. Außerdem ist der Stapel so klein, weil ich einige Kisten genauer durchsehen musste, die Akten der infrage kommenden Jahrgänge enthielten.«

»Warum nur bis 1972?«, fragte Braake, obwohl ihm im nächsten Augenblick die Antwort klar wurde. »Ach, is klar, ab 1973 müsste der Junge 16 oder älter gewesen sein, und in diesem Alter wird er mit Sicherheit nicht mehr adoptiert.«

»Stimmt. Also an die Arbeit.« Jutta ging zielstrebig auf eine Wand zu und nahm eine Kiste vom Stapel.

Braake ergab sich seufzend in sein Schicksal. Er wandte sich der gegenüberliegenden Wand zu und nahm ebenfalls eine Kiste herunter.

Als er sie öffnete und die erste Akte herauszog, sah er direkt den Jahrgang 1964. Na bitte, keine Arbeit. Zumachen und wegstellen. Die nächste Kiste war ebenfalls aus diesem Jahrgang und die übernächste auch. Zufrieden stellte er fest, dass er in diesem Tempo schnell vorankommen würde.

Jutta hatte das Pech, eine Kiste mit dem Jahrgang 1969 in die Finger zu bekommen, und war immer noch dabei, die einzelnen Akten durchzusehen. Eine aufwendige Geschichte. Neben ihrem Karton begann langsam ein Aktenstapel zu wachsen.

Braake war zufrieden mit seiner Auswahl an zu überprüfenden Kisten, denn auch der Inhalt der nächsten beiden war aus dem Jahrgang 1964. Er hatte bereits fünf Kartons überprüft, während Jutta noch immer beim Studium der einzelnen Akten ihres ersten war. Freudig stellte Klaus Braake beim nächsten Karton fest, dass sich darin Unterlagen aus dem Jahr 1965 befanden. Na klasse, auch noch vor dem Ereignis also irrelevant. Wenn das so weitergeht, bin ich allerdings schnell bei 1966 angelangt und dann fängt die gleiche mühsame Überprüfung wie bei Muttis Unterlagen an.

Zehn Kartons und 20 Minuten später fiel ihm der erste mit Akten aus dem Jahr 1966 in die Hand. Ganz oben auf lag ein Vorgang, der die Adoption eines Mädchens im Februar 1966 beschrieb.

Wann war das noch mal genau, als der Junge seine Mutter erstochen hatte? Richtig, im Juli 1966. Einer Eingebung folgend wühlte er die unterste Akte heraus und kontrollierte das Datum: Eine Adoption im Januar 1966. Volltreffer! Zur Sicherheit nahm er noch eine Akte aus der Mitte und stellte zu seiner Erleichterung fest, dass sie von Ende Januar 1966 stammte. Also lagen die ältesten ganz unten, die neueren oben auf. Kann ich es wagen, die restlichen einfach zu übergehen? Er entschloss sich im Sinne eines schnelleren Vorankommens, das Risiko einzugehen. Um nicht zu viel zu riskieren, markierte er die Kiste mit einem dicken Filzstift und positionierte sie ein wenig abseits der anderen, bereits kontrollierten.

Der nächste von ihm geöffnete Karton enthielt Akten von Ende Februar bis Mitte April 1966. Mit ihm verfuhr er nach dem nun bewährten Muster.

Drei Kartons später hielt er die erste Akte, die nach dem Ereignis angelegt wurde, in der Hand, und nun konnte er sich vor einer genauen Kontrolle der Daten in jeder Akte nicht mehr drücken.

»Wollen wir nicht mal eine Pause machen?«, fragte er in Juttas Richtung, denn langsam tat ihm der Rücken weh. Er war eine überwiegend sitzende Tätigkeit gewohnt, und das viele Bücken und Hocken fielen ihm schwerer, als er es sich vorgestellt hatte.

»Hallo«, kam es entrüstet von Jutta, »wir sind noch nicht mal eine Stunde hier, also lass uns wenigstens noch zehn Minuten weitermachen, dann können wir über eine Pause reden.«

Angesichts der Tatsache, dass sie am Vortag diese schwere und schweißtreibende Arbeit ganz allein gemacht hatte, wagte Braake es nicht, ihr zu widersprechen. Also nahm er seufzend die nächste Akte in die Hand und studierte sie.

Er war bei der dritten Akte und versucht, erneut nach einer Pause zu fragen, als ihm in den Dokumenten etwas auffiel. »Polizeibericht« stand in fetten Buchstaben über einem vergilbten Blatt. Seine Frage blieb ihm im Hals stecken, als er beim Überfliegen des Berichtes die Worte »Prostituierte«, »Ukraine«, »Misshandlung«, »erstochen«, »Notwehr« las.

»Ich glaub, ich hab sie!«, rief er verwundert aus und stand mit der Akte in der Hand auf. Jutta ließ die Unterlagen, die sie gerade durchsah, einfach fallen und eilte zu ihm.

»Zeig mal her«, rief sie aus, und er war so überrascht, dass er ihr widerstandslos den recht dicken Hefter überließ.

Sie war weitaus geübter im Studium von Papierakten, als Braake es jemals werden würde. Also überließ er ihr die Durchsicht.

Sie blätterte und bemerkte dann: »Du hast recht, das ist der Fall. Na dann wollen wir doch mal sehen, wer den Jungen adoptiert hat.«

Zwei Blätter weiter hielt sie erschrocken inne. »Das gibt's doch nicht. Um Gottes willen, das darf nicht wahr sein.«

»Was ist los? Wer war es, sag schon?«

Sie hielt ihm stattdessen die Akte hin und legte den Finger auf eine Textstelle, die Braake in dem diffusen Licht der einzigen Glühbirne zu entziffern versuchte.

Als es ihm gelang, schrak er zusammen. »Aber … aber, das heißt ja …«, stammelte er und sah Mutti überrascht an.

»Du musst sofort Gregor anrufen und ihm das mitteilen«, forderte Jutta ihn auf.

»Klar, natürlich, du hast recht.« Er holte sein Handy aus der Tasche, um festzustellen, dass er in dem Kellerraum kein Netz hatte. »Verdammte Scheiße, keine Verbindung. Aber egal, ich komme hier ins WLAN, dann kann ich eine Mail an unser Postfach schicken. Das geht auf jeden Fall schneller, als wenn ich jetzt nach oben laufe, um ein Telefonnetz zu bekommen.«

Mit fliegenden Fingern tippte er rasend schnell auf seinem Smartphone herum und hatte innerhalb weniger Sekunden die neue Erkenntnis an das Postfach der MK 2 gemailt. »Du meine Güte. Da wird Gregor aber nicht schlecht staunen. Ich geh trotzdem mal nach oben und rufe zur Sicherheit an.«

51

»Ich denke mal, das war gerade Ihr Chef, meine Liebe. Das ist wirklich schade. Ich hatte gehofft, das hier nicht tun zu müssen.« Bücking stand mit einer großkalibrigen Pistole in der Hand den beiden Frauen gegenüber.

Irina blickte ihn verständnislos an, während Sonja bereits klar war, was es mit seiner Reaktion auf sich hatte.

»Woher wussten Sie, dass wir Ihnen auf die Spur gekommen sind?«, fragte sie ihn.

Er machte einen gequälten Gesichtsausdruck, dem das Bedauern über die Situation deutlich zu entnehmen war. »Ich habe schon vor langer Zeit einen Trojaner in das Netzwerk des Polizeipräsidiums eingeschleust. Wenn Mails mit bestimmten Begriffen in den Postfächern der Mordkommissionen eingehen, geht unbemerkt eine Kopie an mich. Deshalb habe ich eben zeitgleich mit Ihrem Chef gelesen, was Ihr Kollege Braake in der Adoptionsbehörde herausgefunden hat. Es tut mir wirklich leid, dass ausgerechnet Sie jetzt reingezogen werden, Schätzchen.«

Irina hatte mit Unverständnis ständig zwischen dem Professor und Sonja hin- und hergesehen, aber langsam schien auch ihr zu dämmern, was hier vor sich ging.

»Sie? Sie sind der irre Killer, der diese grausamen Taten begangen hat?«, stieß sie ungläubig hervor.

»Na ja, das ›irre‹ würde ich nicht unterschreiben. Sie kennen doch meine Vorgeschichte. Ich war ein traumatisiertes Kind, eine verwirrte Seele.« Sein Gesichtsausdruck wechselte von einem eher heiteren zu einem gequälten Erscheinungsbild. »Was ich getan habe, musste ich tun.

Einerseits tut es mir sogar leid, andererseits hatten sie es verdient.«

Sonja hielt es für notwendig, sich in die Unterhaltung einzubringen. »Kein Mensch hat ein solches Schicksal verdient, Professor. Die jungen Frauen hatten Ihnen nichts getan. Haben Sie sie stellvertretend für Ihre Mutter so gequält und getötet?« Ich muss ihn am Reden halten, ihn in ein Gespräch verwickeln.

Sonja war sich sicher – er hatte nicht bemerkt, dass sie nach dem Gespräch mit Gregor nicht aufgelegt, sondern das Handy einfach nur auf »stumm« geschaltet hatte. Gregor musste ihre Unterhaltung mitgehört haben und war sicherlich schon auf dem Weg zu ihnen.

»Was wissen Sie schon über meine Mutter!«, schrie Bücking nun aufgebracht. »Gar nichts wissen Sie, nicht das Geringste!« Die Hand mit der Waffe zitterte merklich, aber der Professor hatte sich noch im Griff und beruhigte sich schnell wieder.

»Sie ist für die Verkrüppelung Ihres Beins verantwortlich, nicht wahr?«, fragte Irina nun, die wieder zu sich gefunden hatte, als ihr klar geworden war, um was es hier ging.

Sonja vermutete, dass auch sie auf Zeit spielte. Hat sie vielleicht gemerkt, dass ich das Handygespräch nicht beendet habe?

Die Waffe schwenkte ein wenig und zeigte nun auf Irina. »Aah, unsere junge Freundin russisch-ukrainischer Abstammung. Ja, ich weiß alles über Sie. Ich habe selbstverständlich Ihre Personalakte gelesen, wie die aller Mitglieder der Mordkommission und der Personen, die mit ihr zusammenarbeiten.«

Sonja ergriff wieder das Wort: »Deshalb haben Sie auch das Haar von Grothebaum auf der Leiche platziert, oder?

Er war der ideale Sündenbock, und wir sind auch darauf reingefallen. Sehr clever gemacht. Hätte beinahe geklappt, allerdings war Gregor Mandelbaum nie wirklich von der Täterschaft Ihres Opfers überzeugt.«

Die Waffe war wieder in Richtung Sonja geschwenkt und Bücking sah sie überlegend an. »Ich muss zugeben, dass ich aus Ihrem Freund nicht wirklich schlau geworden bin. Ich konnte bei ihm nicht vorhersehen, wie er reagieren würde. Sehr seltsam.«

Sonja hätte ihm erklären können, dass selbst sie oft nicht vorhersagen konnte, wie Gregor auf bestimmte Sachverhalte reagieren würde, aber sie unterließ es.

»Was haben Ihnen die Mädchen getan – außer dass sie Russinnen oder Ukrainerinnen waren?«, fragte Irina unvermittelt und zog damit wieder die Aufmerksamkeit auf sich.

»Was sie *mir* getan haben? Selbstverständlich nichts. Es ist ihr Beruf, Männern im Allgemeinen etwas anzutun. Ihnen die Ehre und den Anstand zu nehmen, indem sie sich prostituieren und sie dazu verleiten, Dinge zu machen, die ein anständiger Mann nicht macht. Dafür vernachlässigen sie alles andere, ihre Kinder, ihre Freunde, alles.« Bücking steigerte sich in eine Tirade gegen die Prostitution und die Frauen im Allgemeinen hinein. »Vermutlich sind Sie auch so eine, Frau Petrowska, die den Männern den Kopf verdreht, sie unanständige Dinge tun lässt und sie dann einfach fallen lässt, wie eine heiße Kartoffel.«

»Sie irren sich Professor, Irina ist anders«, warf Sonja ein. Sie sah eine Chance, Bücking noch weiter zu beschäftigen und abzulenken.

»Pah, irrelevantes Geschwätz.«

»Nein, sie ist völlig anders, in einer Art, die Sie nicht verstehen. Glauben Sie mir.« Sie sah zu Irina.

Eine hochgezogene Augenbraue signalisierte ihr, dass die junge Frau verwundert darüber war, dass Sonja ihr Geheimnis kannte – aber sie nahm den Ball auf. »Es stimmt, Herr Professor, ich bin nicht so, wie Sie denken. Ich hatte noch nie etwas mit einem Mann.«

»Wie bitte? Das kann ich nicht glauben.« Bücking wirkte sehr überrascht und war tatsächlich einen Moment abgelenkt von seinem eigentlichen Vorhaben.

Irina sah in direkt an. Sie senkte nicht verschämt den Kopf und scheute auch keine Sekunde davor zurück, ihr Geheimnis zu offenbaren. »Ich bin lesbisch.«

Das brachte Bücking erstaunlicherweise aus dem Konzept. Mehrmals blickte er zwischen Sonja und Irina hin und her. Es dauerte einige Zeit, bis er sich wieder gefangen hatte und ihm dann doch sein ursprünglicher Plan ins Gedächtnis kam.

»Das tut alles nichts zur Sache. So sehr ich Sie auch wertschätze, liebe Kollegin«, sagte er mit gefestigter Stimme zu Sonja, »und was auch immer Sie sind, Frau Petrowska, ich muss Sie beide leider dazu benutzen, dem Zugriff der Behörden zu entkommen.«

»Und wie wollen Sie das anstellen?« Sonja überlegte fieberhaft, wie sie ihren Chef noch weiter aufhalten konnten.

»Das werden Sie dann schon sehen. Sie glauben doch nicht, dass ich unvorbereitet bin, oder?« Er erwartete keine Antwort auf seine rhetorische Frage. »Frau Petrowska, Sie haben sicherlich Handschellen dabei. Seien Sie so nett, schließen Sie sich mit meiner Kollegin zusammen. Sonst muss ich leider eine von Ihnen beiden erschießen. Zweifeln Sie bitte nicht daran, dass ich dazu in der Lage bin.«

Sonja war weder eine Psychologin noch sehr erfahren im Umgang mit geisteskranken Serienkillern. Ihr war dennoch klar, dass Professor Bücking nicht zögern würde, Irina zu erschießen. Bei sich selbst war sie nicht so sicher. Sie hatte immer das Gefühl gehabt, dass Bücking sie mochte, und die jahrelange Zusammenarbeit konnte er sicherlich nicht so einfach wegwischen. »Tu es, Irina, er meint es ernst.«

Irina nahm die Handschellen aus Edelstahl, die in einem kleinen ledernen Täschchen am Rückenteil ihres Gürtels aufbewahrt waren. Sie machte eine Schelle um ihr linkes Handgelenk, und Sonja streckte ihr unaufgefordert die rechte Hand entgegen.

Sie will die Rechte frei haben. Was hat sie vor? Sonja sah momentan noch keine Chance, den Professor zu überwältigen.

»Den Schlüssel – bitte!«, forderte Bücking bestimmt.

Irina reichte ihm den kleinen Stiftschlüssel, und er steckte ihn in die Außentasche seines Kittels.

»Und nun noch Ihre Handys, wenn ich bitten darf. Werfen Sie die Dinger vor sich auf den Boden.«

Widerstrebend holten beide Frauen ihr Handy aus der Tasche. Sonja war froh, dass sie den Bildschirm des immer noch eingeschalteten Geräts nach dem angeblichen Ende des Gesprächs mit Gregor dunkel geschaltet hatte. Vermutlich würde Bücking die Telefone nicht kontrollieren.

Zehn Sekunden später musste sie entsetzt zusehen, wie der Professor so lange mit dem Absatz auf die Handys trat, bis nur noch kleine Reste und Splitter vor ihm auf dem Boden lagen.

Bücking sah die beiden abschätzend an. »Sie hatten doch sicherlich nicht darauf gehofft, über die Handys geortet zu werden? Ich bin vielleicht nicht so ein begnadeter IT-ler wie Ihr Kollege Braake, aber ich bin auch nicht von gestern. Sie dürfen mir ruhig etwas mehr zutrauen, meine Damen.«

Er winkte mit der Waffe in Richtung Ausgang des Sektionsraumes. »Und nun begeben wir uns auf einen kleinen Ausflug. Sie gehen voran, ich sage Ihnen schon, wo es langgeht.« Er achtete sehr genau darauf, dass er ausreichend Abstand zu den beiden Frauen hielt, als sie an ihm vorbeigingen.

Er ist eben kein unterbelichteter Zuhälter, dachte Sonja, die selbstverständlich erfahren hatte, wie Irina den bewaffneten Wollweber überwältigt hatte.

Bücking wies die beiden Frauen an, wenige Meter vor ihm herzugehen und sich in Richtung des Hinterausgangs zu begeben. Sonja hatte keine Ahnung, wie er es anstellen wollte, den Ermittlern zu entkommen. Sie bedauerte, dass Gregor nun keine Informationen mehr bekam, weil Bücking das Handy zerstört hatte.

Was kann er tun? Wie soll er uns finden? Können wir auf irgendeine Weise etwas dazu beitragen?

Sie fand auf keine dieser Fragen eine Antwort.

52

Er konnte nicht fassen, dass es schon wieder passiert war. Erst vor einem halben Jahr war Sonja in die Gewalt eines

Killers auf einem Rachefeldzug geraten, der sie als Geisel auf seine Flucht mitnahm.

Damals war es Sonja aus eigener Kraft gelungen zu entkommen. Aber diesmal war die Situation eine andere. Hier handelte es sich um einen sehr kranken Mann, dessen Handlungen und Reaktionen niemand mit einer gewissen Sicherheit voraussagen konnte.

Gregor war mit dem Handy am Ohr zu Jenny gestürmt, die als Einzige noch zur Verfügung stand.

Als er die Zentrale betrat, in der Jenny am Computer saß, rief sie ihm direkt zu: »Hast du die Mail von Schmuddel auch schon gelesen? Das ist ja ein Ding, das …«

Er unterbrach sie mit erhobener Hand, legte einen Zeigefinger auf die Lippen und ging zu ihr an den Tisch. Dort schnappte er sich einen Stift und schrieb auf einen vor ihr liegenden Schreibblock: »Bücking hat Sonja und Irina als Geiseln, weiß, dass er enttarnt ist, sofort hinfahren ! ! !«

Das Handy hatte er auf laut geschaltet, sodass Jenny das übertragene Gespräch zwischen Sonja, Irina und Bücking zumindest teilweise mithören konnte. Gregor sprach nicht ein Wort, denn er wollte unter keinen Umständen auch nur den kleinsten Teil der Unterhaltung, die er am Telefon verfolgte, verpassen.

Jenny machte große Augen, zögerte aber keine Sekunde, sondern schnappte sich sofort den Schlüssel für einen Dienstwagen und eilte hinter Gregor her, der bereits wieder auf dem Weg zur Tür war.

Gregor hielt das Handy noch immer am Ohr, als Jenny mit quietschenden Reifen, eingeschaltetem Blaulicht und Sirene aus dem Tor des Polizeipräsidiums raste und auf die Bundesstraße 8 in Richtung Westen einbog. Gregor musste ihr keine Tipps geben, denn er wusste, dass sie sowohl den

Weg in die Rechtsmedizin als auch die schnellste Strecke dorthin kannte.

In diesem Moment hörte er die Aufforderung, die Handys zu übergeben, ein schepperndes Poltern, als sie zu Boden geworfen wurden und kurz danach ein Krachen. Die nachfolgende Stille signalisierte ihm, dass die beiden Telefone soeben zerstört worden waren. Damit war jede Chance, den Aufenthaltsort von Sonja und Irina durch Ortung zu bestimmen, verloren.

Jenny ließ sich nicht beirren und raste weiter mit heulender Sirene in Richtung Rechtsmedizin. Der Weg über die Bundesstraße 8 am Palmengarten vorbei und weiter über Messeturm und Hauptbahnhof in Richtung Süden war zwar nicht die kürzeste Strecke, bot aber aufgrund der breiten Straßen am ehesten die Möglichkeit, dass ihnen Platz gemacht werden konnte. Normalerweise benötigte man für die Strecke von etwas mehr als sechs Kilometer zehn Minuten. Je nach Verkehrslage konnte es aber auch durchaus 15 bis 20 Minuten dauern, bis man das Ziel erreichte.

Gregor traute Jenny zu, es bei ihrem Fahrstil und mit der Unterstützung von Blaulicht und Sirene in sechs bis sieben Minuten zu schaffen. Normalerweise hätte ihre rücksichtslose Raserei ihm Angst gemacht, aber momentan fürchtete er um das Leben eines geliebten Menschen, was eventuelle Befürchtungen um sein eigenes in den Hintergrund rückte.

Dann fiel ihm ein, dass Jenny ähnliche Sorgen quälen mussten. Auch ihre neue Gefährtin war in der Hand des Psychopathen. Das erklärte auch, warum sie ohne Rücksicht auf Gefahr oder Material eine Fahrt hinlegte, die ihm zeitweise die Haare zu Berge stehen ließ.

Dort wo vorausfahrende Wagen nicht rechtzeitig Platz machten, fuhr Jenny über Bordsteine, auf Fußgängerwege, zwischen Schildern hindurch und auch über Grünstreifen. Sie riskierte ihrer beider Leben, um auf keinen Fall zu spät an den Ort des Geschehens zu kommen.

Es war einer jener seltenen Momente, in denen in seinem Gehirn mehrere Denkvorgänge zur gleichen Zeit abzulaufen schienen. Er dachte an den möglichen Verlust von Sonja, an die für Bücking infrage kommenden Fluchtwege, an das Spektrum von Handlungen, die sie nach ihrem Eintreffen würden vornehmen können. Zusätzlich kam ihm wieder einmal die Absurdität des subjektiven Zeitempfindens in den Kopf. Immer dann, wenn man etwas in einer bestimmten Zeit erreichen musste, also eine Deadline hatte, die nur schwer einzuhalten war, empfand man den Ablauf der Zeit als stark beschleunigt und Minuten kamen einem wie Sekunden vor.

Das muss es sein, was man umgangssprachlich als »Die Zeit läuft mir davon« beschreibt, ging es ihm durch den Kopf.

»Wir werden doch noch rechtzeitig ankommen, oder?«, fragte Jenny ängstlich und riss ihn damit aus seinen Überlegungen.

Er war versucht zu sagen, dass man das einfach nicht wissen konnte. Dann aber schien Sonja aus seinem Unterbewusstsein zu ihm zu sprechen, in der gleichen ruhigen Art, in der sie stets versucht hatte, ihm etwas beizubringen: »Sag nicht immer, was du denkst. Die Wahrheit, auch wenn sie logisch wäre, kann Menschen verletzen oder ihnen Angst machen. Sieh eine Beschönigung nicht als Lüge an. In bestimmten Situationen kann es besser sein, jemanden in einem falschen Glauben zu lassen, als ihm die schonungslose Wahrheit zu sagen.«

Er hatte das angezweifelt, denn die Logik diktierte etwas völlig anderes. Nun aber war er in einer Situation, in der Jenny ganz offensichtlich eine Bestätigung ihrer Hoffnung auf einen positiven Ausgang brauchte. Er verstand mit einem Mal, was Sonja ihm hatte beibringen wollen, und gab sich alle Mühe, es in die Tat umzusetzen. »Wir werden es schaffen. Ganz sicher werden wir die beiden retten.«

Eine solche Aussage, bar jeder Vernunft, völlig unrealistisch und durch nichts zu begründen, wäre ihm früher nicht über die Lippen gekommen. Als er sah, dass Jenny dankbar lächelte, wurde ihm bewusst, dass sie genau das hatte hören wollen.

Während sie konzentriert die letzten 500 Meter auf der Kennedyallee entlangraste, nickte sie immer wieder und murmelte vor sich hin: »Wir werden sie beide befreien, ganz sicher, ja, genau.«

Zwischen den alten Eichen am Rand der Allee bog sie mit quietschenden Reifen in die Paul-Ehrlich-Straße ein, die zum neuen Parkhaus des Zentrums für Gefäßchirurgie führte, unweit der Jugendstilvilla, in der das Rechtsmedizinische Institut untergebracht war.

Jenny hielt sich nicht damit auf, die offiziellen Parkmöglichkeiten für Beschäftigte und Besucher zu nutzen, sondern brachte den Wagen auf dem Gehweg, quer zwischen zwei dort am Seitenstreifen parkenden Autos, zum Stehen.

53

Türen auf den Fluren gingen auf und Mitarbeiter des Instituts für Rechtsmedizin kamen heraus, verschwanden aber sofort wieder, als sie die zwei mit Handschellen aneinander geketteten Frauen und dahinter den Professor mit einer Waffe in der Hand sahen.

»Herr Professor, was bedeutet …«, begann ein älterer Kollege und wurde harsch von seinem Chef angefahren. »Verschwinden Sie in Ihr Büro und kümmern Sie sich um Ihre Arbeit!«

Überrascht, aber auch verängstigt gehorchte der Mann sofort.

»Los, weiter«, forderte Bücking die beiden Frauen auf. »Den nächsten Gang links und dann die Treppe hinunter.«

»Hinunter? Wo wollen Sie hin?« Sonja hatte keine Vorstellung, welchen Weg sie da gerade einschlugen.

Die Treppe runter ist doch nur der Keller? Was will er dort? Er kann doch nicht so dumm sein, sich mit uns im Keller zu verschanzen?

Als könne er ihre Gedanken lesen, erläuterte Bücking sein Vorhaben: »Sie fragen sich sicher, wohin wir gehen, nicht wahr? Nun, Eisprinzessin, Sie kennen das Institut nicht so lange und vor allem nicht so gut wie ich. Diese Villa wurde im Zweiten Weltkrieg, als es das Krankenhaus gegenüber schon gab, von den Nazis ein wenig … nun wie soll ich sagen … nachgerüstet. Es gibt einen heute noch zugänglichen Geheimgang, der in den Kellerräumen der Klinik für Gefäßchirurgie endet. Von dort kommen wir in die Tiefgarage der Klinik. Ich habe für ein Transportmittel gesorgt, das uns von dort wegbringen wird.« Er gab keinen weiteren Kommentar mehr ab, sondern trieb lediglich die Frauen zur Eile an.

Sonja musste ihm zugestehen, dass er offensichtlich gut vorausgeplant hatte und über Kenntnisse verfügte, die wahrscheinlich nur wenige hier im Institut besaßen. Sie zumindest hatte noch nie etwas von einem solchen Fluchtweg gehört.

Während sie weiter nach unten gingen, hatte Bücking offenbar das Bedürfnis, mehr zu erzählen. »Ich muss sagen, ich war zwar informiert, dass die Mordkommission auf meiner Spur ist, aber gestern habe ich einmal kurz geglaubt, sie hätten mich ausfindig gemacht, ohne dass ich etwas davon wusste. Ich war gerade dabei, meinen Keller aufzuräumen, als ich von einem Klingeln an der Haustür ein wenig erschreckt wurde. Sie werden nicht glauben, wer da bei mir auf der Matte stand.«

Es war eine rhetorische Frage. Weder Sonja noch Irina sahen einen Grund, ihm zu antworten, dass es nicht Gregor und Alsmann gewesen sein konnten. Die hatten vermutlich zu genau dieser Zeit das Haus von Grothebaum durchsucht.

Bücking lachte leise in sich hinein. »Zum ersten Mal, seit ich denken kann, standen die Zeugen Jehovas vor meiner Haustür und wollten mir das Wort Gottes bringen. Ist es denn zu fassen? Ausgerechnet mir.« Er lachte nun lauter und schien sich köstlich zu amüsieren.

Sie waren zwischenzeitlich an einer uralten Metalltür angekommen, die mit einem großen Riegel geöffnet werden konnte. Der Riegel war mit einer Kette und einem daran befindlichen modernen Bügelschloss gesichert. Bücking holte einen kleinen Schlüssel aus der Tasche seines Kittels und schloss auf. Die Frauen hatte er zuvor aufgefordert, sich zwei Meter entfernt mit dem Gesicht zur Wand zu stellen und sich nicht zu rühren.

Sonja hörte Schließgeräusche und vermutete, dass er die Waffe entweder kurz weggesteckt oder zumindest in die andere Hand genommen hatte. Dann vernahm sie ein Geräusch, das wahrscheinlich von dem Herunterdrücken des Riegels verursacht wurde. Die Zeit reichte nicht aus, einen Plan für ein gemeinsames Handeln mit der an sie geketteten Irina zu schmieden.

Das schrille Quietschen der sich öffnenden Metalltür signalisierte, dass die Chance auf eine erfolgreiche Aktion vertan war.

»So, meine Damen, Sie können sich jetzt wieder umdrehen. Es geht weiter … und Sie gehen voran.«

Bücking holte eine Stabtaschenlampe hervor, die einen scharf umgrenzten Lichtstrahl aussandte, und winkte damit in den dunklen Gang hinter der Tür. Gehorsam gingen die beiden Frauen los, Bücking in einem Abstand von mehreren Metern hinter ihnen. Er leuchtete mit der Lampe gegen die Decke über den Frauen, was ausreichend Licht spendete, dass sie einigermaßen sicher auf dem Beton des Bodens gehen konnten. Ihre Schritte wirbelten Staub auf, der im Schein des hellen Lichtkegels bis unter die Decke tanzte.

Sonja sah die Zeit gekommen, Bücking ein paar Fragen zu stellen. Es hatte den Anschein, als wäre der Professor momentan gesprächig genug, ihr auch ein paar Antworten zu geben. »Herr Professor, darf ich fragen, warum Sie den Frauen auf so barbarische Weise die Zehen abgetrennt haben?«

Sie drehte sich im Gehen ein wenig um, damit sie ihm bei einer Antwort ins Gesicht schauen konnte, aber er leuchtete sie mit der Taschenlampe an, und sie war so geblendet, dass sie sich sofort wieder nach vorn wandte.

Aber zumindest antwortete er ihr: »Das hatte nichts mit meinem Beruf zu tun. Diese verachtenswerten Kreaturen hatten keinen Anspruch auf eine medizinische Behandlung. Das war keine Operation, sondern eine Bestrafung.«

Er hatte sich wieder in eine aufgeregtere Sprechweise hineingesteigert, Sonja wollte ihn nicht zur Ruhe kommen lassen. »Aber Sie haben die Frauen doch mit Medikamenten betäubt?«

»Ja, aber nur, weil ich das Geschrei nicht ertragen konnte. Die erste hat schon beim kleinen Zeh gequiekt wie ein Schwein ... nicht auszuhalten. Ich musste sie betäuben.«

Sonja ließ nicht locker. Sie wollte ihn beschäftigen, Informationen und Zeit gewinnen. »Warum haben Sie uns Grothebaum als Sündenbock präsentiert? Hat er Ihnen etwas getan? Haben Sie ihn getötet? Wie?«

Er kicherte in einer Art, die ihn wie einen Psychopathen wirken ließ – was er auch war. »Ja, ja, Grothebaum, dieses alte Dreckschwein. Ich habe selbstverständlich nicht nur seine Personalakte gelesen, sondern auch ein wenig recherchiert. Es hat nicht lange gedauert, bis ich auf seine Verbindung zu diesem Wollweber gestoßen bin.« Er kicherte wieder. »Ich war schon ein wenig enttäuscht, dass Ihre Kollegen, Frau Petrowska, nicht selbst darauf gekommen sind. Er hat es nicht besser verdient.«

Irina schaltete sich in die Unterhaltung ein. »Waren Sie es denn, der ihn umgebracht hat?«, fragte sie mit ehrlichem Interesse. »Wie haben Sie das gemacht? Das ist mir noch absolut unklar.«

Diesmal lachte Bücking laut und herzlich auf. »Meine Liebe, das wird Ihnen vermutlich auch auf ewig unklar bleiben. Ich kann Ihnen nur so viel sagen: Ich war es nicht, das können Sie mir glauben. Aber Sie werden den Täter niemals festnehmen, dessen bin ich mir sicher. Mehr werden Sie von mir nicht mehr erfahren.«

Noch bevor Irina die Chance hatte nachzufragen, ergriff Bücking wieder das Wort: »So ... und jetzt ganz langsam. Hinter der Tür da vorne liegt die Tiefgarage des Klinikums. Die öffnet jetzt eine von Ihnen ganz vorsichtig, und dann wenden wir uns gemeinsam nach rechts. Und machen Sie bitte keine Dummheiten.«

Die Tür war unverschlossen, wie Sonja überrascht feststellte, als sie langsam die Klinke nach unten drückte. Sie erblickte das hell erleuchtete Untergeschoss einer großen Tiefgarage.

Die ist bestimmt videoüberwacht, keimte Hoffnung in ihr auf. Vielleicht beobachtet ja jemand die Monitore und wir fallen ihm auf.

Sofort schalt sie sich eine Närrin. Was sollte derjenige tun? Die Polizei rufen? Bis jemand auf einen solchen Anruf reagieren würde, waren sie vermutlich schon längst über alle Berge. Und eine Auswertung der Überwachungsbänder zu einem späteren Zeitpunkt würde Irina und ihr nicht die Bohne nützen.

Verdammt! Können wir denn gar nichts tun?

»Nach rechts und dann zu dem Leichenwagen.«

Sonja erschrak. Sie war weiß Gott nicht abergläubisch, aber die Flucht in einem Leichenwagen fortzusetzen war nicht unbedingt das, was ihr zu einem sicheren Gefühl verhalf. Der schwarze Kombi stand vorwärts gegen eine Wand geparkt.

Der Professor drückte auf einen Knopf der Fernbedienung, die er aus seiner Kitteltasche gezogen hatte, und mit einem vernehmlichen Klicken sprang zuerst die Verriegelung des Fahrzeuges auf. Danach öffnete sich automatisch die von einer Hydraulik gesteuerte Heckklappe und schwang nach oben.

»Da rein. Beide.«

Ihr fiel auf, dass Bücking nun nicht mehr der hochintelligente, überlegene Leiter des Instituts war, der sich stets völlig korrekt ausdrückte. Natürlich mussten sie beide einsteigen – sie waren aneinandergefesselt. Ein solcher Lapsus wäre ihm normalerweise nie passiert.

Irina stieg voran in den leeren Innenraum und Sonja folgte ihr gezwungenermaßen direkt. Sie hatten sich an den Händen genommen, damit die Handschellen nicht an den Handgelenken scheuerten oder sie verletzten, wenn sie sich einmal etwas weiter voneinander entfernten.

»Und jetzt?«, fragte Irina und ihre Stimme hatte einen aufmüpfigen, genervten Klang.

Sie ist frustriert, weil sie nichts unternehmen kann. Mir fällt aber auch nichts ein, was man tun könnte.

»Jetzt machen Sie die Handfessel an ihrem Arm los, führen sie durch den Haltegriff an der Seite und befestigen sie wieder bei sich.« Bei diesen Worten warf Bücking Irina den kleinen Schlüssel zu und bedrohte die beiden Frauen weiterhin mit der Waffe.

Irina gehorchte, öffnete die Fessel, führte sie durch einen Metallbügel, der an den Haltegriff einer Badewanne erinnerte, und verschloss sie wieder um ihr Handgelenk.

»Den Schlüssel, wenn ich bitten darf.« Sie warf ihm gehorsam den Schlüssel entgegen, aber mit Absicht etwas nach der Seite, sodass er ihn nicht fangen konnte.

Zu Sonjas Überraschung reagierte Bücking absolut gelassen. Er ließ den kleinen Metallschlüssel unbeachtet an sich vorbeifliegen und mit einem leisen Klimpern auf den Boden fallen.

»Was soll das jetzt noch bringen?«, fragte er und schien sich zu amüsieren. »Ich sollte ihn vielleicht einfach liegen lassen, dann können wir später sehen, wie Sie aus den Handschellen kommen.« Stattdessen steckte er die Waffe in den Hosenbund und bückte sich umständlich, um den Schlüssel aufzuheben. Dann drückte er erneut auf die Fernbedienung und schloss die Ladeklappe.

Der hintere Teil des für den Transport von Särgen gedachten Fahrzeuges verfügte über keine Fenster … nein, sie musste sich korrigieren … die Fenster waren mit Folie überklebt. Allerdings konnte Sonja durch eine Glasscheibe zwischen der Fahrerkabine und dem hinteren Teil nach vorne hinausblicken. Zurzeit sah sie dort allerdings nur die Wand, gegen die der Wagen geparkt war.

Bücking bestieg das Fahrzeug und startete es. Dann setzte er zurück und fuhr anschließend ohne ersichtliche Eile in Richtung Ausfahrt. An der Schranke schob er eine Karte in den Automatenschlitz, worauf sich die rot-weiß gestreifte Barriere gemächlich anhob und er auf einer sanften Steigung in einer weitgezogenen Rechtskurve Richtung Ausgang fuhr.

Da die Auffahrt in einer Steigung nach draußen führte, sah Sonja zuerst nur den wolkenverhangenen Himmel, danach, als der Wagen immer mehr in die Waagerechte kam, die oberen Stockwerke des Instituts für Rechtsmedizin und schließlich das ganze auf der anderen Straßenseite liegende Gebäude.

Gerade als sie die Ausfahrt verließen, kam auf der anderen Seite ein schwarzer BMW mit aufgesetztem Blaulicht an, parkte auf dem Gehweg und die Türen öffneten sich.

Auf der Fahrerseite sprang Jenny Jung aus dem Wagen und spurtete in Richtung Eingang des Instituts, ohne sich auch nur einmal umzudrehen. Der Beifahrerseite entstieg unverkennbar für sie Gregor, der einen Blick über das Wagendach warf und auf den Leichenwagen sah, der in diesem Moment auf die Straße fuhr.

Sonja konnte erkennen, dass sich seine Augen weiteten, als er hinter dem Steuer den Chef seiner Freundin erkannte.

Er hat uns gesehen! Das kann doch nur von Vorteil sein, oder?, fragte sich Sonja voller aufkeimender Hoffnung.

Aber auch Bücking hatte bemerkt, dass er erkannt worden war.

»Uups«, bemerkte er und wirkte noch immer amüsiert, »so war das nicht geplant. Ich befürchte, wir werden nun das durchführen müssen, was die Damen und Herren von der Polizei eine Verfolgungsfahrt nennen.« Er wandte sich leicht zur Seite und meinte durch eine Öffnung in der Scheibe hinter sich: »Meine Damen, ich kann Ihnen nur raten, sich ordentlich festzuhalten, das könnte jetzt unter Umständen ein wenig holpriger werden als geplant.« Mit diesen Worten trat er das Gaspedal voll durch und beschleunigte, leicht schlingernd, über das Kopfsteinpflaster in Richtung Bundesstraße.

54

Jenny war etwa 20 Meter weit gekommen und hastete, ohne zurückzuschauen, weiter auf die Villa zu, als sie hinter sich Gregor rufen hörte.

»Jenny! Ruf mich auf dem Handy an!«

Wie bitte? Was soll das denn jetzt?

Sie sah gerade noch, wie er auf der Fahrerseite einstieg, die Tür zuschlug und davonbrauste.

Ja spinne ich denn?

Sie kramte ihr Handy aus der Tasche und wählte Gregors Nummer.

»Jenny, pass auf.« An dem dumpfen Klang erkannte sie, dass er über die Bluetooth-Freisprecheinrichtung des Dienstwagens telefonierte. Alle modernen Dienstwagen der Polizei hatten diese Einrichtung, die sich automatisch mit dem Handy verband. Dadurch brauchte Gregor nur eine Taste am Lenkrad zu drücken und konnte während der Fahrt telefonieren.

»Ich habe gerade Bücking in einem Leichenwagen die Tiefgarage des Klinikums verlassen sehen. Ich bin sicher, dass er Sonja und Irina dabei hat. Ich verfolge das Fahrzeug. Du orderst sofort mindestens drei Streifenwagen an das Institut, mit einem fährst du los, und die Besatzungen der andern beiden sollen das Institut nach Sonja und Irina absuchen – zur Sicherheit. Ich gebe dir ständig über Handy an, wo Bücking gerade ist und wo er vermutlich hinfährt. Ruf zuerst die Streifenwagen, und wenn du losfährst, ruf mich wieder an.«

Entgeistert starrte Jenny auf das Handy, Gregor hatte ohne eine Antwort abzuwarten, aufgelegt.

»Scheiße!«, entfuhr es ihr laut. Hastig tippte sie die Kurzwahlnummer für das PP und beorderte mit hoher Dringlichkeit wegen Verdachts einer Geiselnahme die drei sich am nächsten befindlichen Streifenwagen zum Institut.

Nur drei Minuten später bog das erste Polizeiauto um die Ecke, wenige Sekunden nach ihm das zweite und dritte direkt hintereinander.

Den Fahrer eines der Wagen kannte sie. Bastian – wenn ich mich richtig erinnere – Dreyer oder Dreyfus oder so ähnlich. Sie kannte ihn als Draufgänger, der aktuell eine Bewerbung zur GSG 9 laufen hatte.

»Basti, du fährst mich, wir haben eine Verfolgung durchzuführen.« Sie bemerkte das erfreute Aufleuchten in seinen Augen und war sicher, den Richtigen gewählt zu haben.

»Ihr«, sprach sie die anderen Fahrzeugbesatzungen an, »geht in das Rechtsmedizinische Institut und sucht dort nach unserer Kollegin Irina Petrowska und nach Dr. Sonja Savoyen. Wir glauben zwar, dass die beiden entführt wurden, aber wir können nicht sicher sein. Deshalb durchsucht bitte sehr gründlich die Bude von ganz unten bis oben, klar?«

Sie wartete keine Antwort ab, sondern sprang auf der Beifahrerseite in den Streifenwagen.

»Warte noch mit dem Losfahren, Basti, ich muss erst meinen Chef kontaktieren, wo die gerade sind.«

Sie wählte Gregors Nummer, und es läutete lediglich einmal, bevor Gregor das Gespräch annahm und seine Stimme über die Freisprechanlage ertönte: »Jenny, gut, dass du dich meldest. So wie es aussieht, fährt Bücking in

Richtung Osten, vielleicht nach Offenbach oder Hanau. Ich bin ihm dicht auf den Fersen, kann aber hier im Stadtverkehr nichts unternehmen. Wo bist du?«

»Ich sitze im Streifenwagen mit einem Kollegen. Mein Vorschlag: Wir versuchen, auf dem schnellsten Weg über die Autobahn nach Osten zu kommen und ihm irgendwo den Weg abzuschneiden. Sollte er die Richtung ändern, musst du uns sofort Bescheid geben. Einverstanden?«

Nach einer kurzen Pause, in der Jenny lediglich den Verkehrslärm der Innenstadt hörte, seufzte Gregor und gab ein widerwillig klingendes »Einverstanden« von sich. »Aber wir lassen die Verbindung offen, damit jeder dem anderen jederzeit seine Position melden kann.«

Jenny hatte ihrem Kollegen bereits ein Zeichen gegeben, und der war mit quietschenden Reifen losgefahren – mit eingeschalteter Sirene und Blaulicht.

»Wir sind unterwegs und auf dem schnellsten Weg auf die Autobahn.« Sie sah, dass der Streifenwagen auf der B 43 in Richtung Süden fuhr.

»Wo willst du hin?«, rief sie entsetzt. »Wir müssen nach Osten.«

Bastian grinste sie an. »Vertrau mir, ich kenne mich hier aus. Wir sind schneller östlich von Frankfurt, als du dir vorstellen kannst.«

Nach etwa einem Kilometer bog er auf eine kleine Landstraße ab, wobei er es zu genießen schien, um eine Kurve zu driften wie ein Rallyefahrer.

»Um Gottes willen, was willst du auf diesem Feldweg?« Jenny verstand die Welt nicht mehr. Hatte sie sich für diese Verfolgung den Falschen ausgesucht?

»Nur mal so zu deiner Information«, meinte er herablassend. »Das ist die Isenburger Schneise, eine Landstraße, die über mehr als drei Kilometer schnurgerade in Richtung A 3 führt. Schneller kann man nicht auf die Autobahn kommen.«

Wie um seine Worte zu bestätigen, drückte er so aufs Gas, dass der Wagen mit fast 200 über die Landstraße schoss. Vorausfahrende Fahrzeuge warnte er bereits von Weitem mit Lichthupe zusätzlich zu dem Martinshorn und dem Blaulicht.

Jenny traute sich nicht zu fragen, wie Basti gedachte, von der kleinen, zweispurigen Landstraße auf die Autobahn zu kommen. Sie bezweifelte, dass es eine Autobahnauffahrt gab. Aber sie wollte ihn weder ablenken noch sich durch ihre Unkenntnis blamieren.

Trotz der hohen Geschwindigkeit warf er ihr einen Blick zu und bemerkte dann: »Du hast dich aber ganz schön verändert, seit ich dich das letzte Mal gesehen habe. Neue Liebe?«

Jenny war es leid, ständig auf ihr verändertes Äußeres angesprochen zu werden, aber sie hatte inzwischen eingesehen, dass Leugnen zwecklos war. »Ja, aber mehr hat dich nicht zu interessieren. Konzentrier du dich auf die Fahrerei.«

Zwei Minuten später unterquerte der Streifenwagen die Autobahn, um direkt dahinter nach einer 180-Grad-Schleuderwende wesentlich langsamer über ein Rasenstück zu rumpeln. So kamen sie zu der Autobahnzufahrt eines Betriebshofs. Sofort beschleunigte Bastian wieder auf Höchstgeschwindigkeit und raste mit über 220 Stundenkilometern weiter.

»Gregor? Ich nehme an, du hast mitgehört. Wir sind jetzt auf der A 3 und fahren in östlicher Richtung. Was macht Bücking?«

»Er ist gerade mitten in Offenbach, und wenn er seine allgemeine Richtung beibehält, will er vermutlich nach Hanau. Könnt ihr es schaffen, vor ihm in Hanau zu sein?«

Jenny sagte nichts und sah Bastian fragend an.

Der grinste und erklärte: »Überhaupt kein Problem.« Im nächsten Moment steuerte er laut fluchend den Wagen in einem halsbrecherischen Manöver zwischen zwei Kleintransportern durch, die nicht zur Seite ausgewichen waren. »Wenn wir nicht wegen so ein paar Idioten, die vermutlich zu laut Musik hören und auch noch blind sind, unterwegs einen Unfall haben.«

Jenny stieß die Luft aus, die sie einen Moment lang angehalten hatte. »Mein lieber Mann, das war knapp.«

»Fahrt vorsichtig und übertreibt es nicht«, erscholl Gregors Stimme aus den Lautsprechern.

Zehn Minuten später hatten sie eine Entfernung von 30 Kilometern zurückgelegt, hatten die Autobahn verlassen und fuhren gerade auf der B 45 über die Stadtgrenze von Hanau, von Süden kommend.

Gregor hatte bestätigt, dass Bücking durch Mühlheim am Main weiter Richtung Hanau gefahren war. Es sah so aus, dass Jennys Rallye-Kollege es knapp schaffen könnte, dem von Gregor Verfolgten noch in der Stadt den Weg abzuschneiden.

Gregor hatten sie ihren Standort über das noch laufende Handy immer wieder mitgeteilt. Gleichzeitig hatten sie mitgehört, wie er über Funk Verstärkung durch die Polizei in Hanau angefordert hatte, die alle Ausfallstraßen im Osten absichern sollte.

Gregors Meldungen zufolge näherte sich Bücking auf der B 43 aus Richtung Nordwesten dem Punkt, an dem diese Straße mit der B 45 aus Südwesten zusammenkam, auf der Jenny und ihr Kollege sich eilig näherten.

»Das wird knapp«, meinte Bastian. Als er Jennys verzweifelten Blick sah, ergänzte er lächelnd: »Aber ich denke, wir schaffen das.«

Er konzentrierte sich wieder auf die Fahrt, und wenige 100 Meter voraus sah Jenny die große S-Bahn-Unterführung, hinter der die B 45 auf die B 43 stieß.

Ohne sie zu fragen, schleuderte Bastian mit qualmenden Reifen links um eine Verkehrsinsel und kam mitten auf der Fahrbahn der B 43 zum Stehen. Gerade als sie das Fahrzeug verließen, sahen sie den schwarzen Leichenwagen auf sich zusteuern.

Jenny bemerkte, dass der Wagen etwas verlangsamte, aber nicht anzuhalten schien. »Was machen wir, wenn er nicht hält?«, rief sie verzweifelt ihrem Kollegen zu.

»Reifen!«, rief Bastian, der neben ihr hinter dem Fahrzeug kniete und die Maschinenpistole über der Haube angelegt hatte.

»Bist du wahnsinnig? Du kannst doch nicht einfach …«

Weiter kam Jenny nicht, denn in diesem Moment gab Bücking erneut Gas und beschleunigte. Dabei steuerte er eine Lücke zwischen dem Streifenwagen und der Verkehrsinsel an. Er war fast auf Höhe ihrer Position und hatte inzwischen schon wieder eine Geschwindigkeit von mindestens 80 Stundenkilometern.

Entsetzt hörte Jenny das ohrenbetäubende Knattern mehrerer Schüsse aus der Maschinenpistole, die Bastian aus der auf Dauerfeuer eingestellten Waffe abgab. Es dauerte höchstens eine halbe Sekunde, aber in dieser Zeit verließen mindestens fünf Projektile den Lauf und schlugen in den Kotflügel und in den linken Vorderreifen ein.

Jenny beobachtete wie in einem auf Superzeitlupe verlangsamten Film, dass der Reifen platzte und die Fetzen in alle Richtungen davonstoben. Der Wagen schlingerte sofort in Richtung des zerstörten Reifens und kam mit der Hinterachse auf die Erhebung der Verkehrsinsel. Die Vorderachse brach und das Fahrzeug setzte vorne auf. Der Stoß von unten reichte aus, das nun seitlich rutschende Gefährt so aufzuschaukeln, dass es sich über die Fahrerseite überschlug.

Jenny war nicht in der Lage zu schreien oder auch nur zu atmen. Sie musste zusehen, wie der Leichenwagen sich innerhalb weniger Sekunden mehrfach überschlug und zu allem Unglück genau auf den stabilen Metallpfosten einer Ampelanlage zurollte. Mit einem metallischen Knirschen traf die Mitte des Wagens den Stamm der Ampel, und das Auto blieb auf dem Dach liegen.

Fassungslos starrte sie auf das rauchende Wrack, aus dem Flüssigkeit lief. Es hatte nicht mehr viel Ähnlichkeit mit einem Wagen.

»O mein Gott, was hast du getan?«

EPILOG

Die Sonne schien in einzelnen Strahlen immer wieder durch den dichten Baumbestand des Ruheforst Hümmel, abhängig davon, wie der leichte Wind die Baumwipfel bewegte.

Gregor war einen Moment geblendet und sah zur Seite. Die Trauergemeinde stand in kleinen Grüppchen in einem Wald verstreut, in dem Dieter Alsmann zur letzten Ruhe gebettet werden sollte. Bis vor wenigen Tagen hatte Gregor sich nie mit dieser Form der Bestattung beschäftigt. Dann war ihm mitgeteilt worden, dass Alsmann sich zu Lebzeiten dafür entschieden hatte, seine Asche solle in einem sogenannten Friedwald und nicht auf einem konventionellen Friedhof beigesetzt werden.

Und nun standen sie hier, nördlich von Wiesbaden in dem Wald bei Taunusstein, und alle starrten auf einen Baumstumpf, an dem ein Messingschild von der Größe einer Scheckkarte befestigt war. Gregor konnte wegen der zu großen Entfernung den Schriftzug nicht lesen, hatte aber in Erfahrung bringen können, was auf dem Schild stand:

> *Dieter Alsmann,*
> *Polizist mit Leib und Seele,*
> *gestorben in Erfüllung seiner Pflicht*
> *2014*

Gregor sah in einigen Metern Entfernung Alsmanns Exfrau, seine Tochter und die Enkel stehen. Sie waren gestern aus Hamburg angereist, und er hatte sie am Abend im Hotel besucht und versucht, ihnen seine Anteilnahme auszusprechen. Selbstverständlich hatte er Worte verwendet, die ihm von einem in solchen Dingen erfahrenen Kollegen vorgegebenen worden waren, und Gefühle simuliert, die er nicht empfand. Allerdings hatte er den Mikroausdrücken der Exfrau und auch der Tochter entnommen, dass er nicht wirklich überzeugend agiert hatte. Das war nicht zu ändern. Zumindest hatte er sein Bestes gegeben.

Auf der anderen Seite stand die Gruppe seiner engsten Kollegen.

Gregor war überrascht gewesen, als er erfahren hatte, dass Alsmann im Vorhinein nicht nur festgelegt hatte, wo man ihn beisetzen, sondern auch, wer seine Urne tragen sollte.

In diesem Moment startete Jutta Beltermann mit der Urne in Händen nach einem letzten Druck mehrerer Hände auf ihrer Schulter. Die Kollegen wollten ihr gegenüber zum Ausdruck bringen, dass sie nicht allein mit ihrer Trauer war, und ihr die Kraft geben, diese schwere Aufgabe hinter sich zu bringen. Auf dem Weg nach vorne versuchte sie erst gar nicht, die Tränen zurückzuhalten, die ihr über die Wangen liefen. Sie ging zu dem Baumstumpf und legte die Urne in das Loch, welches an einer vom Schnee befreiten Stelle vorbereitet worden war.

Gregors Blick fiel zurück auf die anderen Kollegen seiner Truppe, die beieinanderstanden und sich an den Händen hielten: Klaus Braake, Jenny und Irina Petrowska, deren Stirn von einem großen Pflaster geziert wurde.

Gregor musste an Sonja denken, die er über alle Maßen vermisste. Sie wäre ihm in dieser Situation eine große

Hilfe gewesen. Er war sich nicht sicher, wie er ohne sie klarkommen würde.

Aber die Ärzte hatten entschieden, dass sie mit einem doppelten Oberschenkelbruch, einem gebrochenen Schlüsselbein und diversen Schürfwunden vorerst das Krankenhaus nicht verlassen durfte. Erst recht nicht zu einer Beerdigung im Wald.

Kriminaldirektor Karl Lohmeyer, der Leiter des Dezernats 1 im Polizeipräsidium und damit auch der Chef der Mordkommissionen, trat von der Seite an Gregor heran. Er legte ihm eine Hand auf die Schulter, was Gregor in höchstem Maße unangenehm war. Aber Sonja hatte ihn gelehrt, solche Berührungen zu erdulden, da sie meist gut gemeint waren und etwas ausdrücken sollten. In diesem Fall sollte es wohl Mitgefühl sein, dessen war Gregor sich sicher. Es war müßig, Lohmeyer sein Verhältnis zum Tod zu erklären. Also tat Gregor das, was er immer in solchen Situationen tat – nichts.

»Ich habe ihn auch gemocht, Gregor. Er war ein guter Kollege.«

Gregor nickte einfach und vermied es, irgendetwas zu sagen. Er war sich sicher, es wäre etwas Verkehrtes.

Aber Lohmeyer wollte ihn nicht in Ruhe lassen. »Wie steht es um Bücking? Ist er schon vernehmungsfähig?«

»Lassen Sie uns das bitte nachher in der Dienststelle besprechen. Wir sehen uns doch gleich auf der Gedenkfeier im Präsidium, oder?«

Lohmeyer schien zu merken, wie unpassend seine Frage an diesem Ort und zu dieser Zeit gewesen war. »Sicher, sicher, natürlich … Sie haben recht.«

Er nahm die Hand von Gregors Schulter und verzog sich in Richtung der anderen Kollegen des PP, von denen sehr viele gekommen waren. Einige, um ihre Anteilnahme zu demonstrieren, aber sehr viele, um Abschied von einem beliebten Kollegen zu nehmen.

Zwei Stunden später stand Gregor mit einem Glas Sekt in der Hand im Festsaal des Präsidiums. Dort war zuerst eine Gedenkfeier und danach ein kleiner Umtrunk im Gedenken an den im Dienst gestorbenen Kollegen abgehalten worden. Bei ihm standen Jutta Beltermann, Klaus Braake und Irina Petrowska, jeder ebenfalls mit einem Glas in der Hand.

Mit resoluten Schritten näherte sich Lohmeyer, und Gregor wusste, was er von ihm wollte.

»Also«, begann sein Chef, »wie sieht es nun aus mit Bücking? Ist er vernehmungsfähig?«

Bevor Gregor antworten konnte, übernahm Jutta das Gespräch. »Ja, er ist schon nach zwei Tagen aus dem Koma erwacht, und seine Verletzungen sind nicht mehr lebensbedrohlich. Aber er weigert sich beharrlich, auch nur ein einziges Wort zu sagen.« Sie schüttelte den Kopf, um ihr Unverständnis zu demonstrieren. »Er verlangt keinen Anwalt, und er antwortet auf keine Frage, die man ihm stellt. Ich verstehe nicht, was in diesem Mann vorgeht.«

»Was wissen wir über einen mutmaßlichen Komplizen, der Grothebaum umgebracht hat? Was hat er Ihnen während der Entführung dazu gesagt, Frau Kollegin?«, fragte Lohmeyer Irina.

»Bisher wissen wir nichts Näheres. Alles, was er Sonja und mir zu diesem Thema gesagt hat, war, dass er nicht der Täter gewesen sei. Irgendwie klang das für mich sehr glaubhaft, zumal er noch als absolut sicher dargestellt hat, dass wir denjenigen, der Grothebaum getötet hat, niemals festnehmen werden.« Sie zuckte bedauernd mit den Schultern.

»Da hat er allerdings recht gehabt«, warf Gregor wie beiläufig ein.

Alle Augen richteten sich erstaunt auf ihn.

Lohmeyer war allerdings der Einzige, der reagierte. »Wie bitte? Was soll das heißen? Haben Sie nicht vor, diese Person ausfindig zu machen, oder wie soll ich das verstehen?«

»Nein, wir haben die Person bereits.«

»Also meinen Sie, dass es doch Bücking war«, warf Lohmeyer erleichtert ein.

Da Gregor bemerkte, dass niemand verstand, was er da redete, sah er sich genötigt, es näher zu erläutern. Den meisten Menschen hätte es wohl Spaß gemacht, anderen die eigene Überlegenheit zu demonstrieren und ihnen etwas zu erzählen, was sie noch nicht wussten. Gregor war anders. Es machte ihm keine Freude, sondern er sah es lediglich als seine Pflicht an, seine Kollegen auf den gleichen Wissensstand zu bringen. »Ich dachte, das wäre allen inzwischen klar, aber es scheint nicht so zu sein. Grothebaum hat sich selbst getötet. Es war ein Suizid.«

Er sagte das so beiläufig, dass ihn alle wie einen Außerirdischen ansahen, der gerade in hessischem Dialekt gesagt hatte: »Ei, isch komm doch in Fridde!«

»Aber … aber …« Jutta Beltermann versuchte, sich zu sammeln, doch es gelang ihr nicht.

»Wie soll das denn gegangen sein? Keine Tatwaffe im Wagen, wie soll er das gemacht haben?«

»Gregor, Sie haben ja schon viel ungewöhnliches Zeug geredet, aber diesmal bin ich mir sicher, dass Sie sich irren.« Lohmeyer wirkte fast ungehalten über Gregors Äußerung.

»Nun ja«, meinte Gregor, und erstmals stahl sich ein Lächeln auf seine Lippen. »Ich muss zugeben, dass ich anfangs auch ein wenig verwirrt war. Aber bei Betrachtung aller Fakten kam ich sehr schnell auf die Lösung – es war schließlich die einzig logische.«

Jutta rollte mit den Augen. »Gregor, bitte. Erhelle uns auf der Stelle, oder ich muss dich bei Sonja verpetzen.«

Gregor verstand zwar nicht, was Jutta bei Sonja petzen wollte, aber er sah ein, dass er nun ausführlich berichten musste. »Es gab kein Werkzeug und keine Waffe im Wagen, die für eine Enthauptung hätten benutzt werden können, und es führten keine Spuren von dem Fahrzeug weg. Ergo konnte kein Täter eine Waffe oder ein Werkzeug mitgenommen haben. Ohne ein solches hätte aber keine Enthauptung stattfinden können, also war das Werkzeug erst im Auto und dann nicht mehr.«

Seltsamerweise konnte er noch immer nicht die kleinste Andeutung von Begreifen in den Augen der anderen erkennen. Also fuhr er fort: »Die Rechtsmedizin hat festgestellt, dass es ein sehr glatter Schnitt war, und ich habe mich gefragt, welche Werkzeuge dafür infrage kommen. Ich hatte da so eine Idee, also habe ich mir das Fahrzeug noch mal angesehen. Ihr erinnert euch sicher, dass das Fenster auf der Fahrerseite einen Spalt offen gestanden hat, oder? Bei einer genaueren Untersuchung habe ich am Holm einen schmalen Kratzer entdeckt und damit war mir alles klar.«

»Häh? Ich versteh immer noch Bahnhof«, gab Braake zu.

Lediglich Irina, bemerkte Gregor, begann zu verstehen.

Ungläubig stieß sie aus: »Das darf doch nicht wahr sein. Da wär ich allein nie drauf gekommen.«

Ich denke, ich habe sie richtig eingeschätzt. Sie ist weit

intelligenter, als die meisten annehmen, dachte Gregor erfreut.

»Ich habe mich noch einmal intensiver in der Nähe des Fundortes umgesehen und schließlich das gefunden, wonach ich gesucht habe.«

Lohmeyer schien der Kragen zu platzen. »Gregor, wenn Sie uns unbedarfte Gemüter nicht sofort in Kenntnis setzen, dann … dann …« Er ließ die Drohung in der Luft hängen.

»Wenn man die Spur des Wagens von der Wiese zurückverfolgt, kann man feststellen, dass sie an der Baumschule vorbei über den Feldweg führt und dort, wo der Feldweg einen Knick nach links macht, einfach geradeaus weitergeht. Also ist die Enthauptung irgendwo auf dem Feldweg erfolgt. Ich konnte zwar keine Blutspuren mehr entdecken, die es in geringen Mengen sicherlich auf dem Schnee gegeben hat, aber ich habe den Draht gefunden, der an einem Stamm der Baumschule befestigt war. Es war ein 30 Meter langer, sehr dünner Stahldraht, der in einer Schlinge endete, die Grothebaum sich um den Hals gelegt haben muss. Dann ist er gestartet und mit Vollgas geradeaus gefahren. Sie kennen sicher die Geschichten, wie Kinder sich früher selbst Zähne zogen, indem sie eine Schnur um den wackelnden Zahn legten, sie an der Türklinke festbanden und dann die Tür zuschlugen. Das gleiche Prinzip. Der Draht hat durch das Fenster ins Fahrzeuginnere geführt und ist selbstverständlich nach der Erfüllung seines Zwecks durch den Spalt der Seitenscheibe nach draußen gelangt. Später haben ihn vorbeifahrende Fahrzeuge, wahrscheinlich unsere eigenen, in den Schnee gedrückt, und keiner hat ihn mehr sehen können.«

Alle schauten ihn mit großen Augen an oder schüttelten ungläubig den Kopf.

Lediglich Irina lächelte wissend. Sie war einige Sekunden zuvor selbst auf die Lösung des Mysteriums gekommen.

Gregor kümmerte sich nicht mehr um die anderen, sondern sah Irina an. »Kann ich dich kurz auf ein Wort unter vier Augen sprechen?«

»Selbstverständlich, um was geht es?«

Gregor ging ein paar Schritte mit ihr von den anderen weg und fragte dann: »Könntest du dir vorstellen, von der Sitte in die Mordkommission 2 zu wechseln? Ich denke, wir brauchen dringend einen klugen Kopf wie dich in unserer Truppe.«

Sie brauchte nicht zu antworten, denn ihr Strahlen sagte ihm alles, was er wissen wollte.

ENDE

NACHWORT

Ich war schon immer – und bin es auch noch heute – ein neugieriger und wissenshungriger Mensch. Dass meine angeborene Neugierde und der Hunger nach Wissen durch das Schreiben von Romanen in diesem Maße befriedigt werden würden, hätte ich nie für möglich gehalten.

Ich glaube, ich habe in den vergangenen 3,5 Jahren, also seit Beginn meines Versuches, ein Schriftsteller zu werden, mehr gelernt als in den zehn Jahren zuvor – über Physik, Geschichte, Psychologie, Biologie oder die Menschen im Allgemeinen aber auch im Besonderen.

Deshalb darf man sich nicht wundern, dass ich in den vorliegenden Roman eine lesbische Liebesgeschichte eingebaut habe.

Sie fragen sich: »Warum?«

Ich könnte es mir einfach machen und sagen: »Weil ich schreiben kann, was ich will!«, aber ich will es gerne erklären: Bedenken Sie bitte zuallererst, dass ich in einer Zeit geboren wurde und aufgewachsen bin, als Homosexualität in Deutschland noch strafbar war. Dies wurde erst 1969 durch Aufhebung des Paragrafen 175 des Strafgesetzbuches geändert. Das mag für die jungen Menschen von heute angesichts von Christopher Street Days und Daily-Soaps mit lesbischen und schwulen Paaren schier unglaublich klingen – war aber so.

Noch im ersten Jahrzehnt meiner beruflichen Laufbahn als Kriminalbeamter galt allgemein eine These, die auch oft bei der Frage nach einem Motiv herangezogen wurde:

Wer homosexuell ist, ist auch erpressbar! Er macht also alles, nur damit es nicht herauskommt.

Erst danach wurde ich erstmals bewusst mit homosexuellen Kolleginnen und Kollegen konfrontiert und war zunächst überrascht, wie »normal« die doch waren. Man möge mir die Formulierung nachsehen, aber damals dachte ich tatsächlich noch so naiv.

Ich bin sehr froh, heute in einer wesentlich aufgeschlosseneren Zeit zu leben, und hoffe sogar, dass ich es noch erleben werde, dass die sexuelle Orientierung eines Menschen genauso gelassen betrachtet wird wie die Haarfarbe. Im Mittelalter war der Anteil der Bevölkerung, der das Pech hatte, mit roten Haaren auf die Welt zu kommen, schließlich ohne jeden Zweifel mit dem Teufel im Bunde und ein schlimmer Irrtum der Natur. Darüber können wir heute höchstens lächeln.

Ich bin es inzwischen müde, Diskussionen darüber zu führen, welche Lebensweisen »krank«, »abartig« oder angeblich »auf keinen Fall gottgewollt« sein sollen oder nicht. Deshalb war es mir ein Bedürfnis, auch in meinen Kriminalroman eine solche – immer normaler werdende – Beziehung einzubauen.

Neuere Studien behaupten, dass der Anteil der lesbischen, schwulen oder bisexuellen Menschen in Deutschland irgendwo zwischen fünf und zehn Prozent liege, aufgrund der angenommenen Dunkelziffer wahrscheinlich sogar noch darüber. Mein Gefühl sagt mir, dass der Anteil bei Polizeibeamten ähnlich ist – genauso wie bei Fußballern (auch wenn die das nicht wahrhaben wollen). Also erscheint es mir als ein gesellschaftliches Thema, das man ruhig auch mal in einem Krimi thematisieren kann.

Aber da war ja noch eine wichtige Information: Immer wieder habe ich in Diskussionen mit Leserinnen und Lesern geäußert, dass ich trotz der schriftstellerischen Freiheit, was die Fälle, die Motive und die handelnden Personen angeht, großen Wert auf Realitätsnähe lege, sowohl bezüglich der Vorgehensweisen der Beamten und der Folgen bestimmter Aktionen (was passiert wirklich, wenn eine Pistolenkugel einen Menschen trifft?) als auch bezüglich der Todesarten, durch die Personen ums Leben kommen.

Nun wird sich der eine oder andere fragen, ob die am Ende des Romans geschilderte Selbsttötung tatsächlich so funktionieren würde. Natürlich will ich die Antwort nicht schuldig bleiben: Ja, es ist nicht nur möglich, sondern es hat einen solchen Fall bereits gegeben. Es war dieser Fall, der mich zu einem großen Teil des Verlaufs der Geschichte inspiriert hat, als ich über ihn in einer Fachzeitschrift las.

Überhaupt habe ich im Laufe vieler Jahre von so vielen kuriosen Todesfällen gehört oder gelesen, dass es Stoff für viele, viele Bücher hergibt. Aber ich will natürlich an dieser Stelle nicht zu viel verraten.

Sie dürfen gespannt sein, was aus diesem Fundus ich in den nächsten Jahren noch verwenden werde.

Dieter Aurass, im Februar 2017

DANKSAGUNG

Es gibt so viele, die an der Entstehung eines Romans beteiligt sind, dass es immer schwerfällt, niemanden zu vergessen. Bei einem »Fortsetzungsroman« gilt der Dank auf jeden Fall zunächst einmal den Lesern des ersten Buchs, die einen nicht unerheblichen Anteil daran haben, dass es überhaupt einen zweiten Band gibt.

Namentlich bedanken möchte ich mich …

… bei meiner Frau Ellen und meinem ehemaligen Kollegen Frank Schäfer, meinen beiden wichtigsten Probelesern.

… bei Christine Härle, meiner Agentin, Beraterin und inzwischen auch Freundin, sowie der Agentur Brauer.

… beim Gmeiner-Verlag für das in mich gesetzte Vertrauen und natürlich bei meiner Lektorin Dominika Sobecki.

… bei Julia Ostrowicki, der stellvertretenden Bundesvorsitzenden der Schwusos, die mich bei der Darstellung der für mich nachvollziehbarerweise sehr unbekannten Gefühlswelt lesbischer Paare beraten hat.

Vielen, vielen Dank euch allen, die ihr mich stets so toll unterstützt habt.

Weitere Krimis finden Sie auf den
folgenden Seiten und im Internet:

WWW.GMEINER-SPANNUNG.DE

Das Neueste aus der Gmeiner-Bibliothek

Unser Lesermagazin

Bestellen Sie das kostenlose Krimi-Journal in Ihrer Buchhandlung oder unter www.gmeiner-verlag.de

Informieren Sie sich ...

www ... auf unserer Homepage:
www.gmeiner-verlag.de

@ ... über unseren Newsletter:
Melden Sie sich für unseren Newsletter an unter www.gmeiner-verlag.de/newsletter

f ... werden Sie Fan auf Facebook:
www.facebook.com/gmeiner.verlag

Mitmachen und gewinnen!

Schicken Sie uns Ihre Meinung zu unseren Büchern per Mail an gewinnspiel@gmeiner-verlag.de und nehmen Sie automatisch an unserem Jahresgewinnspiel mit »mörderisch guten« Preisen teil!

GMEINER SPANNUNG